ヨーロッパの十字路アルザス地方
ブリュッセル
ブルターニュ
パリ
フランス
ナント

# アルザスの言語戦争

ウージェーヌ・フィリップス
宇京頼三／訳

白水社

# アルザスの言語戦争

装幀：東 幸央

# 目次

一五〇〇年……

ぼくたちのことばを考えてみよう
それは麦束や葡萄の実のように太陽の恵みでいっぱいだ
大昔からのことば
胡桃や小麦や葡萄酒のことば
一五〇〇年ものあいだ
わが故国とともに成長してきたことばなのだ。

民族から民族へ

アルザス人であることは
風がよく入るように
窓を大きくあけ放つことだ
東の風も西の風も入るように。

アルザス人であることは
民族から民族へと
架けられた橋を
まもることだ。

アンドレ・ヴェックマン（一九二四年生まれのアルザスの詩人、小説家）

# 序

一九四五年までのアルザスのことばの歴史を概略的に描こうと決めても、厳密な意味で、歴史家のように振る舞うつもりはない。また現在に対峙するのを避けて、過去に埋没するつもりもない。それどころか、我々が過去と対決させせられるのは、現在への説明を求めてのことである。

確かに、アルザスの現在を検証する際、当然考えざるをえない問題とは、どうしてアルザス人のように誇り高く、時として過去にその個性をあれほど見事に開花した存在が、ついにはその出自と言語、すなわち、「自己」を否定するまでに自己放棄をしようとしたのか、である。ある民族がそのように、ほとんど無反応に、自らの存在否定を強いられるような仕儀となるのは、その歴史に何かよほど重大なことが起こったはずである。過去だけが、その答えとなるいくつかの要素を提供してくれる。

しかし、勘違いしないようにしてもらいたい！　我々にとって、過去とは、盛装した巡礼が石像の前に列をなして目で拝み、そして歴史の風の吹くままに漂い去る場所ではない。我々にとって、過去とは、尽きせぬ泉であり、その生気溢るる水が、現在という激流の大河を、歴史という時代の大海原へと押し流しつつ、未来永劫に涵養するものなのである。我々に課された過去、それは今という現実に浸透してこれを豊かにし、そしてこれを超越して未来に投影するものである。我々に課された過去、それは疎ましい日々の些事から我々を解放し、その時々の気紛れに何一つ屈することなく、我々の行動を方向づけるものである。我々の過去とは、現在の暗礁を照らし、我々をして確固たる足取りで、未来の大道へと決然と歩ましめる、永遠に輝く燈台なのである。

人々が昔も今もつねに偽装しようと試みた過去があるとすれば、それはまさしくアルザスの過去である。なぜか？　それは、わがアルザスの地はライン川とヴォージュ山脈に挟まれ、隣り合う二つの列強により、はるかな昔から、ともに熱狂的に渇望されてきたものであり、一方がドイツのものと言えば、他方がフランスのものと望んできた土地だからである。しかしながら、交互に両大国に帰属する前に、アルザスはまさにアルザスのものであったし、今もなおそうなのだ！　時として、その実体が否定もしくは無化すべきものと考えられた厄介な現実。アルザスの民衆の記憶から、アルザス固有の過去とか、ドイツ時代の過去とか、フランス時代の過去とかを消せば、フランスまたはドイツの中央政府があてがった鋳型の中に、彼らをもっと簡単に流し込めるものと考えられていた。

アルザスの過去を加算も減算もせずに、ありのまま再生させる必要があるのは、ひとがしばしば、その一部またはすべてを我々から奪ったり、歪曲しようとしたからである。好むと好まざるとにかかわらず、歴史的真実は真実なままであらねばならない。ところで、マルタン・アルハイリヒが指摘したように、「まさしく、アルザスの真の歴史には、まだおそらく書くべきものが残っており、少なくともこの二十世紀の後半にあって、真摯なる人士が望みうるような歴史が書かれるべく残っている」(1)。アルザスの歴史一般にとって真実なことは、その文化と言語の歴史にとってもやはり真実なのである。

ポール・レヴィが一九二九年、すなわち、半世紀近くも前に、ストラスブール大学の学位審査委員会に提出した論文『アルザス・ロレーヌの言語史』は、今なおこの問題に関する完璧な著作である。この他を圧する労作は、一九一八年以前のアルザスの言語史に関する文献と情報のほとんど無尽蔵の鉱山の観を呈している。この作品は、大半の読者にとって、事実上入手し難いものなので、本書ではそこから大いに借用させてもらった。

アルザスの言語史は、ドラマティックにして意外な展開に富んだものである。本書では、そこから本質的な特徴を抽出すべく努めた。またいかなる時にも、かくかくの事件とか、あるいはフランスやドイツの中央政府が実施した、しかじかのアルザス政策に対し、躊躇することなく我々の実態を鮮明なものとした。固有な文化的・言語的実体としての我々の存在に係わる闘争にあって、安易にしてかつ偽善的な中立的立場に逃避することなど、我々には問題にはなりえなかった。

歴史の流れからして、アルザスの言語的遺産は三つの構成要素から成る遺産となった。我々は、アルザス人がその三要素の各々を維持、発展させることに成功してはじめて、自己自身たりうるもの、と考える。そこでまず第一にくるのは、アルザス本来の構成要素、すなわち、方言である。我々は、それがフランス語またはドイツ語の構成要素以上に重要である、と考えているのではない。フランス・アルザスでは、フランス語が必然的に我々の優先言語になることはしかと承知している——また絶えずそのことを言ったり、書いたりし続けている。それは誰にもとうてい反論できるものではない。それに、問題はもはやこうした観点からは提起されない。しかし、一方で、我々がフランスで他の地方とは別な風に存在するとすれば、それは方言のお蔭だということがある。また他方で、現在の状況下で、きわめて平凡なアルザス人にさえも（念頭にあるのはとくにこうした人々だが）、約一億五〇〇〇万人のヨーロッパ人の暮らす二つの文化的世界へ、じかに入って行けるだけの二カ国語使用の能力を獲得できる可能性があるとすれば、この方言のお蔭だということがある。したがって、これほど貴重な遺産を伝えるために、わが祖先がくり広げた闘いを前にして、知らぬ振りをすることなどできない相談であった。

本書はすでに一定の知識のある人々のためではなく、他のすべての人々、すなわち、最大多数者のために書かれたものである。本書が市井の人々にも読まれ、かつまたアルザスについて考えてもらえれば幸いである。意図して文体の優雅さなど考えずに、簡潔さを貫いたのは、そのためである。本文そのものを重苦しくするようなものは、ことごとく注に回した。アルザスの言語史はアルザスの歴史そのものから切り離せない。だから外見上、言語史とは直接関係がなくても、それを真のコンテクストに置く歴史的事件に大きなスペースを割いたのである。

本書は多くの友人に負うところ大である。さまざまな形で寛大にも貴重な援助を賜った人々に対し、ここに深甚なる謝意を表したい。この小著がわがアルザスのことばの過去をより良く知らしめることに寄与し、また我らの祖先が、時には現実に犠牲を払って、後世に残してくれたことばの資産を実りあるものにするよう、アルザスの若者を鼓舞することにでもなれば、と願うものである。二作目では現在の諸問題を扱い、そして何が起ころうと、アルザスなる語がつねにその深遠な意味を保持するには、本質的なものがどのようにして守られるべきかを示したいと考えている。

一九七五年復活祭、ストラスブール

ウージェーヌ・フィリップス

# I　隣人のことば（一六四八年以前）

二言語使用、すなわち、フランス語とドイツ語の共存がアルザス人にとって問題になり始めたのは、ヨーロッパにおけるフランスの覇権を認めたヴェストファーレン条約（一六四八年、三十年戦争を終結させた二つの条約の名称）が適用されて、アルザスを形成していた多数の封土や領地が、事の成り行き上、神聖ローマ帝国と称されたあの雑多にしてかつ不均質な集合体から離れて、フランス国王の宗主権下に入ることを余儀なくされて以来のことにすぎない。

しかし、この問題は、勝者の言語であるフランス語が主たる敗者の言語ドイツ語を徹底的に抑圧し、そして根絶しようとするような二言語間の対決の性格を、すぐには帯びなかった。またフランス語が、三十年戦争（一六一八―一六四八年のドイツを引き裂いた政治的・宗教的紛争で、ヨーロッパ中のカトリック・プロテスタント諸勢力をまき込んだ）中、ドゥ・ラ・フォルス元帥の軍隊とともにはじめてアルザスに入ったと考えるのは、やはり間違いであろう。アルザス人と西側の偉大な隣人の言語との最初の接触は、歴史のはるか彼方にまで遡るのである。

## 言語的国境の確立

アルザスは久しくケルト人のものであった後、紀元前一世紀に、まずゲルマン部族に、次いでローマの軍団に侵略された。紀元前五八年、ゲルマン部族の長アリオヴィストに対するユリウス・カエサルの勝利は、四―五世紀にローマ帝国を揺るがし、ついには壊滅させるにいたったゲルマン民族の大侵略の時代まで、アルザスをしてローマの地と化さしめた。アルザスに侵入したのはアレマン族である。彼らは、当然アルザスの支配者ローマ人や、すでに北ガリアを占領した後も前進を続けていたフランク族とも衝突した。対立は熾烈で長らく決着がつかなかったが、結局、四九六年フランク族がトルビアックの決戦で勝利した。トルビアックとはどこにあるのか？ 誰にも何も分からない。おそらくきっとアルザスだ。それに、どこだろうと構わない。事実は、この勝利によりフランク族がアルザス北部に定着し、アレマン族を南部に追いやったことである。

言語的領域では、この帰結はアルザス人にとってきわめて重大であった。大まかに言って、アグノーの森の北部では、フランク語、すなわち、フランク族の言語、その他のアルザスではアレマン語、すなわちアレマン族の言語が話されたのは、確かにこの時代、つまり約一五〇〇年前からである。実際、二つともゲルマン方言であり、これらはなるほど時には著しい相違を示すが、対話を全く不可能にするほどではなく、相互に十分近接したものである。したがって、アルザスは後のいわゆるドイツ語言語圏に五世紀から属していたことになる。(2)

しかし、今日知られているようなフランス語とドイツ語の言語的国境が五世紀に始まったのではない。(3)フランク族とアレマン族によるアルザス占領は、ヨーロッパ西部の豊かな土地へのゲルマン部族の怒濤の進撃の一挿話にすぎない。西部と南部へのこの大きな移住のうねりは、フランク族をしてガリアの奥深くまで侵入させた。しかし、彼らは全征服地域を集団で占領するほど数が多くなかった。それでも、北ガリアのように彼らが占拠しえたところでは、彼らの言語、フランク語がどこでも媒介語になった。ところが他の場所では、フランク族の領主は、往々にして、彼らが奪取に成功したガリアの領地や、封土の支配を確保することだけで満足した。(4)

それゆえ、ガリアの支配者がフランク族になっても、人口の大半はガリア人のままであった。だからフランク語が唯一の言語になった北ガリアを除くと、フランク語は当時ガリア人の話していた言語と対立することになった。(5)

ゲルマン民族が侵略した時のガリアの言語的状況とはどんなものであったのか？　個人間の交流が狭い地域的な枠をはみ出すのはまったく例外的でしかなかった時代に、唯一または統一した何らかの言語が存在していたと考えるのは無理であろう。おそらく現実は、今に伝わる記録類が証明する以上に複雑であった。確かなことは、すでに五世紀には、ガリア人が自らの固有な言語、ケルト語をラテン語のために捨ててしまっていたことである。

しかしどんなラテン語か？　それは教養あるローマ人の古典ラテン語に対して、俗あるいは民衆ラテン語、つまりローマの兵士、入植者、商人などの話すラテン語のことである。(6)　フランク族や他のゲルマン部族の侵入の頃、ガリア人の話していたこのラテン語は、もはや明らかにユリウス・カエサルのガリア征服時のものではなかった。その間《かん》にも、ガリア人はローマと混淆し、そこからガロ・ロマン人という名称が彼らに付された。同じ理由で、彼らの固有な文明はガロ・ロマン文明、彼らの方言《パルレ》はガロ・ロマン語と称された。

このガロ・ロマン語は、実際は、この時代にガリアで話されたラテン語、ガリアに固有な特徴を持つ一ラテン語が得た呼称にすぎない。(7)　したがって、フランク族の侵略者はラテン語を話す民族と接触しだしたが、これはなるほどもはや「古典語」ではないけれども、すべての偉大な文化語が享受する威光を背にした、当時の文明世界には類例を見ない言語であった。フランク族が結局は敗者の言語を採用したのは、一方では、彼らが一つの言語を課するのに必要な数量的優位に立たなかったからであり、他方では、彼らの支配する民族が、彼らの文明よりもはるかに上位の文明、すなわちローマ文明が五〇〇年間にわたってもたらした文化的豊かさを享受していたからである。しかし、一度フランク族に採用されると、ガロ・ロマン語はかつてあったものとはまったく別なものになった。ガロ・ロマン語に対するフランク語の影響は比較的弱いが、それでも、現代フランス語にその痕跡が見出されるだけの強さはあった。しかしながら、フランスにおける言語の進化に対して、フランク族の及ぼした現実的な影響は、たんにフランス語に入ったフランク語起源の単語数とか、若干の音韻上の変化とか、やはり二次的現象である他の変化などでは、測りえないことも指摘しておきたい(8)。

しかし、ヴォージュ山脈の此方《こちら》では、言語上の進展はきわめて異なったものであった。確かに、フランク族とアレマン族は武力でアルザスを侵略した。ガロ・ロマン人は完全に抹殺されたのか、それとも逃亡しえたのか？　考古学と地名学の資料が示しているように、ガロ・ロマン語はアルザス平原の小群落で生き延びた。もっとも、二、三世紀後には、それは二つのゲルマン方言のいずれかに吸収された模様である。

ともあれ、五世紀末から、アルザスでは（ライン）フランク語方言とアレマン方言が話されていた。ガリアに定住したフランク族は（サリ）フランク語を話していたので、この時代には、ヴォージュ山脈の両側にゲルマン語人種が存在していたことになる。

ただし、アルザスでは事実上ゲルマン語方言しか話されていなかったが、前述したように、ヴォージュの彼方では、支配者フランク族の言語、フランク語が原住民の大半の言語、ガロ・ロマン語と絶えず接触していた。おそらくさまざまなフランク語方言間に存在した親近関係の程度は、分からないであろう。言いうることは、同一言語、すなわち、フランク族の言語のいくつかの変種があったことである。したがって、正確に言えば、数世紀間、ヴォージュは言語的国境を形成していたのではなかった。理論的には、ヴォージュの此方のフランクおよびアレマン族と、ヴォージュの彼方のフランク族との言語的交流は依然として可能であった。しかし、実際には、ヴォージュが自然の障壁を形成していたので、大規模な交流はすべて不可能であったことは言うまでもない。だから、結局のところ、同一言語、少なくとも相互に類似した方言を話した民族も、ヴォージュの彼方のフランク族の言語がいったんその源泉から断ち切られてしまい、ガリアで使用されたラテン語のような大文化語の支配に抵抗できなくなると、もはやお互いに理解不能になることが分かる。ヴォージュ山脈は、ガリアに住むフランク族が自らのゲルマン語をガロ・ロマン人のロマン語のために放棄した時、はじめて真の言語的国境となったのである。

正確にはいつこうしたフランク族がフランク語を話すのをやめ、したがってまたいつ、自らが征服したガロ・ロマン人によって言語的に同化されたのか？　それを明言するのは難しい。確かなように思えるのは、もしこの時期に、ヴォージュの両側に分岐した言語的進展がすでにして分裂の頂点に達していなかったならば、『ストラスブールの誓約』（八四二年）が明らかに異なった二つの言語で取り交わされることはなかったということであろう。なぜなら、「ゲルマニア」王ルイ・ル・ジェルマニックが弟の「フランス」王シャルル二世禿頭王の軍隊にロマン語で語りかけ、そして後者が前者の軍隊にチュートン語で語りかけねばならなかったのは、この時ヴォージュ西部の使用言語とヴォージュ東部の使用言語には、もはや何の共通点もなかったからである。(9)

図式的に言えば、「ゲルマニア国王」と「フランス国王」の民族間の言語的分岐が、九世紀には一つの現実になっていたと言えよう(10)。当時、ヴォージュは、西部に大文化語たるフランス語を生じさせる方言と、東部に別な大文化語たるドイツ語を派生させる方言とのあいだに、きわめて越え難い境界線となる自然の障壁を形成していたのである(11)。

一世紀後の九六二年、オットー大帝が神聖ドイツ・ローマ帝国を樹立した時、この帝国の必要不可欠な部分であるアルザスは、そこで第一級の役割を果たさずにはいなかった。まずそれは、この広大な帝国にあって、ライン渓谷が、久しいあいだ、とくにホーエンシュタウフェン家統治下（十二世紀と十三世紀）では、帝国の主力《ウィス・マクシマ・レグニ》だったからである(12)。次いで、アルザスは二大文化間の結節点的地方となり、真にユニークな地位をごく自然に占めていたからである。

## アルザスへのフランス語の浸透と影響

なるほどヴォージュ山塊には、ロマン語民族とゲルマン語民族間にことばの障壁を築くのに十分な広がりがあった。しかし、結局は、これほど大きな障壁も、人々が相互に接触する妨げとはならなかった。それは、この障壁にベルフォールの谷という抜け道があったから、なおさらそうであった。

指摘しておくべきは、言語的国境がいま存在するようなアルザスの領土的境界とは、おそらく正確には、けっして一致しないことである。アレマン族は平原部を奪取はしたが、ヴォージュ渓谷をその奥深くまで占領しなかったことは前述した。それに、今日のバ・ラン県、オ・ラン県を形成している地域に、アレマン族とフランク族の侵略の後も久しく、ロマン語系住民が残っていたとは思えないが、ヴォージュ渓谷でも残っていなかったようである。現在の研究状態からすると、フランス語系住民ははるか後代になってからそこに定着したと推測される。隣のロレーヌ地方や、またおそらくそれほど近くはないフランスの他の地方からの移民も考えられよう。したがって、フランス語がアルザスに浸透したのはヴォージュ渓谷を通ってではない。

アルザスのアレマン族とロマン語を話す偉大な隣人の最初の接触が生じるようになったのは、ベルフォールの谷からであった。もちろん、それは民族と民族の関係という次元に位置づけられるものではない。問題なのは個人的接触であり、それは、状況がいくらか安定すると、すぐに始まったアレマン族のキリスト教化により、確実に助長された。アルザスに布教にきた最初の伝道師のなかに、ガリア出身の者がいたことは知られている。[13] かくして、ガリアにはすでに数世紀前から存在していたキリスト教団と、アルザスのキリスト教化の新たな中心地のあいだに、恒常的な関係が確立された。そのために、十世紀に、アルザスのいくつかの大修道院の再組織化が着手されると、この役目がフランス語系の修道士の手に委ねられたのである。それはいくつかの問題を引き起こさずにはいなかった。なぜなら、こうした伝道師は土地のことばを知らず、民衆に語りかけるのに、明らかに自国のことばを話さねばならなかったからである。とはいえ、彼らの仕事は、大部分の修道院にフランス語の分かるアルザス人修道士がいたことで、大いに助けられた。[14]

しかし、十一—十三世紀に、すでに立派なフランス語の知識を持つアルザス人が見出されるのは、たんにアルザス一般の大修道院や教会のなかだけではない。裕福なアルザス人家庭は自分の子供に「フランス式の教育」を受けさせることに熱心だった。フランスの学校の評判はすでにそのようなものであった。とくにトゥルやリュクスィーユの学校は大変な名声を得ており、そんなに評判の高い教育なら受けてみたいと願う多くの若いアルザス人を引きつけていた。そうしたアルザス人でもっとも有名なのは、エギスハイム伯爵ユーグ四世とダボー伯爵夫人ハイルヴィーゲの子息で、未来のローマ法王レオン九世たるブリュノンである。彼はトゥルの司教になる前に、この同じ町の学校で教育を受けた。こうして、彼はフランスの言語と文化に完全に同化することに成功した。彼が法王に選ばれたのはもちろんそのためではないだろうが、それでも当時ローマ教会が直面していた重大な問題を解決するためには、そのゲルマン世界に対する先天的な知識とフランス流の教育により、彼が他の誰よりも立派な武器を備えていたことに変わりはない。もっとも、「フランス式」の教育を受けることが典型的にアルザス的な流行ではなかった。その頃ヨーロッパで名の通っていた世襲名門貴族、とくにドイツ語系諸国の貴族階級は、子弟をフランスへ送り、この時代のヨーロッパでもっとも洗練されたものと見なされていたフランス文化を会得させようとした[15]。

その地理的位置のお蔭で、フランス文化にもっともひろく開かれつつあったのは、確かにアルザスであった。十二世紀から、ホーエンシュタウフェン家の威光が、ドイツ皇帝の特権的居住地になったアルザスに、まったく特別な輝きを与え始めても、アルザス文学にきわめて顕著に感じられたのは、やはりフランスの影響であった。すでに、アルザス最大の吟遊詩人で「アグノーの小夜鳴き鳥」たるラインマールは、その見事な相聞歌《ミンネリート》を作るに際し、フランス宮廷詩に想を得ていた。しかし、もっとも完璧な傑作例を提供するのは、フランス精神が染み込んでいても、すばらしいドイツ語の詩句で、トリスタンとイズーの情熱的な愛を歌った、アルザスの大詩人ゴットフリート・フォン・シュトラースブルクの生んだ詩『トリスタン』[16]である。この詩が「中世ドイツ文学中もっともフランス的な書」とされるのも、理由がないわけではない。

中世とルネサンスを通じてずっと、アルザスはたんに異なった言語を持つ民族間の交流の地であるのみならず、当時、隣接諸国で猛威を振るっていた不寛容のあらゆる犠牲者の保護地でもあった。ユダヤ人であれ、キリスト教徒であれ、ライン対岸からきたにしろ、ヴォージュの彼方からきたにしろ、彼らは皆アルザスに支えと避難所を見出した。そのうえ、彼らの数は、いわゆるこの地方の独自性を脅かすどんなものにも、とくに敏感に反応する人々のなかに、不安を起こさせるほどになった。ユダヤ人は、概ねかなり早くから[17]、土地のことばを採用したが、ヴォージュの彼方からのプロテスタントについては、事情は異なっていた。

フランスでは、プロテスタントの迫害はもっとも残酷かつ凄惨なものの一つだった。拷問や死を免れるために、迷うことなく祖国を捨てた人々は数多くいた。アルザスへのフランス・ユグノーの流入はとくに大量であった。彼らはフランスのすべての地方からきたが、とりわけ隣のロレーヌやブルゴーニュからやってきた。ストラスブール、ビッシュヴィレール、サント・マリー・オ・ミーヌ、アルザス・ボスュが主要な受入れ中心地であった。数の上で、フランス語系プロテスタント移民の最大数を擁したのはストラスブールである。十六世紀中葉には、彼らはストラスブール人口のほぼ一割を占めていた。そこで、市の役人たちはこれを不安に思い始めた。一五六六年、フランス語系プロテスタントの影響を減ずるために、ストラスブール市参事会は、町のドイツ的性格が案じられる《ダミツト・マン・アイン・トイチュ・シュタット・ベヒールテ》[18]、からとして、自由市民階級への加入者の受入れ数を制限した方が、得策であるとさえ思った。

しかしながら、強調しておくべきは、ストラスブール市当局は、フランス語系プロテスタントに圧力を加えて、直接的あるいは間接的にも、この地方の言語を彼らに採用させようとまではしなかったことである。彼らは自由に母語を使用できたし、また何ものも、彼らが、フランス語の学校を開設して、彼らの子弟にフランスの教育を施すのを妨げはしなかった(19)。時として、暗く、迷妄と形容された時代にも、宗教的・言語的共同体の個性尊重の感覚がやはり保持されたのであり、それは、二、三世紀後、啓蒙の世紀の赤子であることを鼻にかける多くの人々には、求めても無駄というものであろう。少なくとも、アルザスにはそれがあった。

　事実、フランス語系プロテスタントが、第二の母国の言語に対し、何らかの脅威となるようなことはなかった。宗教改革の頃、アルザスはゲルマン世界の懐のなかにあって、その文化的輝きの絶頂に達した。ガイラー・フォン・カイザースベルク、ヤーコプ・ヴィンプフェリング、ゼバスティアン・ブラント、トーマス・ムルナー、ベアトゥス・レナヌス、ヨーハン・フィッシャルトのような多くの傑出した人物のお蔭で、〝アルザス語《イディオム》〟はこの時代、〝ドイツの第一級〟のものと見なされていた。それに、語のすべての意味において、この方言が一つの言語の中核となるには、状況の幸運なめぐり合わせを欠くだけであり、それほどまでに、この精神豊かなる人々の星座はそれを色鮮やかにくっきりと、浮かび上がらせていたのだった(20)。

　おそらく「アルザス語」は二つの重大な出来事により、その発展を阻止された。すなわち、一四四〇年頃のグーテンベルクの印刷術の発明と、一五二二年のマルティン・ルターによる聖書の〝民衆〟語訳である。有効性という理由から、印刷屋はまず方言形式を使ってみた後、より幅広い本の普及を確保できるもう一つのドイツ語形式を採るにいたった。マルティン・ルター、彼の方は、その聖書で用いたことばに、ストラスブールのカトリック教徒でさえ、抵抗できないほどの威厳を与えた。トーマス・ムルナーがいかに抗議しても無駄で、ストラスブールでは一五二四年から、ミサはドイツ語で挙げられ始めた。つまりそれは、アルザスの地におけるフランス語系プロテスタント社会の存在は、話しことばとしての方言と、書きことばとしてのドイツ語が占めていた地位を、何ら侵害するものではなかったことを意味する。さらに、印刷術の発明の帰結の一つは、ことばの口語表現と文章表現の分裂はもたらさないとしても、少なくともそれを促進したことである。[21]

したがって、アルザスのフランス王国への漸進的統合へといたる出来事の直前の言語的状況は、アルザスの地におけるフランクとアレマンの両方言、「文学」ドイツ語、フランス語の併用によって特徴づけられる。フランス語はカルヴァン派のことばであり、彼らはフランスでの迫害を逃れて、アルザスに安住の地を見出し、小集団ごとに分かれて住み、ストラスブールをその最大の中心地としていた。彼らはたんに自らの宗教を自由に信仰できただけではなく、家庭や開設を許された学校で、自らの子弟に母語であるフランス語を伝え続けることもできた。実際には、彼らはアルザス人口のごく少数部分をなしていたにすぎない。渓谷地域では、ヴォージュ地域のフランス語や、アルザス方言のためのいくつかの小さな変化はあっても、事態にはほとんど変わりはなかった。

アルザス民衆は、日常的交流語として、北部ではフランク語方言、その他の地方ではアレマン方言を使用していた。彼らの子弟のきわめて英明なる者が方言を第一級の文学的表現手段とするまでになった。しかし、宗教改革と印刷術の発明は一種の共通ドイツ語の導入と普及を助長し、その使用が次第に知識人に課されていった。こうした人々のなかには、方言を最上のものとしながら、新しいドイツ語形態も同じく自在に操り、かつまたフランス文化に心開くのに十分なほどフランス語も会得したアルザス人がいた。

それゆえ、アルザスがフランスの手に落ちる前に、彼らは仏独の二言語使用、もちろん明白なドイツ語優位の二言語使用のある一定の段階に達していた。だが、アルザス民衆の大多数は方言しか知らなかった。そのうえ、当時、方言は、歴史上、けっしてもう二度と見出せない威勢を享受していたので、彼らはそれに正当なる誇りを感じていた。三十年戦争はアルザスにとって重大な結果をもたらすことになる。それはたんに地方の歴史における政治的転換期のみならず、言語的転換期をも画するであろう。アルザスが経験したもっとも悲惨な戦争の一つを終わらせた、ヴェストファーレン条約の現実的な影響力を、アルザス人が真に自覚するまでには、まだ数世代を待たねばならない。それまでにも、アルザスはフランスの政治的・文化的世界に接していたとしても、以後はその必要不可欠な部分になるであろう。それとこれはまったく別なことなのである。(22)

かくしてフランス軍は、アルザスに進駐した際、ヴォージュの若干の町村部を除いて、どこでもドイツ語系住民に出くわしたが、それは、彼らにとって、少しもおかしなことではなかった。戦局の展開により、彼らは何度もライン川を渡河していたし、そこでもまた、住民はドイツ語を話していたのである。アルザスの方でもまた、町や村がフランス軍に占領されるのを見ても、驚きはしなかった。僅かな例を引くだけでも、数年間に、スウェーデン人、クロアティア人、チェコ人、スペイン人、ポーランド人、オーストリア人がこの地に押し寄せるのを見てきたし、またしばしばきわめて卑劣不当な扱いを受けてきたのだから、もう何も驚くことはないのである。人々はたった一つのこと、平和を切望するだけなのだ。だからして、ヴェストファーレン条約は、アルザスに、少なくともある一定期間、この平和をもたらすことになったのである。(23)

しかし、この条約の直後に、マザラン枢機卿が、実施すべき詳細な施策目録を鞄に潜ませた代官を急派して、征服した国を一刻も早くフランスの一地方にしようとした、と思ってはならない。ヴェストファーレン条約は、高地アルザスの主要な部分と、低地アルザスに位置する若干の領土をフランス国王に譲渡したにすぎない。ストラスブールはその自由都市の地位を保持したし、ミュルーズは依然としてスイスに属していた。デカポール（十四世紀、カール四世が創設したとされる、アルザスの十都市同盟）の都市の方は、神聖ローマ帝国の構成員に留まる権利を自らに確保したが、それはフランス国王の「最高領主権」を認めるという条件付きであり、これがルイ十四世をしてこれらの十都市を力ずくでその王国に統合させる、矛盾した内容の拘束条項になったのである。

ヴェストファーレン条約には、アルザスがそのようなものとして存在しなかったという単純な理由から、「アルザス」という名の政治的実体への言及はいっさいない。わが地方に生じた諸問題の真の性質を把握したいのであれば、これは心に銘記しておくべき事柄である。フランスとしては、何よりもアルザスの征服を完了し、それを堅固にすることが肝要であった。それはまた、国内の重大な難局にも対処しなければならない時期であっただけに、なおさらそうであった。このような文脈からすれば、言語上の問題はまったく相対的な重要性しか持ちえなかった。いずれにせよ、この問題はルイ十四世の主要な関心事ではなく、それは自ら権力を行使する日がきてさえも、そうだった。もちろん、これは、政府が採らざるをえない決定に、言語問題がいかなる役割も果たしていないという意味ではない[24]。

## 公用語としてのフランス語

アルザスに任命された代官は、管轄下の領土がドイツの言語と文化の地であることを完全に理解していた。ドイツ語の口語形態である方言が、その書記形態である標準ドイツ語と異なっていることを主張して、このことに反対を唱えるような考えは、まだ誰の脳裡にも浮かばぬことだった。ヴェストファーレン条約調印後まもなく、フランス語が公用語としてアルザスに導入された。この決定には、国王の代官に征服地を管理させ、まず第一に裁判権を行使させる以外、目的はなかった。新支配者が別な観点からそのドイツ的性格を認めている地方で、なぜ彼らが公用語としてドイツ語を存続させないのかという問いは、誰にも当然生じるものである。(25) それにはいくつかの理由があった。

もっとも明白なのは、征服領土の再編成の任を帯びた役人どもが、ドイツ語をまったく知らなかったことである。荒廃した状況に必要とされる緊急措置を講ずる際、他人に頼ることなど、彼らにとって問題外であった。この領地の置かれた状態は、迅速、果敢にして一貫した行動を要求していた。きわめて高い階層にあっても、ことばの二重性そのものは仕事を複雑にしただけだろうし、また、ほとんど無人化した農村部への再入植でさえ、小さな仕事ではなかったのである。(26) さらに、アルザスのドイツ文化の中心ストラスブールと、「帝国」十都市は、依然としてフランス国王の実質的支配を免れていたことも忘れてはならない。

人々は、これらの為政者が領民のことばを学ぶ努力をほとんどしなかったとよく非難したが、それは理由のないことではなかった。しかも、この時代、フランス語はすでに相当の威勢を得ていて、ヨーロッパ中のエリートがフランス語を話し始めているのに、フランスのエリートはなぜ自分がドイツ語なぞを学ぶのか、分からなかったのである。事実、当時フランス語は「ヨーロッパの上流社会階層の普遍語」だった。(27) アルザスに居住する高級役人はそれをしかと心得ていた。自らの領民のことばを習い始め、またそれを領民と交流する際に使うなどという考えは、彼らにはむしろ突飛に映ったのだろう。

それに結局のところ、フランス語はアルザスの大部分の地の新統治者の言語、「国王のことば」であった。神の祝福を受けた絶対的権力者の国王が、どんな臣民であれ、彼らに対し、支配君主とどんなことばを使いたいのかと下問することなど、本来考えられないことだった。だから、アルザス王立評定所設立の勅令が暗に認めているように、たとえ住民が「ドイツ民族」であっても、国王のことばがアルザスのような地方の公用語でもあったということは、この時代の道理に叶っていたのだ。しかし、くり返しておくが、問題は行政と司法の用語だけのことであり、ここでもまた理論と現実の差は大きかったのである。[28]いかなる時にも、新臣民には日常的交流語としてフランス語を課したり、ましてや彼らにドイツ語の使用を禁じたりすることなど問題にならなかった。

## まず宗教、そしてフランス語

内政面で、ルイ十四世は、言語上の問題よりもはるかに重要なものと、彼には思えた問題に忙殺されていた。なるほど、アルザスで実施された全般的政策に、言語的関心がまったく欠如していたと主張するのは軽率である。だが、国王は、「言語的統一よりも宗教的統一の方をはるかに懸念していた」、とP・レヴィが強調したのは、確かに当を得ていた。[29]もっとも、言語的統一は、当時、神聖ローマ帝国にもフランス王国にも存在していなかった。フランス語は、フランス市民の少数者、実は、国王の赫々たる威光により賜った権力を有する少数者、彼らの日常語にすぎなかった。

なるほどアルザスの王国政府は、方言と標準ドイツ語が提起する問題を避けて通ることはできなかった。政府は、フランス語が他と同様にアルザスでも、公用語であることを絶えず喚起していた。しかし同時に、日々の暮らしの具体的な現実と妥協もしなければならなかった。とにかく、王国の統一を思いどおりに実現するため、ルイ十四世は、「フランス語化する」よりはカトリック化する」ことの方に、はるかに熱心であった。[30]そこでアルザスを「カトリック化する」ため、彼はカルヴァン派とフランス語、ルター派とドイツ語の各々の影響を同時に制限することを余儀なくされた。言語面では、それが時々、まったく矛盾した決定をもたらした。そのため、アルザスにおけるフランス語の進展が抑制されることもあった。だが、そんなことはどうでもよかったのだ！　王国の安定を確保するには、宗教的統一が言語的統一よりも緊急かつ基本的である、と国王には思えたのである。彼が臣民にことばよりも宗教を変えさせる方がより簡単であることに気づくのに、長くはかからなかった。(31)

おそらくまた、ルイ十四世は、フランスの他の地方と同様アルザスでも、時が問題を解決するものと考えていた。もっとも、たとえ彼の第一目標がアルザスの言語的同化であったにしても、彼には、それが実現されるのを見る機会はほとんどなかったであろう。なぜなら、国王がどんなに強大であっても、彼にはそれを達成する手段が欠けていたからである。それは、彼の直系の後継者であるルイ十五世とルイ十六世にも、やはり欠けたままであろう。それにたとえ彼にその手段があったにしても、ドイツ語系住民にフランス語を課するには、条件が揃ってはいなかっただろう――これはまもなくそうではなくなるが。実際、民衆が他の外国語のために自らの母語を捨てる、すなわち、文字どおり言語上の変化が起こりうるためには、政治的・社会的・文化的環境がそれに適応しなくてはならない。ところが、学校も教会も国王の使者たちも、当時、全体としては、やはりフランス語に反感を抱いていた民衆に対し、それを課することはできなかったのである。

## つねにドイツ語――学校では……

一六四八年以前、アルザスの学校で教えられていたのがドイツ語であることは言うまでもない。フランス語教育を施している学校が稀であったことは、すでに見た。いったんアルザスがフランスに帰属しても、状況はほとんど変わらなかった。小学校はつねに「ドイツの学校《トイチェ・シューレ》」であり、また当時、教師は「ドイツの先生《トイチャー・プレセプター》」という、いくぶんお追従的な名称を持っていた[32]。これらの名称そのものが雄弁に物語っている。教師の言語的能力に関しても、錯覚してはならない。ドイツ語においてさえもそうである。しばしば皆無であった彼らのフランス語の知識については、話すことさえ憚られる！　こうした状況にあって、自らが知らないか、またはせいぜいごく初歩的な知識しか持ち合わせないことばを、どうして彼らが生徒に教えられようか？　中等教育の学校でさえ、フランス語はきわめて貧弱な地位しか占めていなかった。ドイツ語の方も、つねに教育言語ではあったが、まだラテン語ほどの光輝を獲得するにはいたらなかった。この状況は、十八世紀中もほとんど変化しないだろう[33]。

### 教会では……

さきほど指摘した宗教上の理由から、ルイ十四世は信仰や宗教教育の面でのフランス語の使用を少しも推進しなかった。それどころかドイツ語は、しばしば彼にとって、「いわゆる改革派の宗教」、彼の言うその忌まわしい影響からカトリック教徒を守ったり、プロテスタントを正しい信仰の道に立ち返らせるために、より確実なものに思われた。教会当局そのものが、宗教的教育と説教をほぼすべての信者が理解する唯一のことば、すなわちドイツ語で行うことに固執していた。なるほど、カトリック教会の特権的言語であるラテン語は、ドイツ語にしろフランス語にしろ、あらゆる「世俗」語が信仰の世界に入る際、ある程度の障害となっていた。しかし、信者に直接語りかけるために、カトリック教会はいつもドイツ語に頼っていた。教会はルイ十四世治下にも、旧制度下の時代中にも、同じ道をたどった。時がたつにつれ、それでもカトリック教徒はプロテスタントよりはフランス語に心を開くようになる。しかしながら、ここでのフランス語の進歩はやはりきわめて限定されたものであり、それは、三つの司教区（ストラスブール、バーゼル、シュパイヤー）がカトリックの信者を三分していたがゆえになおさらそうであった。だから、このなかの二つの司教所在地はフランスの外にあることになり、それは明らかにフランス語使用の妨げになった。ルター派にとって、ドイツ語は、後にも先にも、大宗教改革者マルティン・ルターのことばであった。加えて、フランス王国の他の地方でのプロテスタント迫害は、彼らの信仰に深く結びついていることばへの愛着を強めるだけのことであった。ユダヤ人について言えば、彼らはヘブライ語とドイツ語の混合方言であるイディッシュを使っていたが、それは結局のところ彼らをフランス語よりはむしろドイツ語の方へと向かわしめた。

教会はことばの使用、したがってその普及の上では、絶えず重要な役割を果たしてきた。しかし、一六四八年から大革命にいたるあいだは、教会間の各々に固有な理由から、アルザスのフランス語の前進にはほとんど寄与しなかった。アルザスの言語的現実と格闘する教会は、役所と同様に、信者が理解することば、すなわち、ドイツ語以外は使用できなかった。だから、望もうと望むまいと、教会はアルザスの口頭および文章表現の手段としてのドイツ語を維持するため、無視できない要因となっていた。(34)

## 上層ブルジョワ階級だけのフランス語！

概して、アルザスの民衆自身には、たとえ「国王のことば」であろうと、フランス語のためにドイツ語、ましてや方言を捨てる気などまったくなかったという事実が、十分主張されているとは言えない。

そのような態度は、しばしばドイツ語を毛嫌いし、方言こそが話したり、後世に伝えたりするのにより相応しいと判断している今日のアルザス人にとっては、ありえないことのように思えるかもしれない。しかし、この当時の心理的風土は今とはまったく異なっていた。民衆はフランス語にほとんど関心を示さないばかりか、時にはそれが小学校で教えられることにさえ反対した。ここでは故意の反フランス的態度が問題なのではない。こうした階層にあっては、ただたんに「ことの有用性」が分からなかっただけなのだ。この時代、大部分の人々にとって、人的交流は狭い村落共同体の枠内に限られていた。そこでは、方言とその延長である標準ドイツ語が、住民の口頭および文字による交流の欲求を十分に満たしていたのである。ではなぜフランス語を導入するのか？　ブルジョワ階級の態度は、逆にもっと微妙なものであった。

上層ブルジョワ階級、彼らは実に早く新しい状況に適応した。アルザスがフランスに併合された後、多数のフランス人がこの地にきて定着した。王国政府官庁や教会、また社会一般でも恵まれた地位を占めた彼らは、アルザスの上層ブルジョワ階級とあらゆる種類の接触を持った。大いに自尊心をくすぐられて、この階級はかくも上品な人々の仲間に入れてもらい、ただただ幸福であり、そのお蔭で、彼らは上品な態度を身につけ、フランス語を完璧に操るようになった。彼らは、そこに、ブルジョワ階級の他の者よりも出世し、その時代の社会的位階のなかで、当然自分に帰すべきものと確信していた地位を保つ最良の手段を見ていたのだ。同化はきわめて早かったので、十八世紀になると、上層ブルジョワ階級は、彼らが足繁く訪れ、時には引き立て役になったサロンで、フランス語以外はもう使わなくなっていた。

しかし、きわめて数の多い中流ブルジョワ階級ははるかに慎重な態度を示した。この階層は、旧制度下にあってさえ、ドイツ語系諸国との通商関係の中核をなしていた実業家や、多数の商人を擁していたのである。彼らにはドイツ語をよく知っておきたいという気持ちがあり、それがどこでも学べるように求めていた。フランス語の方は、当時アルザスにいた稀なフランス語系の顧客と接する時にのみ使う程度だった。これが、なぜ中流ブルジョワ階級は、大抵の場合、フランス語をよく知らないか、時にはまったく知らないか、その大部分を説明するものだ。それに、彼らが「国王のことば」を学ぼうとして、自分の前に出現した機会を捉えるのに、それほど熱心だったようには思われない。

このブルジョワ階層がフランス語に対してかなり消極的な態度を示したのは、公的生活におけるフランス語のあまりに大きな地位が彼らの主体性に及ぼす脅威に、いずれはアルザスが対峙しなくてはならないものと、ごく早い時期から分かっていたからのようである。フランス語系移住民の数と影響力が段々と増してゆくにつれて、本来の言語的・文化的共同体への帰属意識がアルザス人の裡に強まった。無駄ではあっても、役所であれ、教会であれ、ドイツ語の使用を減ずるため、あちこちでなされた試みが、見過ごされはしなかった。それはたんに防衛的反応をもたらしただけでなく、ある人々にあっては、フランス的なものすべてに対する反感さえ呼び覚ましたのである(35)。

## ドイツ語の使用は権利だ！

一六八五年一月三十日、国務院《コンセイユ・デタ》は、アルザスの行政府に対し、法的性格の公文書を作成する際、フランス語だけの使用を命ずる法令を採択した。実際には、この法令は一五三九年のヴィレール＝コトレ条例の適用範囲をアルザスにまで広げただけである。国務院の法令に対するストラスブール市長の反応は、この時代のアルザスに支配的であった精神状態を、如実に示すものだった。市長は、ストラスブール市民だけでなく、アルザス民衆の大多数が確実に共有するところの論拠を主張して、この法令に定められた条項に対して抗議した。ルイ十四世の代理である国王執政官オブレヒトの釈明は、これまた意味深長である。それは、アルザスへの「フランス語の導入と使用」を促進する命を受けた王国政府役人の巧妙な屁理屈をよく理解させてくれる(36)。

上述の国務院の法令は、「上記地方（アルザス）の住民が相互に係わる事件、紛争に際し、彼ら（裁判官、市町村長、公証人、書記）の発するすべての宣告、判決、証書、契約書、訴訟書類」におけるドイツ語の使用を、「上記アルザス住民が国王陛下の御恩に対し奉るべき臣民の情に相反するもの」であるとして告発した。陳情書において、ストラスブール市長は、市を開城した時、国王が住民のあらゆる「特権、地位、権利」の尊重を約束したではないかと、喚起することから始めた。そこで、「ことばの慣用」はそうした権利の一つである、と市長は指摘した。国王執政官オブレヒトはそれを認めたが、だが、この権利は、「国王に留保された至上権の一つである」と付け加えた(36)。この答えは若干考察してみるに値しよう。

それはヴェストファーレンのミュンスター条約の有名な条項と比較できるものである。この条項はデカポールの都市に「帝国都市」として留まる権利を保証していた。ただし、何ものも、条約の署名者が別な理由からフランス国王に認めた、「あの最高領主権から奪われる」ものではないという条件つきだった。明らかにそれは、権利の行使がたとえ何であれ、つねに国王の至上権、すなわち国王陛下の御意に従うものであることを意味する。神に祝福された国王は随時随意にこの権利を行使することができる。したがって、国王は、ストラスブールの町が降伏文書で明白に認められた権利によって、保持しうると思っていた「特権、地位、権利」も、随時随意に自由にすることができるのである。かくして、国王代理人とストラスブール市長が並んで署名してから四年後に、専制政治への道が開かれていった。

確かに、国務院の法令と降伏文書の拘束条項にもかかわらず、事態にはほとんど変化はなかった。何世紀も前からの古い、言語的現実は一筆《ひとふで》では消えなかった。実際には、ドイツ語はストラスブールやアルザスの他の都市で、合法的ではないにしても、事実上行政語のままであった。しかし、先見の明あるアルザス人は、おのがことばの使用権の未来がけっして安心できるものではないと感じていた。国王が「朕は国家なり」と言ったとか、言わなかったとかいうような王国では、ごく少数の臣民の言語であるドイツ語が、いずれそのうちに国王の意志であると称して、「国王のことば」に取って替わられないようにするためには、公式文書に明示された権利に準拠するだけでは、おそらく不十分だろう、と。

## フランス語の使用は義務だ！

陳情書のなかでストラスブール市長は、フランス語の普及が公務と市民管理にもたらす、一連の実際的な困難を列挙した後、「臣民の情はたんに君主のことばだけではなく、忠誠心と服従にも存する」ことを指摘した。この論拠に対し、執政官オブレヒトは返事さえしなかった。おそらく彼は、国務院の法令の条文はこの点に関しきわめて明瞭で、注釈なぞいっさい不要であると判断していたのだろう。ところで、まさしくこの沈黙は、現実面では王国政府が寛容な態度をとったにしても、原則面では妥協しなかったことを示している。ことばの使用権が国王陛下への「臣民の情」に相反するものではないことを、原則として提起することは、善良なる市民が支配者の言語を用いなければ、彼は臣民の情の義務に背くことを意味する。それにこれは、国王執政官がストラスブール市長の論拠の一つに対し、次のような言葉で反論した時、はっきりと理解させたことである。すなわち、「紳士たる者は、主君のことばを学ぶのにとやかく言わないものだ」、と。紳士たる者とは、明らかにその王にして絶対的支配者たる者の意志に、従順に従う者のことである。要するに、「支配者の言語」を学ぶこと、それは、すでにして、「紳士たる者」が自ら進んで果たすべき公民の義務、臣民としての義務だった。

かくして、ことばはすぐれて国王、つまりは国家に対する国民の恭順のしるしとなった。まだすべてが片付いたわけではない。しかも人々は、ことばを国家における善玉と悪玉を分ける基準と見なし始めていた。なるほど、〝この君主にしてこのことばあり《クィウス・レギオ・エイウス・リングア》〟という格言が、けっしてあからさまに口にされたことはないし、またけっしてそれが徹底的に実行されるような試みもなかった。しかし、すでにして、言語と国家の一体化論がほのかに見えていたのである。(37)

そこからアルザス人の言語的同化が見えるまでは僅か一歩しかなく、ある者は迷わずそれを飛び越えた。実際、こうした考えは確かに稀ではあるが、ある人々の精神にはきわめて早くから芽生えていた。すでにルイ十四世の宰相コルベールは、アルザスのフランス王国への実質的な統合には、ことばが重要であると見ていた。もちろん、彼はドイツ語を「廃止する」ことなど少しも考えていなかった。アルザス総督の管轄下で作成された意見書（一七三五年）には、アルザス人がドイツ語から「離れる」のを待ちたいという程度の願望しかまだ現れていないが。アンジェールヴィリエ男爵なる者はすでにはるかに急進的な態度を示していた。彼は「ドイツ語の使用を根絶する」べきであると率直に断じた。おそらく彼は、最後の国王執政官ジェラールの言う、「相異なった民族同士を国益のためにともに融合する」ためには、この作戦が不可欠であると考えていたのだろう。(38)

これほど断定的な態度表明は確かに例外だが、しかしそれが存在するという事実は、フランス王国に統合されたアルザスで、すでにフランス語とドイツ語の共存問題がやはり生じていたことを証明している。さらにそれは、ある種の、しかも有力な政治家がどのようにしてこの問題を解決しようとしていたかを示している。今では、彼らの願いは十分に達成されたと言えよう。ただ、この時代には、このような願いはまだ神頼みに近かった。前述したように、旧制度下では、フランス語は上層ブルジョワ階級を制したにすぎない。これはまた、フランスの学校に子弟を勉強にやることができたアルザス人家庭や、もしくは、内地へたびたび旅行したり、滞在したりして、ことばを上達させることのできた人々のなかでは、進歩した。それでも、こうした特権者にあってさえ、フランス語の表面的知識しか持たない人々が多数いた。アルザスの言語的同化はまだ夢でしかなかったのだ。アルザス人のフランス語への同化は時間の問題であったし、またこの領域では、要するに、結果はまだ芳しいとは言えなかった。(39)

## フランス語とドイツ語は共存だ！

しかしながら、ブルジョワ的・知的社会においては、フランス語は十分進展しており、旧制度末期には、こうした階層に比較的多数の二言語使用者が存在した。大部分の場合、ドイツ語優位の二言語使用である。つまりこれらの二言語使用者はフランス語よりドイツ語の方に寛《くつろ》ぎを感じていたのである。彼らがフランス語を使っても、その思考をかたどり、その表現を形作るのは、多くはなおドイツ語だった。この少数のエリートに限られた二言語使用は進みはしたが、それでもまだアルザスに真の問題を提起してはいなかった。人々はすでにある程度の不都合さに感づいていたが、またそれがこの地方にもたらしうる大きな利点にも気づいていた。実際、ことばの真の二重性はたんにアルザスに新たな言語的次元を生じさせるのみならず、新たな使命、すなわち、二人の偉大なる隣人間の仲介者の使命をも果たさせるであろう。

なるほどアルザスの地理的位置は無変化のままであった。アルザスはつねに二大文化の十字路にあった。かつてと同じく、この地はフランス文化の世界とドイツ文化の世界の交流地点であった。しかし、ヴェストファーレン条約とストラスブール自由都市の降伏以来、アルザスとその首都は陣営を変えた。前述したとおり、この変化は長く残酷な戦争の結果であり、フランスがその勝者として抜け出た。主たる敗戦国は「ドイツ」と「オーストリア」、つまり「ドイツ」世界、数世紀間アルザスがその不可欠な部分を構成していた世界であった。時々人々が忘れることは、ルイ十四世によるこのアルザスという古いドイツの土地の征服が、ヨーロッパのどこでも熱烈に歓迎されたのではないことである。これが最小限言いうることである。(24)

アルザスにとっては、もはやたんにこの地方に関する二つの文化の解釈を助けるだけが、問題ではないことを了解するのに、さほどの想像力は要すまい。その新しい使命は、以後、つねにすぐれて戦略的なこの土地の領有をめぐって相争う、二つの敵対した国家間の平和と和合の確保に寄与することにあった。したがって、こうした文脈からすれば、フランス語とドイツ語の知識はまったく別な意味を帯びるようになった。同時に、未来の言語的進展と、それがもたらそうとしていた諸問題の最初の兆しが現れてきた。(40)

## つねに優位なドイツ語

確かに、ごく少数のアルザス人を除いて、フランス語は、一六四八年と大革命のあいだは、お上《かみ》の公用語、すなわち「国王のことば」にすぎなかった。ヴィレール＝コトレ条例のアルザスへの適用拡大とこの施策が惹起した反動が、どんな困難にぶつかったかは、既述した。(36) フランス語を行政用語として課するためになされた試み以外に、「フランス君主政治は……アルザスのドイツ語使用を阻害することなどけっして考えなかった」ということは、字義どおり正確である。(41) 公的文書の作成におけるフランス語使用を実効あるものにするために採られた法令や決定にもかかわらず、ドイツ語があちこちで使用され続けたことも、これまた事実である。違反者には、五〇〇リーブルの罰金を課するという脅しが実行されたようにも思えない。それは、現存する言語的実体を考慮せざるをえなかったからである。大多数のアルザス人はフランス語を知らなかった。ドイツ語だけが誰にでも知られていた。権力をもってフランス語を課するか？　だが、当局にその手段はなかった。柔軟性と寛容さが相応しかった。アルザスの王国政府は状況に順応した。たとえ、別な風に行動することが彼らには困難であったにしても、それはまったく彼らの名誉を考えてのことなのだ。

ともあれ、この期間中ずっと、フランス語が、ごくゆっくりとしか前進しなかったことは事実である。王国あるいは地方政府の役人、知識人、上流社会の人々を除くと、フランス語をよく知っている者はほとんどいなかった。それでも、二重の言語的分化がくっきりと現れ始めた。一つは裕福な階級と民衆層、他の一つは都市と農村間の分化である。ある者はすでにそこに、この地方の言語的・文化的アイデンティティに対する脅威を見ていた。しかし現実には、この危険はまだ存在していなかった。金持ちか貧者か、または都市住民か農村住民かを問わず、アルザス人には一つの共通言語、方言があったのだ。彼らはそれを話すことができたし、また実際に話していた。確かに、フランス語を知ることはすでに弁別化のしるしになっていた。しかし、人々はつねに方言をこよなく愛していたし、またできる限り標準ドイツ語を大切にしていた。基本的に、教育はつねにこの言語で施されていたのである。

さて、一七八九年、フランス語は、アルザスで異論の余地なき進歩をした。しかるに、ヴェストファーレン条約の約一五〇〇年後も、アルザスは依然としてドイツ語系の一地方だった。言語面では、旧制度の為政者は過剰なる熱意どころか、むしろ無頓着な態度を示した。実をいえば、彼らにはその名に値する言語政策がなかったのだ。他の多くと同様、この領域でも、彼らは、某財務総督が与えた、「アルザス問題には触れるべからず」という忠告を鵜呑みにしたようである。(42) フランス大革命がそれに触れるだろう。その結果と帰結は後に見ることにしよう。

絶対君主制と旧制度は、貴族、高位聖職者、またしばしば上層ブルジョワ階級にも、寵愛と特権をあまねく施し続けたが、それは国王への無条件の服従なしには、とうていなしえないことだった。抑圧と不正に対する反抗が国中に広がると、アルザスもその運動に無関係ではいられなくなった。それどころではない。フランス革命は、彼らにあって、はじめて広汎な民衆的コンセンサスを享受したとさえ言えよう。ある者は、富者と貧者のあいだに途方もないほどの溝ができるがままに放置してきた体制に、終止符を打つ時がきたと見ていた。他の者は、いささか単純だが、父祖が経験してき、そしてストラスブールをして「模範的な共和国」たらしめたあの政治的自由を、今や取り戻せるものと信じていた。誰もがお偉方や権力者の耐え難い支配から解放されると思っていた。だから、大革命はアルザスにこのうえもなく有利な場を見出したことになる。大革命には前もって民衆層の支持が保証されているようなものだった。

言語面では、革命当局者がこの民衆の支持に力を得て、たんにアルザス人のことばを尊重するのみならず、「国王のことば」が現存の言語的実体に相反して、公的な場で特権的な位置を享受し続けることなど、もはや許さないだろう、と人々は考えたかもしれない(43)――アルザスでは、このことばが他のどこにも増して特権者のことばであったのだ(44)。『行政上の二言語使用計画』と例の『ストラスブールの市民対話《ビュルガーゲシュプレーヒ》』(45)は二つとも一七九〇年のものだが、これらの文章の作者はこの問題をやはり興味深い他のものとともに提起した。これら二つの文書は、洞察力と勇気あるアルザス人に事欠いていたのではないことを証明している。しかるに、洞察力と勇気だけでは不十分だった！　あまりに不平等な闘いにあっては、それではけっして事足りていなかったのだ。

## 国家語としてのフランス語

確かに、国王ルイ十六世の処刑、それは君主の死であり、国王主権の終焉であった。しかし、それは主権という観念そのものの死ではなかった。革命派にとって、国王の死は人民の勝利を意味した。したがって、主権は人民、つまりは国民に移ったが、それはこの時代にはおそらく抽象的でかつまたその定義をなお待つべき概念であった。国王主権の終熄が国民主権の到来を画したことは事実である。そして「国王のことば」たるフランス語はごく単純に「国家のことば」になった。アルザス人はやがて、言語的領域では、「国家」の方が「国王」よりもはるかに権力的、かつ強硬な態度を示すことを思い知らされることになる。それは革命派が「人民」とか「国家」という語に対し、きわめて特殊な意味を与えようとしたからなおさらそうであった。そのうえ、あらゆる制度を越えて生き残るのがこの人民とか国家という概念である。それは、左右を問わず、フランスのほとんどすべての政治家の精神に今なお付きまとっている。

革命派の精神にあっては、国民とは旧フランス王国の国境の内部に生きる市民の総体だった。それは、過去の時代に歴代国王が形成したような国家に一体化した。革命派はかつての国王たちとまったく同様、この国家を我が物にするであろう。ルイ十四世は「朕は国家なり」と言った、あるいは少なくともそのようなものとして振る舞った。革命派にとって、過去、現在また未来のすべてのナショナリストと同様、国家とは自らのことであった。彼らが国家よりもむしろ国民のことを話したがっても、それが彼らのきわめて国家的なフランス観を基本的には何一つ変えるものではない。

人民について言えば、それはその個別性、すなわち人々にある個人的なものとか、または共通なものとかの観点から捉えられた、フランスという国の男や女のことではなかった。革命派には総体的かつ抽象的な人民像があったのだ。彼らにとって、人民とは、生への飛翔を共にして、国王を廃絶し、特権者を屈服させ、権力を奪取した人々のことだった。この人民は英雄的な闘いにおいて「一丸となって」行動した。彼らはそうあらねばならなかった。だからフランスでは、ブルトン、バスク、コルシカ、アルザスの人民というものはありえなかった。そこには唯一の人民、つまりは、フランスのために、また多少の誇りをこめるなら、人類全体のためになした高貴なる闘いにより、言わば超越された人民しかありえなかった。この人民、それはフランス人民である。おそらくこうしたフランスというヴィジョンは当時の現実にはそぐわなかったが、しかし一貫したヴィジョンであった。これは革命の論理に位置づけられていた。そして大革命とフランスの未来にとって本質的なものだったのだ。

したがって、フランスはもはや国王の君臨する王国ではなかった。それは人民によって統治される国家であり、唯一の国家にして唯一の人民ありなのである。なるほど人々がその構成員の多様性を知らないわけではなく、また国家の有機的統一性などまだ神話にすぎないことも知っていた。しかし、時がたつにつれ、神話が現実になることを確信していた。この目的に到達するため、彼らは必要と判断したもののすべてに均一性を要求し始める。一度原則が確立されると、それは仮借なき厳格さで適用されるだろう。革命派は、「唯一にして同一の国家」しか形成しない人民が、「唯一にして同一の言語」を話さないことなど認めるべくもなかった。この言語は「国家のことば」、フランス語に他ならない。差し当たり、それは少数の市民によってしか話されなかった。これは、グレゴワール神父が公教育委員会に提出し、そしてさらに国民公会で読み上げられ、討議された報告書から得たことである。[46] しかし、革命派は国家の言語的統一を実現すべく決意していた。それも有無を言わさずにである。

真っ先にフランスの言語的統一の原理を確立したのは、当時まだ立憲議会の聖職者階層選出の代議士であった、オータン司教タレイランである。「言語の統一は国家の統一の基本条件である」、と彼は宣言したのだ。[47] しかしながら、革命初期には、フランスを変革しようとする人々にとって、フランス人の言語習慣に一貫して取り組むよりも他になすべきことがあった。だからアルザスでは、すぐには何も変わらなかった。なるほどフランス語は進展し続けたが、しかし標準ドイツ語は依然として幅広く、役所でさえ使用されていた。人々は、誰も満足させはしないけれども、また暴力的反応に結びつくような不満も生じさせない、妥協的状況に甘んじていた。これがおそらく、なぜアルザスの提出した陳情書に、「言語的な陳情」が比較的少数であったのかを、説明するものであろう。[48]

## 国家から追放された「俚語《パトワ》」

革命派は、革命そのものが国の内外の危機に直面せざるをえなくなった時から、言語的圧迫を強めた。[49] この圧迫は恐怖政治下で頂点に達した。革命派がその真の目標をさらけ出したのはその時である。有名な「一七九四年一月二十七日の綱領演説」で、タルブ出身の国民公会議員ベルトラン・バレール・ドゥ・ヴィユザックは、国中に大きな反響をもたらさずにはおかない激しさと厳しさで、フランスの新支配者の言語的テーゼを展開した。それは、少数派と言われていても、当時はまだ多数のフランス人が話していた言語への文字どおりの宣戦布告であった。しかも、きわめて狂信的な革命派が唱えていたような自由と平等の原理の名においてであった。

バレールにも、フランスの「言語の統一」のための闘いに積極的に参加した人々の誰にも、言語問題に関して、今の我々にあるような知識がなかったことは明白である。こうした問題はまだ正当な研究の対象ではなかった。いずれにせよ、グレゴワール神父とは反対に、バレールはその政治的局面に興味を引かれたにすぎない。彼の思想の歩みを把握するために、それは念頭に置かなくてはならないことである。皆が彼の考えを共有したのではない。しかし、言語闘争が頂点に達した時、他のすべての声を沈黙させたのはバレールの声である。

バレールにとって、フランスには二種類の言語、すなわち「公教育」のことばたるフランス語と、他のすべての有象無象の言語しかなかった。フランス語だけが唯一重要であった。国家的統一の絆になるべきであり、またそれが可能になるのはフランス語だけである。なるほどフランス語は国王や貴族のことばであった。しかし、それはまた「教養ある」人々や、国家のエリートや、革命思想を伝播するためにそれを用いた人々のことばでもあった。このことばが全フランス人に近づけるものにならねばならなかった。

ところで、人民――とくにサン・キュロット派――は、大抵の場合、多少軽蔑的に「俚語」と称されたものしか話さなかった。この状況は革命派にとって許し難いものと判断された。彼らは絶対君主制がわざと人民にフランス語を知らせないようにしたと非難した。彼らによると、「国王のことば」に対することの無知が人民にその声を上げさせないようにし、また人民を劣悪な状況に放置する原因になった。(50) 今や主権者となったのに、人民は元の主権者のことばであったフランス語を知らなくてはならない。平等、つまり、高みへ向かっての平等はまたことばの領域でも実現されねばならなかったのだ。(51)

また自由もだった。「市民諸君」とバレールは叫んだ、「自由なる人民のことばは万民にとって同一のものでなくてはならない」。(52) ところで、人民は革命的な「知識」に「啓蒙」されて始めて自由になる、とバレールは考えていた。こうした知識に近づくには、適切な言語的媒介を持つことが必要であり、それはフランス語以外にはありえなかった。もし人民がフランス語を知らなければ、「多大の犠牲を払ってフランスの末端にまで及ぼされた光明も、その法則が理解されなければ、そこに着いたとたんに消えてしまう」、とバレールは推測した。(53) こうした状況から、公教育のことば以外のものは、市民が地方語のゆえに強いられている隷属状態から彼らを解放するために、打破すべき障害であった。この推論は一見非の打ち所がないようだが、やはり革命の衣をまとったブルジョワのものであり、誠実さの点では問題ないが、その自由の概念は奇妙な人間蔑視を示すものである。(54)

革命派の言によれば、そうした地方語の存在はたんに自由と平等の原理を侵害するだけでなく、それらはまた若き共和国にとって絶えざる脅威にもなる。内部崩壊の脅威と外部からの破壊の脅威。オーストリアへの宣戦布告後、脅威にさらされたのはフランス大革命ではなく、現実にあるがままのフランスの姿であった。危機に瀕したのは、もはやたんに共和国のみならず、「祖国」であった。反対者はもはやたんに共和国の敵というだけではなく、祖国への裏切り者であった。彼らはどのような者であったのか？

もちろん第一は、亡命者、すなわち「靴の底にまで祖国を入れて持ち去り」、敵の隊列に加わった人々である。しかしまた、国内にも大革命の敵と見なされたさまざまな人々がおり、共和国の原理そのものに反対の者もいれば、非宣誓僧と結託する者もおり、またジャコバン的というよりはむしろジロンド的なフランス観を持つ者もいた。革命派の目にとって、フランス語以外の地方語のような「損害と過失を生む道具」に嫌疑をかけるには、各々のことばに、大革命が告発した罪の一つでもかぶせれば十分であった。

バレールは迷わずそうした。「連邦制度と迷信は低地ブルトン語を話し、移住と共和国憎悪はドイツ語を話し、反革命はイタリア語を話し、狂信はバスク語を話す」、と彼は公言した。(55) カタロニア語とフラマン語が欠けていた。(56) おそらく、忘れただけのことであろう。おそらく彼はそうした類は無視できるものと見なしていた。オクシタン語、それは数百万の市民のことばなのに、彼の目には卑俗な「俚語」にすぎなかった。それも言及されるに値しなかったのだ。(57) それにどうでもよかった。掲げられた目標は達せられた。かくして、フランス語以外の言語は国家から追放された。それを話す人々もまたしかりであった。(58)

こうした言語とそれを日常語としていた人々に対し、バレールが向けた非難の性質を少し注意してみるとおもしろい。ブルトン人は連邦主義と迷信の二重の罪で有罪であった。連邦主義は、ブルトン人が早かれ遅かれ吸収されることを知っていた、「一にして不可分の共和国」に何も期待しなかったから。迷信は、彼らがその宗教に固執して、革命派の至高の存在を信じようとしなかったからである。このカトリック信仰への愛着はバスク地方では「狂信」になり、またコルシカ島の積極的なレジスタンスはごく単純に「反革命」呼ばわりされた。ブルトン人、バスク人、コルシカ人……それはとくに頑固で恐るべき敵の部類であった。どんなに小さな反抗心でも圧殺しなくてはならない。(59) まだアルザス人が残っていた。

「敵性語だ！」

アルザスの場合はとくに重大なものと判断された。そこではドイツ語が話されていた。革命派の説によると、ドイツ語は存在しうるもっとも忌まわしい言語である。本質的にそうであった。元司祭のルスヴィルは、一七九四年三月九日、国民公会に提出した『革命以前のアルザスのフランス化論』において、次のごとく主張した。「ドイツ語の荒々しく、耳ざわりな音は奴隷に命令したり、脅しことばを言ったり、棒で打つ回数を数えるだけの役割しかないようだ。(60)」そこから、ドイツ語は軽蔑すべき「奴隷語」にすぎないと結論するまでは、ほんの一歩を踏み越えるだけなのだ――「アルザス語」とドイツ語の区別は十九世紀にしかされない。そのような言語から自己を解放しないこと、それは自由であろうとしないことであり、自由よりも奴隷状態を好むことであった。

しかしさらに悪いことがあった。ドイツ語とは、ゲルマン帝国、つまり故国が容赦なき戦いをしているあの帝国のことばであった。だから、それはフランスと大革命の不倶戴天の敵の言語だったのだ。ドイツ語を話すこと、それはまさしく祖国の敵と通じることを意味した。あくまでもそれを話し続けることは帝国との罪深い絆を持続することである。実際、それは裏切り者として行動することだった。これははばかげた厚顔なる推論であり、内地からストラスブールにきたある種のジャコバン党員が、己れの非難さるべき行為を正当化するために、ためらいもなく展開したものである。「ストラスブールは自由のために作られてはいない。ストラスブールはその方言により……帝国に執着している」、と彼らは臆面もなく断じた[61]。あたかも、ストラスブール市民の話すドイツ語方言のために、過去において、その自由で民主的な精神としてつとにその名が知られ、フランス語使用者を含めた、あらゆる被抑圧者が避難してきた町が、ヨーロッパの一級の町の一つになり損ねたかのごとくだ！　しかも、めしいと化した革命派は、誰かがフランス語以外のことばを使って、自由を歌うことなど、認めるべくもなかった。

今や、フランスに属する領土にありながら、ドイツ語と同じぐらい危険な方言が祖国の敵を助けていると、フランス国民を説得しなければならなかった。それを引き受けたのもまたバレールである。彼はアルザス農民がプロイセン人やオーストリア人をその地に呼んだり、また彼らと親しくしたりすることを、断固として非難した。彼はこの程度の策に甘んずることはなかった。嫌疑はアルザスのジャコバン派、それも正真正銘の革命家にまで及んだ。しかも不幸にも、彼らはドイツ語を話したが、ドイツ語を話すこと、それは大革命が闘っていた「ドイツ人の国家」に属することだった[62]。この恥辱の汚点を消すためには、ジャコバン党員であることさえも不足であった。アルザスに駐留するドイツ軍は大革命に味方しているのに、やはり嫌疑を免れることはなかった。彼らはフランス語を話す軍隊と交替させられた。結局、アルザス人でもドイツ人でも同じことであり、それは、革命期には、アルザス住民は、まだ「フランス市民のドイツ人」としてしか見なされていなかったから、なおさらであった[53]。根本的な措置だけがこうした事態を変えることができる。少なくともそう考えられていた。

フランス領土の外へ敵とドイツ語を放逐することが、唯一共通の闘いになろうとしていた。それはいわば国民の義務であり、国家の安全上の問題であった。ごく楽観的な人々は、半年もすれば、「この粗野なチュートン民族の言語」は消えてしまうだろうと思い込んでいた。それが待っても無駄と分かると、彼らは脅迫に転じた。おそらく事態の進展を早めるため、人民の代表たる国民公会議員ラコストは、考えられるもっとも急進的な方法、つまり「この地方の住民の四分の一をギロチンにかける」ことを提案した。ストラスブールのジャコバン派、その大部分はアルザス人ではないが、彼らもこの問題に関してはそれなりの考えを持っていた。方言を話すアルザス人の「転向」を推進するには、この人々に「ギロチンの道を歩ませる」か、収容所送りにするか、「サン・キュロットの集団《コロニー》」と交代させるかであろうという。破廉恥が最低のブラック・ユーモアに入り混じった。そしてそこではたんなるレトリックが問題ではないことを示すため、まずストラスブールのジャコバン・クラブからアルザス人全員が追放された。[63]

有名なアルザスの「フランス化論」のなかで、ルスヴィルは、実際は、フランスのあちこちですでに表明されていた考えを再録したにすぎなかった。アルザスのフランス語普及のため、学校、新聞雑誌、教会が有する重要性に彼が気づかなかったわけではない。しかし、彼はまた、当面のところは、期待どおりの効果をもたらす「内地のフランス人のところへの」強制収容か、ギロチンの策しかないと確信していた。ルスヴィルの計画が何一つ出まかせでなかったことは認めなくてはならない。だからして、いかなる場合にも、アルザス農民を大量に強制収容して、農村部を無人かつ不毛にするようなことは起こらなかった。彼はほとんど感動的なまでの配慮を見せて、アルザス人に語りかけた。「放棄された土地を耕し、人口の流失を償い、諸君の革命への愛を増すために、立派な革命家や名誉ある傷痍軍人を呼び寄せよう、そうすれば諸君の娘が彼らの妻になれよう。」[63]これを考えるだけで十分であった。

時として、こうした「革命的」計画の重要性が過小評価されがちであった。ひとはそこに、フランスが国の内外で危機に直面しているのに、いとも単純に、革命の激動の波に翻弄された熱狂的愛国者の過剰な物言いしか、見ようとしなかった。ルスヴィルの計画が空文のままに終わったことは事実である。

しかし、本当にたんなる机上の威嚇にすぎなかったのか？　おそらくそれは分からないであろう。なぜなら、バレールの「綱領演説」とルスヴィルの「研究報告」の半年後、ロベスピエールが失脚し、恐怖政治が終わったからである。確かなように思えるのは、フランス語を知らないばかりに、真っ先に自分たちが攻撃目標になったと感じたアルザス民衆が、ルスヴィルがあれほど乱暴な仕方で口にする前でさえ、それをから脅しとは考えていなかったことである。プロイセン軍とオーストリア軍の退却時、バ・ラン県の農村部の二万人以上が、彼らと共にライン川を渡って行った、とバレールは主張した。彼自ら、この「脱走」を敵性言語との「言語的同一性の力」によるものであるとした。アルザスのドイツ語を根絶するのにこれ以上の理由はないであろう。

故国外への逃亡を余儀なくされることは、もっとも大切なものすべてを奪われた人々の社会的地位が何であれ、つねに苛酷な人間のドラマとなる。しかし、理由ははっきりしているが、代々耕されてきた土地にあって、かつて自分のものであったものを、元どおりの状況に戻すために、塗炭の苦しみを味わうのは農民である。したがって、自分の土地に対してほとんど肉体的な愛着を持つことで知られるアルザス農民が、ためらいもなく故国を捨てたのは、彼らがその生活と財産の面で現実に脅威を感じていたからに違いない。なるほどこのアルザス農民の逃亡は、バレールにとって、彼の言う、頑固なまでにフランス語を話そうとしない人々に対する抑圧的措置を正当化するために、願ってもない論拠となった。なるほどそのようにして、ドイツ軍とドイツ語を話すフランス市民のあいだのいわゆる結託を告発できた。なるほど、当時アルザスに及び始めたことばの恐怖政治が、このアルザス農民の集団脱走の唯一の理由ではなかった。しかしそれでも、これらの善男善女は、脱走が自分たちにとってなおいっそう大きな不幸を避ける、唯一の方法であると思わなかったならば、やはりドイツ軍について行かなかったであろう。

## 学校でのフランス語

しかしながら、アルザスのドイツ語を除去するために、革命派が脅迫手段を使うことしか考えなかったと思うのは誤りであろう。それは大人を圧迫するにはすぐれた手段であったかもしれない。しかし制するべきは若者たちであり、まさに小学校がその役割を果たしうるはずであった。革命派はそれを非常に早くから理解しており、この仕事に執拗なまでに専念した。彼らは、結局のところ、学校がフランス領土から「この外国語」を完全に消滅させてくれるだろうと確信していた。「研究報告」において、ルスヴィルは初等教育の基本的目標を明確に定義づけることを怠らなかった。すなわち、「言語を統一することにより、全フランス人が一つの家族となるべく団結を強固にすること」である。[64] この方針の適用は、明らかにアルザスに困難な、それも革命派が想像していたよりもはるかに困難な問題を生じさせた。

アルザスの各市町村にフランス語教育を導入するため、彼らが大変な努力をしたのは当然であった。フランス語の知識がまだ若干の特権者の専用物であったことなど、何の論拠にもならなかった。しかし、権力でこのような教育を課することができると思うのは誤りであった。「以後、教師はフランス語と人権宣言を毎日教える義務がある……」と布告することと、彼ら先生がそれを実行するかどうかを考えることは、まったく別のことである。爾後、「フランス語で読み書きすることしか教えてはならない」と宣言することまでしてみたのは、[65] それが全学童にフランス語を課するのにもっともラディカルな方法に見えたからかもしれない。学校の外ではドイツ語方言しか使わない子供たちに、そのようにしてフランス語、それもフランス語だけを学ばせる機会が少しでもあるかどうかという問題が残っていた。誰にもその確信はなかったのである(66)。

他の領域同様、恐怖政治下では、アルザスのこうした厄介な言語問題を片付けようとして、人々は非常手段に訴えた。オ・ラン県の行政当局が学校を「正常に」機能させなかったとして、見せしめに、全行政官庁が二週間閉鎖されたのは、そのためである(67)。そしてフランス語を知らない全教員を解雇するとまで脅した。それらはことごとく無駄であった。フランス語教育をする学校数はまだ極端に少なかった。なるほど、この教育はしばしば宗教界の反対にあい、またアルザスの人々自身もあまり熱心な態度を示さなかった。しかし、当局者の仰々しい布告にもかかわらず、学校によるフランス化政策が結局失敗したのは、旧制度時代の国王たちと同様、革命派がフランス語を教育できる教師を持たなかったからである。教員養成の問題が起こった。それまでは、内地の教師に頼る以外に解決策はなかったが、これが新たな困難を生まずにはいなかった(68)。

### 軍隊では……

役所や学校を介して、すべてのフランス市民に国家語を課することを目指した革命派の努力は成功裡には終わらなかったが、それでもフランス語の使用は、何一つ言語的性格を持たないある措置によって助長された。「国民総動員令」であった。危機に陥った祖国を守るため、平等の見地から、フランスのすべての地方の男子に訴えがなされた。かくして、軍隊は「国家のことば」に他ならない共通語を使用する、文字どおり民族の坩堝《るつぼ》となった。事実、フランス語だけが国家的発展を遂げた。それは同じ地方出身の人々がお互いに方言を話す妨げにはならなかった。しかし、多数のブルトン人、バスク人、カタロニア人、コルシカ人、フラマン人、オクシタン人、アルザス人はこのようにして「国家のことば」に馴れ親しむ機会を得たのである。経験から、彼らは、事実上、フランス語だけが相互理解を可能にする唯一の媒介語であることを会得した。まさにそこで、「一国、一言語」という原理が真に十全の意味を持ったのである。

いったん帰郷すると、こうした人々はフランス語の最良の宣伝者になった。大革命の暴虐と戦慄が薄れるにつれ、よき思い出が表面に浮上してきた。戦争中に知った栄光の日々を思い起こすと、誇りと悔恨がないまぜになった。彼らは大義のために戦ったのだと確信していた。同時に、彼らは自分たちを戦争へと導いた人々のことばを知る機会を持った。今や彼らは、国家語を知ったお蔭で、地方に残っていた人々に対して優越感を意識するようになっていた。彼らの戦《いくさ》の手柄話はもちろん「方言《パトワ》」でなされたが、しかし時々、彼らはそこに国家語から取った気のきいた表現をこっそりと挿入して、話の真実味を強調したり、また今やフランス語を知っている自分たちと、相変わらずそれを知らない聴き手とのあいだに生じた、違いを見せつけたりするのであった。心の奥底では、手柄話を貪るように聞いていた「方言話者《パトワザン》」も一つのこと、すなわち栄光の時代のこうした勇士たちのことば、フランス語を学ぶことしか望まなくなった。彼らに考えを変えさせるのは確かに第一帝政ではない。

## 言語上のジャコバン主義の勝利

おそらくそれらすべても、フランス人の言語習慣に根本的な変化をもたらすには十分ではなかった。

フランスのように広くて多様な国の言語地図は、一〇年やそこらでは塗り変えられない。しかし、革命派の実施した言語政策があまり直接的な成果を生まなかったとしても、こうして始まった活動がはるか後にもたらした帰結はきわめて重要なものであった。

言語面では、事態はもう大革命以前とはまったく異なったものになる。なるほど解決すべき問題は客観的には同じままであり、また革命派が熱望した言語的統一も、まだ実現すべく残っていた。しかし、一般的には国家的統一、特殊には言語的統一に対してもっとも強硬な人々、すなわちジャコバン派は、言語問題をけっして二度と脱出できない文脈に位置づけることに成功した。今後、フランス語を使用することはつねにフランス愛国心のすぐれて外的なしるしと見なされるであろう。なるほどロベスピエールは秋《とき》を見ずして断頭台の露と消えた。だが、ジャコバン主義は勝利することになる。それも、一つならずの領域においてである。たとえそれがナポレオン体制下で存続したとしても、である。その後、フランスの中央政府の言語政策がジャコバン派の定めた原理に準拠するのは事実である。それも上首尾にである。というのは、「一にして不可分の共和国」、「一国、一言語」、「自由のことば、フランス語」のようなスローガンが、フランス人民に与えた現実的衝迫力を測れるようになるのは、ずっと後のことでしかないからである。

また強調しておくべきは、ヨーロッパにおけるフランス革命戦争はフランスの国王や大作家がフランス語に付与した威信を何一つ傷つけなかったことである。正式の場合には、「全ヨーロッパ」がつねにフランス語を話していた。すでに見たように、革命派は王政を廃止しながらも、たんに王国の実質をそのまま保持するだけでなく、「祖国」の統一性強化に固執した。言語的統一の実現はその主要な部分を成していた。確かに、フランス語はフランス国王と外国君主のことばであったが、それはまた革命派のことばでもあり、かつまた国民全体のことばになるべきものであった。庶民も、これほどの威信のあることばの修得がもたらす「出世」の可能性に対し、無関心ではいられなくなった、他のすべての国語や方言も、フランスとフランス人だけのことばに並ぶと、まったく色褪せて見えた。

　こうした状況下にあって、「方言話者」は、実際には脅しに裏打ちされた、巧妙な宣伝工作がもたらした劣等感に、うまく対抗できなかった。事実、大革命が新たに獲得された自由の象徴の一つにしたこの「高貴な」ことばを、誰が知らないままでいようと願ったであろうか？「国家のことば」を知らないことを文字どおり侮辱と見なす、善良なる市民の姿が見られた。彼らは、「国家語の教育を組織化して、方言から解放してもらうため、中央政府に救済策」を要請するまでになった。[69] このフランス語修得への渇望は、自由なる市民に値しない卑俗な方言にすぎないと誰もが言う、おのがことばに対する無関心、または軽蔑のまったくの裏返しでしかなかった。「国家のことば」以外のすべてのことばに対するこの軽蔑は、大革命とともに終わるのではない。それどころか、増大するだけであろう。

　なるほど革命派には、あれほど短期間に、しかも力に頼ってでも、民衆全体のことばを変えさせうると信ずるだけの純朴さがあった。しかし、国家的統一の要件としての言語の役割について、彼らは正確に見通していた。彼らは、「一国、一言語」という原理を、たんにフランス語を話す人々にだけでなく、話さない人々にさえ認めさせるにいたった。「実際、国家的エリートの列によじ登ろうとして、フランス語のために自分のことばを性急に捨て去ったのは、さまざまな民族のエリートである。そうすることにより、彼らは、自己自身の喪失と、自分が帰属する民族の喪失を同時に封じ込めてしまった。[70]」したがって、大革命がフランスの至るところで実行した言語上の強圧策はフランス語の使用を大きくは進展させなかったが、心理面では、その結果はきわめて大きな重要性を有していた。後代の変化にその痕跡が残るであろう。アルザスでもしかり。否、アルザスではなおさらそうである。

## 「アルザスのコンプレックス」

他の多くのフランス市民同様、民衆層の出である多数のアルザス人は、おそらく生涯はじめて、自分と同じ庶民である他のフランス人に接する機会を得た。そのようにして彼らは、アルザス人にとっても、「国家のことば」の修得がもたらす重要性を測ることができた。彼らは「一国、一言語」の原理がプラスの局面を含んでいることを確かめた。共通語がなければ、国家共同体もない！　それに、実際のところ、革命期にアルザスを離れなかった人々には、他に考えようがなかったのだ。

たとえ、ある種の革命派が大革命の宣した自由、平等、博愛の理念を実践すべしと信じてとった方法に、アルザス人もまた、戦慄させられはしても、彼ら皆がそうした革命理念に無関心だったわけではない。

アルザス人が経験したばかりの出来事にどんな個人的意見を持とうと、彼らは、ピカール人、オーヴェルニュ人、ヴァンデ人などとまったく同様に、自分が関係した大きな国民的運動の証人であったという感覚から免れることはほとんどなかった。フランスの懐に入って以来はじめて、彼らは国家的次元と国際的影響力をもつ歴史的事件に参画したのである。それは彼らの精神構造に深い心理的衝撃を与えずにはおかなかった。

革命時代がアルザス人に会得させたのは、以後、アルザスがフランスと一蓮托生の身になったことである。旧制度下、アルザスはまさにフランス王国の一部になっていた。しかし、民衆にとっては、フランス国王も、かつての神聖ローマ帝国時代の「ドイツ皇帝」のような強大な宗主とほとんど変わるところがなかった。革命下では、事態が根本的に変化した。今度は、アルザス民衆も、運のよしあしは別にして、国家的事件に直接係わっているのを感じた。この点、大革命がアルザス人のフランス共同体への帰属意識を著しく強めたと言うのは、正確である。しかし、それは、しばしば主張されるように、アルザス人が「心からフランス人」になったのは大革命のお蔭であると言えるだけ十分なものなのか？　そうは思えないのである。

なるほど、アルザス人も、人間の基本的自由の抑圧に抗議するという限りにおいては、国民の革命的昂揚に同調していた。しかし、他方では、革命権力がアルザスの言語的・文化的遺産に脅しの重圧をかけたことなど、アルザス人はほとんど意に介さなかった。正義と友愛の真摯な理想に魅せられて、革命クラブの活動に積極的に参加したアルザス人でさえ、アルザスのジャコバン派、それも大部分がヴォージュの彼方の出身である連中の態度には憤慨していた。真実なのは、アルザス民衆は、全体として、革命派が提出した言語上のテーゼにはけっして同意していなかったことである。実際、彼らは「言語の均一性」の問題がもう一つのというより、むしろある種の観点とはまったく別のものであることをきわめて早くから理解していた。同一国家の全市民の絆を強固にするには、なるほど誰もが同一言語を理解し、話せることが必要不可欠であった。しかし、アルザス人はその大多数が、言語的均一化のために、アルザスのことばを放棄すべきであるとは考えていなかった。彼らにはまた、なぜ共和主義者であることと、ドイツ語方言を話すことが両立できないのか、分からなかったのだ。(71)

革命派は、アルザスで話されている言語と「敵」の言語がきわめて密接な類縁性を持つことからして、これを「敵性語」と称し、まさにそのために、アルザスのケースはコルシカ、バスク、あるいはブルトンのケースとは異なることをアルザス人に通告しようとした。フランス語を話さないブルトン人はなるほどだめな共和主義者、または悪しき愛国者としてさえ指弾されたかもしれない。しかし、フランス語を話さないアルザス人は、それらすべてに加えて、潜在的な裏切り者と指弾されることがあった……それは、彼らがフランスの「敵性語」を話すからであるという。これはもっともらしいが、また何とも嫌らしい理屈であり、しかも、自らのことばのために国家から追放された民衆の心に、有害な結果を生じさせずにはおかないものだった。それでも、革命期のきわめて暗い日々にあって、方言とそれを日常語とする住民の権利を迷うことなく勇敢に擁護したアルザス人が多数いた。「生命の危険を冒して」、とポール・レヴィは明言している(72)。

なるほど革命派の論拠の有効性が、時として、いくぶん誇張される嫌いがあった。しかしまた、それを過小に評価してもいけない。悲しい哉《かな》！　超狂信的な国家主義者が好き勝手にこうした論拠を用い、また濫用したことは、歴史の証明するところである。認めておかねばならないが、成功しなかったのではない。きわめて巧妙に、彼らはアルザス人の頭上に、あのダモクレスの剣を吊るさせたのである。なぜなら、この論拠はたんに嫌らしいだけでなく、重宝にしてかつ恐るべき効力を持つからである。

確かに、フランスと「敵国」との関係が緩和している時には、この剣はこっそりと置かれているかもしれない。「敵国」が脅威になれば、すぐにもそれに重みがかかってくる。だから、政治的環境が何であれ、アルザス人が国家語に対し少しでも不熱心な素振りを見せたり、あるいは彼ら固有の言語と文化に少しでも寄りかかりすぎると、つねにこの剣がひそかに暗示される。それはまた、「反抗者」が中央政府の命令に従わねば、どうなるかを彼らに理解させるための格好の手段でもあるのだ。

確かに、革命後でさえ、アルザスでは相変わらず方言が話されていたし、また標準ドイツ語もやはり堅固な地位を占めていた。だが、権力のさまざまな圧力に対するアルザス人の内的抵抗力は、愛国者かどうかという嫌疑によって侵食され始めており、それは事実上防御用武器のないウイルスのようなものであった。この頃から、アルザス人は「国家のことば」を学ぶ意志と、「敵性語」たる彼ら自身のことばを後退させまいとする意志のあいだで、自分ががんじがらめになっているのを感じていた。前者はフランス国民の生活に実質的に参加できるためであり、後者は自己を否定し、かつまた固有な人格としての自己の非在化を余儀なくされるという、責苦においてであった。「かくして、アルザスのコンプレックスは生まれたのである。」それはさまざまな形態をまとい、また歳月が流れるにつれて増殖し、そして三度の苛烈な戦争、それも毎回アルザスが係争点の一つ、しかも小ならざる係争点となるあの戦争で、フランスと（「犯罪人」になる）「敵」が対立すると、頂点に達することになる。

大革命は、その初期には、時々アルザスで熱狂的に迎えられたにしても、結局は、アルザス人の心に多くの苦渋の痕跡を残した。実を言えば、革命政府の宗教的・言語的政策は最後にはアルザス民衆の反発を招くのだが、それはこの政策が、若干の例外を除いて、内地のフランス人や時にはドイツからの移民によって遂行されたがゆえになおさらそうであった。こうした状況にあって、確かに、この政策はフランスをもっと愛させるような類のものではなかった[73]。それにもかかわらず、革命末期の頃、アルザス人が自らをフランス人と感じたのは、それは、前述したように、彼らがフランスの歴史の決定的な瞬間に、その運命を共にしたからであり、また時がその役割を果たし始めていたからである。

時の役割

十八世紀の中頃、すでにして、アルザス人の心性に相当の変化が認められた。アルザスは約七世紀間も運命を共にした「帝国」から徐々に離脱していった。十八世紀末期になると、わが地方の歴史の重要な一ページが決定的にめくられた。一八〇〇年、それはルイ十四世の軍隊がストラスブール自由都市の開城を獲得して、一二〇年目の年である。フランス国王がデカポールの都市の勇敢なる抵抗を粉砕するのに、どんな手段に訴えたかをまだ知っている者は、この頃はもう稀だった。十七世紀末期には時々まだ激しかったフランスへの恨みも、時代とともに薄まったが、それはまた、アルザスにおけるフランス行政府の慎重かつ巧みな政策のお蔭であった——これは特筆すべきことである。

現実的な努力の見返りに、フランス政府は三十年戦争の終わり頃から、約一〇年間の戦争のために、悲しむべき停滞に陥っていた地方の経済活動の復興を確約した。それに、アルザス人の性格のもっとも顕著な特徴の一つである、生存への意志がきわめて強烈に発揮されたので、一世紀もすると、彼らはかつての活動力を取り戻したようであった。結局、彼らは嫌な顔もせずフランスの存在を受け入れ、そしてフランスがアルザス自身の個性を問題にしない限り、新しい共同体へ心から加入しようとする態度を示した。

一五〇〇年、あるいは一二〇〇年、それはまた、神聖ローマ帝国時代に祖先が経験したものとはもはや何の共通点もない、政治的・社会的・文化的風土で、新世代を成長させるのに十分であった。なるほどドイツ世界との文化的絆は相変わらず堅固であった。だが、それはフランスの文化的世界との絆が強まるにつれて、緩んだ。ここでも、時がその役割を果たし始めていた。たとえそのような変化が、現実には、アルザスのエリートにしか関係しないとしても、その重要性を過小に評価してはならないであろう。範例はいつも上からやってくる。民衆の方でも、方言、より狭義には、標準ドイツ語にあまりに執着すると、フランスの政治的・社会的生活の埒外に置かれはしないかと、不安に思い始めた。なるほど彼らは、文化的・言語的にフランス化した人々が、「アルザスの事態」を地方というよりは国家的な視点から見ており、しかもアルザスの言語的・文化的主体性の多くを犠牲に供することさえ辞さない様子である、と見てとった。しかし、まさしく、こうした人々が社会的・人間的な面で成功したからこそ、彼らが正しいように見えたのだ。確かなのは、十八世紀末、アルザス民衆の心性に根本的な変動が生じたことである。一世紀以上も前からフランスに併合されたアルザス人は、ドイツ語人種でありながらフランス市民になっていることに、もはや何一つ違和感を感じなくなっていたのだ。それはまさに正常な心理的変化であり、別に大革命がそれをもたらしたものではなく、おそらく加速したものであろう。

アルザスでは、歴史の流れのなかでのこのアルザス的心性の変化が、時として異様かつ世界でユニークな事象として示される。アルザス人はドイツ文化とフランス文化の選択を迫られて、結局フランスの言語と文化の人間になることを選んだのだ、と言われている。真実を言わねばならぬとすれば、事態はそのように推移したのではない。外国起源の他国民と何世紀も共同生活すれば、どんな民族であれ、それが彼らの魂に深い痕跡を残さずにはいない。久しい以前から、世界最大文化のなかの二つの影響下にさらされてきたアルザス民衆のような小民族の場合も、それに変わりなかった。時代とともに、あらゆる種類の絆が個人と新しい共同体のあいだに結ばれ、そして次第に強くなってくるのだから、何らかの理由で、二つの共同体間に重大な紛争でも起きない限りは、誰もその絆が断ち切られるのを見たい、とは思わないものだ。

二つの国家の係争点

革命派は、「一国、一言語」の原理の名において、「言語的少数者」に対する抑圧政策に邁進した。そのうえ、彼らの革命的飛翔はけっして旧フランス王国の国境だけに留まらなかった。それどころか、彼らは若き共和国の国境を、可能な限り、北部と東部へ押しやろうとしたのである。そのようにして征服した住民に、自由、平等、博愛をもたらしたものと考えていたのだから、自由なる人々のことば、フランス語を与えて、何が悪いというわけだ。それはつねに同じ原理の名においてであった。「一国、一言語」という革命の雄叫びが、フランスの国境をはるかに越えて、とくにドイツにまで届いたのは、そのためである。それはそれなりの結果を招来せずにはおかなかった。

ヴェストファーレン条約は神聖ローマ帝国に見かけの存在しか残さなかった。国外では敗北し、国内では蝕まれ、帝国は全面崩壊するのに、長くは抵抗できなかった。ルイ十四世によるアルザスの軍事的制圧は帝国解体の他の挿話のなかの一つにすぎなかった。数多くのドイツ州国家は他の州国家にその覇権を課そうとする前に、自らの独立を安定させるために、この解体を利用した。これらのなかの最大の州、プロイセンは強力なドイツ帝国の再建だけを目的とする運動の先頭に立つべく努めるであろう。確かに、そのような目論見の実現は、何よりも力関係、それも遺憾ながら、まず軍事的な力関係の問題になる！　とは言っても、他の論拠にいかなる救いもないというのではない。それに、この際、フランス革命の言語的論法が、後に見るように、ドイツの国家主義者に重大な論拠を提供することを、しかと認めておかなくてはなるまい。かくして、アルザスの言語的・文化的問題は、過去にはけっして経験しなかったような国際的な次元を持つことになる。この頃から、問題をなおいっそう政治化すべくさまざまな条件がかき集められた。しかも何たる文脈においてであろう！　その帰結は、残念なことに、きわめて悲劇的なものだ。それもアルザスにとってだけではない。

それは真実である。フランス革命はアルザス人に「国家のことば」を話させることに成功しなかった。それはまた、書きことばとしての標準ドイツ語の位置を大きく侵害することにも成功しなかった。しかし、大革命はアルザス人がフランスの言語と文化の浸透を前よりも受け易いようにすることには、成功した。一〇年かかってやっとだが、とにかく、これは一つの成果というものだ。他方、大革命は、多くのアルザス人の心に、たんに中央政府が認めない方言の価値に関してだけでなく、さらに彼らの文化的主体性を長期にわたって持続する可能性に関しても、疑念を投じさせるのに大きく寄与した。革命派は、中央集権化の進んだ国家における権力が、アルザスの個性そのものにとって、重大な脅威になりうるという証拠を示した。加えて、言語と国家的帰属の同一化には、ドイツ語を話すフランスの土地たるアルザスをして、まさしくその言語的・文化的独自性のゆえに、敵対する二国家間の宿命的な係争点にする可能性が多分にあった。問題は、このような文脈にあって、アルザス人が本質的なものをうまく救済できるかどうか、あるいは大革命が引き起こしたのではないけれども、結局は、新しい危険な火種を与えてしまった敵対関係に、彼らが引きずられてしまうのではないかどうか、であった。

Ⅳ　対立する二つのことば（一八〇〇―一八七〇年）

五執政官政府から総督政府への移行は、アルザスで実施された言語政策に基本的な変更をもたらさなかった。フランス化の努力は継続された[74]。それは一八七〇年まで続けられるだろう。しかし、人々は、ドイツ語を直接攻撃するよりは、フランス語を進展させることに一層奮励努力することで、もっと寛大な態度を示すであろう――若干の例外を除いてだが。しかしながら、内的必然性と外的圧力から緊張が生じ、二言語間につねに潜在する対抗心を強めずにはいなかった。

この期間中、フランスを統治する国王も皇帝も、アルザスで用いられているドイツ語に対して、個人的な反感は示さなかった。証拠として、ナポレオン軍のアルザス人将校がフランス人の同僚から時々不愉快な指摘を受けた際に、ナポレオン一世がこれを弁護して言ったという、次の文がよく引用される。すなわち、「彼らがフランス式にサーベルを使えれば、なんじゃもんじゃ語を話しても放っておくのだ[75]」。フランス語をうまく話せない人々に対し、皇帝が寛大な態度をとるのには、彼自身にもしかるべき理由があったのは事実だ[76]。シャルル十世（フランス国王、一七五七―一八三六）も、アルザス人の言語的遺産を尊重する意志があることを、彼らに示すことに熱心であった。ストラスブールを公式訪問した折、国王はしかるべき言葉を思いついて、ストラスブール市長の歓迎演説に対し、ドイツ語で答礼できないことを詫びたのである。ルイ・フィリップ（フランス国王、一七七三―一八五〇）、彼もアルザス住民の共感を得ようとおもんぱかって、この地方一帯を御幸中、謁見を許した農民代表にドイツ語で話そうと努めた。また、一八六七年にバ・ラン県庁で催されたレセプションの際、自らもドイツ語に堪能であったナポレオン三世は、ストラスブールの教師に向かって、「続けてドイツ語教育に専念する」ように強く勧めた。奨励するつもりもあってか、皇帝はさらに、「ドイツ語方言を話したとて、立派なフランス人」たりうるとまで述べたのである(77)。これが、ライン対岸から、まさにその言語のために、ゲルマン世界へのアルザス返還を要求する声がなくはなかった時に発せられたことを考えれば、言及されるに値する言葉であろう(78)。

しかし、君主たちの善意がどうあれ、中央集権主義が不可侵の政治的ドグマとして樹立されている国にあって、アルザスのような地方の行政府は、期間の長短はともかく、ドイツ語の後退を強いるべく措置を要求した。たとえ実際的次元の理由からにすぎないとしても、住民のすべての階層にフランス語を浸透させることが、次第に緊急の課題になってきた。それに、ナポレオンの大壮図は、ワーテルローで終わったにもかかわらず、国民意識を著しく強化していた。「一国、一言語」の理念はかつて以上に生彩を放ち、フランスの言語的均一化という遠大な計画の実現は、依然として、フランス県知事すべての主要な関心事の一つであった。この理念がJ・G・フィヒテとE・M・アルントによってふたたび主張され、そしてドイツ民族主義が目覚めてくると、アルザスの言語問題は論議の中心になる。ドイツはこれを口実として、アルザス（とロレーヌ）のドイツ第二帝国への併合を正当化するであろう。

## 役所のフランス化の努力

アルザスのフランス当局が直面する言語的次元の障害は現実的であった。アルザス人はその大多数が相変わらずフランス語をよく知らなかった。まったく知らない者も数多くいた。ドイツ語を知っている役人が、中央政府によって任命されるのが稀であったのは事実である。ましてや、それを学び、かつ市民との交流の場でそれを生かしたいと願うような役人はもっと稀であった。十九世紀初頭、アルザスの上流人士なら、行政が高水準に機能するのに十分なだけのフランス語を知っていても、地域社会のレヴェルでは、事情は異なっていた。市町村議員の大部分はフランス語を理解しなかったこと、したがって、市町村議会で討論、協議する際、方言だけが使用されたことは、結局まだ小さな障害であった[79]。しかし、フランス語が市町村長によく知られていないことは、それだけですでにもっと重大であった。大抵の場合、彼らはドイツ語だけはすらすらと書いた。それは、明らかに、ドイツ語を行政語として認める意向がない監督官庁にとって、深刻な問題であった。

セレスタの郡長が、管轄区域の市町村長に対し、彼らの市町村の会計報告書がフランス語で提出されるように、監督義務の強化を促さざるをえなかったという事実は、一八〇七年にさえ、依然として多くの行政文書がドイツ語で作成されていたことの証左である[80]。またフランス語の知識不足が誤った解釈を生むこともあったが、そのすべてが、ストラスブール近くのある村長を有名にしたものほどおもしろかったわけではない。くだんの村長は“crétins”（ばか、クレチン病患者）、“antécédents”（先行詞、前歴）のような語にちょっと眩惑され、各々の語を“chrétiens”（キリスト教徒）、“ancêtres”（先祖）と取り違えたのである[81]。翻訳の誤りも、これまた頻繁にあった。だから、アルザスにおけるフランス語の使用について、中央政府に断固たる態度をとるよう求めた人々の先頭に、ライン流域の県知事たちの姿を見ても、驚くには当たらない。フランス語がほとんど普及していない地域に、これを浸透させすべく定められた施策を要求したのは、彼らなのである。純粋な行政上の理由に、他の二つが加わった。一つは古く、フランス支配階級の精神をつねに悩ましてきた言語的統一主義概念の復活にすぎず、もう一つは新しく、社会的次元のものであった。

十九世紀のあいだずっと、国家の言語的統一性を主張した革命派の論拠が、粗野な表現を差し引いてあるとはいえ、著名な人物の口に何度も現れてくる。だからして、モーゼル県知事ヴィエノ・ドゥ・ヴォブランは、「言語が祖国を作るのであるから、ドイツ語しか話さない者がフランス人であることは、言葉をどう広義に解釈しても、きわめて難しい」、と主張したが、その点では、確かに彼の言うとおりであった(82)。それに、彼がドイツ語系ロレーヌ人に向けて言ったことは、アルザス人に対しても該当する。下院の討議で、バ・ラン県選出議員アレ・クラパレート伯爵は、フランスで「地方語」を廃止することは問題になりえないだろう、と言明した。しかるに彼は、フランスは政治的・行政的統一を有していても、つねにその「言語的統一」も求めている、とすぐに付け加えた。そこで彼は、この統一が早急に実現されるよう万全を期するよう政府に求めた(83)。それは、アルザスにおいてさえ、フランス語がまだ専一の行政語たりえなかったのでなければ、何を意味するのか。アルザスでも、フランス語は民衆のことばにならねばならなかった。こうした条件でのみ、「言語的統一」はやっと実現されるものと考えられていたのである。

人々が深刻なものと考えていたのは、アルザスでは他よりもはるかにフランス語が「富者のことば」だったことである。すでに見たように、上層ブルジョワ階級は急速にフランス語を吸収することに成功していた。十八世紀に、彼らはすでに言語と文化面ではフランス化していたが、それでも、ドイツの文化的世界との接触が完全に失われたわけではない。プチ・ブル階級と知的エリートは、実際には、十九世紀の前半にフランス語のもとへきたにすぎなかった。フランスでの生活水準の著しい上昇を利用しながら、彼らは目の前に現れる機会を捉えてはフランス語の上達を図り、しまいには、それを自らの表現と交流のための特権的手段と化するにいたった。しかしまだ、外部からの影響にはきわめて閉鎖的な農民階層と、とくにその貧困が、悲しい哉《かな》！「典型例」となった労働者階層が残っていた(84)。彼らにとって、フランス語はなお「所有者」のことばであった。このようにして、社会的区分と憂慮すべき言語的区分が重なり始めていた。溝がこれ以上深くならないためにも、フランス語を「民衆化する」ことが、次第に緊急の課題になってきた。

別な理由から、フランス語をよく知るために、必要な努力をするアルザス人がつねにその数を増していった。これが、十九世紀のあいだ、人的交流に生じつつあった広がりになる。印刷術の発明は、ある言語形態を専一的に使用することに対し、周知のような影響を与えたが、蒸気機関の発明、これもまた、まったく予測のつかない言語的次元の帰結をもたらすことになる。事実、交通手段や産業への蒸気機関の原理の応用は、ひととひとの交流に新しい次元をもたらした。それがより早く、より容易になると、あらゆる工業諸国で、人々の接触が盛んになった。人口密集地への産業の集中は、前例のない人口の混淆現象の始まりであった。この現象は国家語の優位を決定的に確立しようとするのに貢献した。事実、同胞の誰とであれ、お互いに支障なく交流できる唯一の言語は国家語だった。フランスでは、「公教育のことば以外のもの」は、もはやフランス語のこの新しい進出を前にして、維持される見込みはほとんどなくなった。アルザスの言語状況に関する帰結は明らかであった。

アルザス人にも、フランス語を知らないと、中央段階のみならず、地方段階でさえも、責任ある地位に就くことができないことが、段々と分かってきたのだ。商業と産業の発展がフランス語に与えた新しい刺激は、国家語の修得をなおいっそう望ましいものにした。あちこちで、フランス系の学校の開設を求める声が上がり始めた。フランス語の完璧な修得の持つ利点が分かった人々にあっては、フランス語教育への反感が次第に消え、遂には、全フランス人のことばに対する文字どおりの熱狂に取って替わった。

だから、フランス語を学ぶ大部分のアルザス人の意志と、フランスの言語的統一化のもっとも激越な信奉者の意志のあいだに、はじめから合意があったかのようだった。だが現実には、後述するように、合意は見かけにすぎなかった。確かなのは、役人たちが、ことばによるアルザスのフランス化を前進さすべく、断固たる決意をしていたことである。彼らは、彼らの目にとって、この地方のゲルマン的性格を極端に際立たせるドイツ語方言の存在をかろうじて認めていた。問題、これは永遠の問題だが、手段の選択であった。誰もがまだ過去を教訓としておらず、フランス語を権力ずくで強制できるものと思っていた。バ・ラン県知事ケルガリウ伯爵のような人物がその例で、一八一五年、彼は、「多くてせいぜい人口の三分の一はフランス語を知っているが、普段は全人口がドイツ語を話している」と認めた後、続けて言う。「こうした事情から、特別監視制度の必要が痛感される。そしてそのためには有能なる警察署長と若干名の秘密諜報員が必要となる。(85)」しかしながら、彼は、アルザス人にフランス語を話させるために、警察官とスパイたちがどのように行動すべきかは、詳しく語っていない。幸いにして、こんな見方は例外であったが、それでもやはり、これは、アルザスにおけるある種の高級役人を鼓舞する精神を如実に示すものである。しかし、総体的に見れば、当局にも、現実的な態度だけがかくも彼らを悩ました問題を解決できる、と気づくだけの先見性はあった。アルザスへのフランス語の導入を決定的に確保するため、彼らは、二つの核となる制度、すなわち学校と教会に働きかけることを決めた。彼らは、言語戦争に勝利するとすれば、それを位置づけるべきはこの領域であると確信していた。肝心なのは、忍耐、慎重かつ巧妙さを示すことだった。

## 学校の役割

一八一〇年、バ・ラン県は、県行政の長に、卓越した人物、アドリアン・ドゥ・ルゼ＝マルネジア男爵が任命される幸運に恵まれた。アルザスの民衆層へのフランス語の普及問題に対処すると、彼はアルザスの学校に提起された問題の核心を一挙につかんだ。彼は、こうした問題は、モーゼル県の同僚知事が考えたように、教室にまだ残っているドイツ語の教科書を追放したところで、解決できるものではないと判断した(86)。まだ時々、教室でドイツ語教科書を使用する先生は、別に悪意からではなく、教えるべきことばを十分に知らないからだったのだ。

ルゼ＝マルネジアは事のあとさきを間違えるような人物ではなかった。彼には、小学校での唯一の教育言語としてフランス語を課する前に、それを正しく教育できる先生を養成することが、まず先決であることが分かっていた(87)。だから、ストラスブールに最初のフランス国立師範学校が開設されたのは、何も偶然ではない。一八一〇年十月二十四日の県条令で、知事ルゼ＝マルネジアはその目標を明示した。すなわち「……社会のすべての階級にフランス語の知識を普及すること……」。この目標は、どんな小さな村の学校でも、教育がフランス語でなされた時、はじめて達成されたといえる。意味深くかつ細かな事実を述べれば、ルゼ＝マルネジアは条令をフランス語とドイツ語で作成させた。自らもドイツ語を完璧に操りながら、彼は、未来のアルザスの教員がフランス語だけでなく、ドイツ語をも立派に修得することを熱望していた。したがって、ドイツ語教育は彼が立てた学習計画には正当な地位を占めていたのである。フランスの初等教育を組織化した、一八三三年六月二十八日のギゾー法（初等教育の自由と組織化に関する法律）がアルザスに適用されて、ある程度成功し、そして民衆層さえもフランス語に馴れ親しませたのは、ルゼ＝マルネジアがストラスブールに創設したフランス国立師範学校のお蔭である。[88] それは小学校におけるフランス語教育の普及に向けた第一歩であった。それでも、すべての困難な問題が解決されたのではないことは言うまでもない。

小学校を設立することはよいことだが、児童が外国語を容易に吸収する年齢に、彼らに教えることはもっとよいことだ。一八一五年から、文部大臣は、アルザスの子供たちをできるだけ幼少時からフランス語に触れさせるために、保育所の開設を計画した。彼はストラスブール大学区長に次のように書き送った。「問題は、若い世代が他のどんなことばにも親しむ暇がないよう、彼らに保育所からフランス語を浸透させることだ。[89]」大臣には、事態に対する明確なヴィジョンがあった。すでにこの時代、子供がもっとも容易に外国語を学ぶのは四―五歳頃からであることが、経験から知られていた。したがって、アルザスの子供がフランス語を身につける最大のチャンスは学齢前である。最初の保育所は一八一四年に開かれたにすぎず、しかも子供の数はごく限られたものであった。この施策は限定的な効果しか上げなかったが、しかし、新たな一歩が踏み出されたのである。保育所の数を増やせば、民衆層の子供にも手が届いたかもしれない。この解決策は、方言の存在にとって、まだいかなる危険も呈してはいなかった。方言は依然として全アルザス人の日常の交流語だったのだ。学校の外では、子供は方言しか使わなかった。だから、学齢前のフランス語の早期教育はアルザスの幼児にとってのみ利点があった。一世紀後、学齢前の教育の普及とともに、学校から方言が追放されると、問題はまったく別の次元を持つことになる。

アルザスにおけるフランス語の普及にとってもう一つの特権的領域は、女子教育であった。「救いは別して女子学校からくるだろう」とは、オ・ラン県議会が、県におけるフランス語教育報告において表明した言である。[90] それはまた、女子中等学校開設のために、まったく独自の努力をしていた文部当局の意向でもあった。お母さんが子供とフランス語で話す日がくれば、勝利が得られたものと考えられていたのだ。この時代、アルザスの子供の大多数の母語は方言であった。だから、未来の主婦たちが家庭でフランス語を使うようになる教育を彼女たちに施せばよかった。「リボヴィレの修道女」はこの領域で大きな役割を果たした。フランス語がある程度のアルザス人家庭で日常語になり始めたのは、このリボヴィレの修道女たちに負うところ、甚だ大なのである。しかし、フランス語が真に子供たちの日常語になるには、まだ十分ではなかった。路上のことばは相変わらず方言だったのである。

## 教会の役割

中央政府は、三つの宗派の教会当局がこの宗教的信仰心の篤い地方の言語的領域で果たしうる役割を完全に掌握していた。「アルザスで宗教がもっぱらドイツ語で説かれ、そして教理問答がこの言語でのみ書かれかつ教育される限り、また上層部がフランス語の普及を確保するのに有効な手段を講じない限りは、その努力の実り少なきを、教師のせいにはできないでしょう。」これは、ストラスブール大学区長がバ・ラン県知事に宛てた手紙の一節である。[91] バ・ラン県議会は、アルザスへのフランス語の決定的な導入を目ざした努力は、「このことばが家庭と宗教のことばになる時」にしか終わらないと決議して、大学区長に応えた。[92] だから事態は明白であった。説教と宗教教育においてフランス語にしかるべき地位が留保されるよう、教会当局に懇請せねばならなかった。「ますカトリック化する」という時代は過ぎていた。今や、何が何でも「フランス化する」ことが問題であった。カトリック界も、プロテスタント界も、当時は、宗教によるフランス化の動きに加担する態勢にはなかった。

　カトリック聖職者は、その布教活動でつねに自らの指針としてきた原則に対しては、非妥協的であった。すなわち、宗教教育は信者の母語で施されるべし、という原則である。この時代、子供が母の膝の上で習い覚えたことば以外のもので、その子の魂を神に開示することなど、いかなる司祭、いかなる司教の脳裡にも思い浮かばなかっただろう。最初の触れ合いは方言で行われたが、子供が少しでも標準ドイツ語に親しむようになると、宗教教育が続けられたのは、このドイツ語の決定的形態においてである。とはいえ、当時のカトリック聖職者は安々とフランス語を話し、かつ書いていた。しかし、宗教教育に関しては、ことばの選択は、コンコルダ協約（ある国家の領土内でのカトリック教会の地位を取り決めるために、ローマ教会と国家元首のあいだで交わされる協約）の制度下にあってさえ、あらゆる政治的考慮の埒外にあるべきものと考えられていた。[93] それに、アルザスのカトリック教会は、第二次大戦後まで、この原則をかたくなに守るのである。

　したがって、宗教教育におけるドイツ語維持の信奉者の先頭に、アルザス（とロレーヌ）の方言使用者と同じく、アルザス出身ではない司祭が時たまいても、ひとの言うほど驚くことではないのである。この原則の領域で、きわめて強硬かつ論理的に問題を提起したのは、一八四四年から一八八六年に死ぬまで、メッスの司教であったデュポン・デ・ロージュ猊下であった。法務・宗務担当大臣がドイツ系ロレーヌの聖職者はいつもドイツ語を用いていると抗議すると、デュポン・デ・ロージュ猊下は彼に次のように反駁した。「司祭は、その使命に答えるために、祖国のことばを守るよりも信仰を広めなくてはならず、しかも、その加護が彼らの手に委ねられた民衆と、可能な限り迅速かつ容易に交流できる道具で、そうしなくてはならないのです。」[94]この大人物にして大司教の勇気ある発言は、これが熱烈な愛国者の口から出たものだけに、よりいっそうの重みを持つのである。帝国議会代議士である彼は、第二帝国によるアルザス・ロレーヌの併合に抗議するのをやめなかった――プロイセン人は一八七一年に彼を追放しなかったが。しかし、デュポン・デ・ロージュ猊下は原則を述べるだけに甘んじたのではない。彼は、最初の聖体拝領を受ける年齢の子供が何の支障もなく宗教教育を聴けるように、標準ドイツ語を早くから教えるべきであると要求した。司教猊下にとっては、まず宗教であり、次いで政治であったのだ。[95]

アルザスで、方言を話すカトリック教徒、すなわち大半のカトリック教徒の宗教教育において、ドイツ語の使用をもっとも強硬に弁護したのは、ストラスブール大聖堂名誉参事会員、聖ヨハネ聖堂区主任司祭ルイ・カゾー神父である。クリンゲンタール生まれにもかかわらず、カゾー神父もまた「内地のフランス人」であった。一八六七年に著した『ドイツ語存続論』で、彼はこの問題に関する自説をたっぷりと披瀝した。フランス語が方言使用の信者に何の害も与えずに、ドイツ語に取って替わるものと考えていた人々に、彼は次のように指摘した。「その助けを借りて、魂を神の方へと高めなくてはならない教問集を半分しか理解しないような若者がどのような敬虔さで神に祈るのか、わたしには分からない。」[96]この見解はアルザスのカトリック聖職者のほとんどすべてが共にするところだった。[97]

アルザス全土にわたり、宗教的領域におけるドイツ語維持のため、真の闘いが開始されようとしていた。ヴィクトール・ゲルベール、ジョゼフ・フィリッピ、イニャス・ヴァルツェール等の神父たちがそこで主要な役割を果たした。[98]ドイツ語擁護の闘争は時として反フランス語闘争に変わった。ヴァルツェール神父は、「フランス語がヴォルテールのことば」、すなわち無宗教のことばである限り、これを憎悪した。クレール某なる人物も、同じく断固たる態度をとった。『アルザス・カトリック評論』で、彼は主張した。「ヴォルテールのことばが、我が地方で、話されも理解もされないのは結構なことだ。我らが素朴なる住民が信仰を守ったのは、このことばが分からなかったからなのだ。[99]」彼にとって、フランス語はたんに方言使用のアルザス人の宗教教育への障害だけではなく、まさに宗教そのものにとって脅威だったのである。フランス語へのこの一貫した反感はごく少数の司祭のものでしかなかった。アルザスのカトリック聖職者の大多数は、フランス語が「ドイツ語の廃墟の上に立つことなく」、アルザスのことばになりうるもの、と考えていたカゾー神父の意見に同調していた。[100]

プロテスタント聖職者の態度もほとんど違わなかった。一八五九年、牧師会議は、いくつかのプロテスタント系学校の宗教教育にフランス語を導入した、数名の初等教育視学官の行動に対し、激しい抗議の声を上げた。一八六二年、アウクスブルクの信仰告白教会の最高長老会議は、ドイツ語系市町村では、宗教教育がドイツ語で施され続けるべく留意するよう文部大臣に依頼した。いずれにせよ、プロテスタントにとって、ドイツ語は信仰のことばであったが、カトリックにとってはそうではなかった。フランスの言語と文化に対するプロテスタントの感情が何であれ、ルターのことばを犠牲に供することなど、彼らにはできない相談であった。彼らは、プロテスタント教会の生命と未来が、そのきわめて大きな部分を、ドイツ語の生命と未来に依存しているものと確信していた。

神学者、牧師、あるいはたんに教養あるプロテスタントの人士は皆、ドイツ語がプロテスタントとアルザス全体に留保されるためには、全力を尽くすという覚悟を宣言していた。シュテーバー兄弟（十九世紀アルザスの方言詩人）の編集で出版された有名な雑誌『エルヴィーニア』において、アルザスの歴史家ロドルフ・ルスの父、エドゥアール・ルスは同郷の人々に、ドイツ語で説教し、歌い、話し、書き、祈り続けるように勧めた。彼は、歴史が一般的にはアルザス人、個別的にはプロテスタントに強いた犠牲に言及しながら、少なくとも彼らに「ドイツのキリスト教」が残されることを要求した。[101] アドルフ・シュテーバー（弟）自身、ヨーハン・シュトゥルム・ギムナジウムの三〇〇周年記念の際に、『エルヴィーニア』の別の号で、プロテスタントは「ルターの聖書、ドイツの聖歌、ドイツ語の説教をけっして奪われるがままにはならないだろう……」と言明した。[102] 彼は、中央政府が民衆に母語の放棄まで要求に及ぶことなど、信じようとしなかった。彼によれば、問題なのは、アルザス・キリスト教徒の魂の救済であった。それ以上でも、それ以下でもない。一八七〇年の戦争以前の頃、著名なストラスブールの牧師兼教授のJ・G・ボムが同じ意見を述べた。「（アルザスの民衆から）彼らのドイツ語聖書、ドイツの賛美歌を取り上げて見なさい、彼らはもはやそれで万事休すだ。[103]」

ユダヤ人の態度はカトリックやプロテスタントほどには断定的ではなかった。P・レヴィは、それは、ユダヤ人が自らの解放をかち得たのはフランスのお蔭であることを覚えていたからである、と考える。ユダヤ人の数は比較的限られており、彼らがドイツ語の支持者と反対者のあいだで始まった言語戦争で大きな役割を果たすことはなかった。言いうることは、彼らがドイツ語を使い続けたことである。概して、ラビはユダヤ教会堂でのフランス語使用に対し、僅かな熱意しか示さなかった。

したがって、ユダヤ人も、プロテスタントも、カトリックも、信仰と宗教教育において、ドイツ語の使用を放棄するような態勢にはなかったのである。彼らにフランス語を採用させることを目指した中央政府の圧力が、何らかの成功のチャンスに恵まれる日は、いまだ遠しであった。

## 新聞の役割

新聞が残っていた。フランス語新聞が民衆層に大きな影響を及ぼすには、フランス語はあまりにも知られていなかった。ドイツ語はつねに大多数のアルザス人が日常読んでいた唯一の言語であったが、フランス語にはこの道からアルザスの奥深くまで入り込むことは、ほとんどできなかった。ドイツ語新聞はほぼ独占的な位置を占め続けた[104]。フランス語で編集された『ベルフォール＝オ・ラン新聞』は確かにある程度の方言使用の読者を獲得してはいたが、しかしフランス語使用のキャンペーンが望みどおりの反響を得るには、十分ではなかった。ストラスブールで出版された『民衆の友《フォルクスフロイント》』はドイツ語維持のために猛烈な活動を展開しており、はるかに幅広い読者層を持っていた。『バ・ラン通信』とまったく同様、この新聞もフランス語の進展には反対しなかったが、やはりアルザスにおけるドイツ語の権利に固執した。ある種の歴史的・文化的・宗教的次元の議論は説得力があるように見えるが、他のものはむしろ論争、それも時には愚劣なまでになる論争の類である[105]。十九世紀には、新聞がアルザスのフランス語普及のための有効な手段となるには、諸条件がまだ満たされていなかったというのが実体である。

## 二言語使用の要求

フランス語とドイツ語の対立はアルザスの公共生活のあらゆる領域で次第に増大しつつあった。流れは文句なしにフランス語の方に向いていた。なるほど、農村社会では、独占的かつ基本的にフランス語でなされる教育に対し、まだ若干のためらいが見られた[106]。より広汎な人的交流の必要性がまだどこでも痛感されていたのではない。しかるに、大半のアルザス人はフランス語で立派な教育を受けたいと望んでいた。ただし、そのことでドイツ語の地位が傷つかなければ、の話であった。ところで、フランス行政府のしばしば矛盾する態度は、その真の意図に関して、深刻な疑念を生じさせた。政府は、その言語政策が最下層のアルザス人にもフランス市民としての役割を果たさせること以外には、目的がないかのような印象をいつも与えていたのではない。それどころか、人々は、政府がドイツ語をまず公共生活から、次いで学校から、そして最後に教会から追放するのではないかと疑っていた――それがいつも間違っていたのではないが。ある種の政治家の言明、ある種の役人の挙動、私心がないのが稀な若干のアルザス人の熱意、それらすべてが人心を和らげる類のものではなかった。そのうえ、例えば、マリー・アントワーヌ・リステリュベール博士がドイツ語の書かれた看板やポスターを撤去し、フランス語の立札に取り替えるように要求した時、多くのアルザス人はそこに一つの象徴を見た。彼らにとって、それはアルザスからのドイツ語の全面撤去の先触れとなるしるしだったのだ[107]。

なるほど、文部大臣ヴィクトール・デュリュイは下院で次のように表明した。「我々にドイツ語を廃止する意図はない、そんなことは御免被りたい[108]！」だが、このひとを安心させるかのような発言も、多くのアルザス人が次第に警戒心を抱き、その数を増して行くのを阻止できなかった――ただし、彼らは心からフランスに愛着していたのだが。慧眼なる人々は、仏独の真の二言語使用に対するアルザスの権利を公認することだけが、アルザスの言語の二重性の問題を解決できると理解していた。彼らからすれば、それが、国内の合意を確かなものにし、かつ国家の利害と、ドイツの言語と文化を持つ地方の利害を折り合わせる唯一の手段であった。アルザス人は二言語使用の教育を受けることができたはずである。

それこそが学校の本質的な役割の一つである、と彼らは考えていた。

一八二二年から、教授、大学区視学官、視学総監を歴任した、アルトエッケンドルフ出身のジャック・マテールは、しかるべき言葉で問題を提起するのに、迷うところはなかった。「アルザスに二つのことばを与えよう。そうすればこの地方を豊かにできる。またアルザスが所有しているものを取り上げないようにしよう。そんなことをすれば、この地方を嘆かわしいほど貧困化することになる。[109]」一八四九年、ハイリゲンシュタイン生まれの庶民の出である、もう一人のアルザス人、大学区視学官ジョゼフ・ヴィルムは、大学区長に提出した報告書のなかで、わが地方の小学校におけるフランス語とドイツ語の教育に賛成する意見を述べ、その理由を、「アルザス人がその地理的位置と歴史から、二つの言語を持つ民族であるべく運命づけられているからである」、とした。さらに彼は勇を鼓して、学校からドイツ語を追放するあらゆる試みは、「不信のしるし、専制主義と覇権の手段」と見なされるであろう、と付け加えたのである。[110]

歴史的・地理的論拠は、この時代の二言語使用のすべての信奉者にくり返し現れた。アルザスは「フランスとドイツの自然なる仲介者」であらねばならない。なぜならば、カゾー神父が指摘したように、「あれほど望まれる世界的恒久平和が訪れたならば」、アルザスは「わが美しき祖国と大なるドイツの素晴らしい架橋」となるからである。[111]不和ではなくて平和のあかしであり、人殺しの対決の場ではなくて平和交流の地であること、これが、アルザス人の願う自らの小国の姿なのである。二大民族と二大文化の架橋、それは確かに高貴なる使命であった。それは胸おどる冒険の始まりであったかもしれない。しかし、そのような使命は、フランス・アルザスで、ドイツ語が名誉ある地位を保持してはじめて果たされうるものであった。フランス語に一等席を取っておきながら、いかにしてドイツ語教育を持続するか、これが問題として残っていたのである。

二言語を同時に学ぶことなど不可能だと主張する人々のなかには、もちろん、大部分の文部省高官や、前記のリステリュベール博士のような数少ないアルザス人がいたが、バ・ラン県の〝科学・農業・工芸協会〟のすぐれたメンバーであるこの博士は、アルザスの言語問題の討論の際、学校が二つの言語を教えたりすれば、生徒はそのどちらも修得できないだろう、と意見を述べた。これはまたメッス大学区視学官の意見でもあり、彼はストラスブールの同僚に意地悪く尋ねた。「他の所でたった一つの国語をそれなりに教え込もうと、大変な苦労をしているのに、どんな風にすれば二言語をうまく教えられるでしょうか？」[11]これは一八六九年のことだった。言語的研究はその端緒についたばかりである。二言語教育に関する教育法的経験はまだほとんどなかった。だから、そのような異議の声が表明されるのは当然であろう。もっとも、小学校でドイツ語なしで済ますことは事実上不可能であるという単純な理由から、そうした異議は無意味だった。すべての先生がフランス語だけで教育できるほど、このことばに習熟していたのではない。したがって、ドイツ語も教えることを覚悟しなければならなかった。それに、十九世紀中頃まで、ドイツ語はまだ多くの所で教育言語だったのである。

二言語教育の方法の問題がすでに起こり始めていた。「直接的」、すなわち、いきなりフランス語から始めるのがよいのか？ それとも「間接的」、すなわち、フランス語に入る前にまずドイツ語から始めるのがよいのか？ 当局はむしろ直接的方法に傾いていたが、大部分の教師、聖職者は間接的方法に固執していた。答えの出ない議論であった。先生は生徒に二言語の適切かつ実際的な知識を与えるために最善を尽くした。実を言えば、彼らには、提起された問題を納得のゆくように解決するほど十分には、知識的にも、技術的にも備えがなかった。こうしたことから、少数のエリートだけが立派な二言語使用の段階に到達するにいたった。民衆の方は、昔ほどではないが、それでも依然として、フランス語よりはドイツ語の方をはるかによく知っていた。

　言語の二重性は確かに言語的・教育的次元の問題を生じさせた。しかし、それは何よりも政治的な問題であった。二言語使用の支持者であることは、当時も今も、ドイツ語がアルザスで妥当な地位を保つことを要求するのと同じであった。またこの地方におけるドイツ文化の維持のために行動することは、フランス当局上層部の不興を買うだけでなく、ドイツ民族主義者に、ドイツ領土へのアルザスの返還を要求する口実を与えることでもあった。二言語使用の支持者がそれを見誤ることはなかった。稀なる例外を除いて、彼らは自らの言語的・文化的要求の意味に関して、いかなる疑念もさし挟ませなかった。彼らにとって、ある言語と文化を擁護することと、ある国家に帰属することは別の問題であった。

　それは、ストラスブールの著名な詩人、ダニエル＝エーレンフリート・シュテーバー（前注シュテーバー兄弟の父）が、示唆的な題名の諷刺詩『わが想い』で明快に表現したことである。次がその有名な一節である。

わが竪琴はドイツなり、そはドイツの歌を奏でしもの
わが剣はフランスなり、そはゴールの雄鶏に忠にして孝なるもの
ラインとヴォージュをうち渡り、
いざ響かせん、わが想い
わが故国、そはアルザスなり、
おお、アルザスよ、わが心は汝がために波うたん(113)！

アルザスの「ドイツ思想のチャンピオン」でドイツ語の熱烈な擁護者と目されていた、エドゥアール・ルスでさえ、一八三八年の雑誌『エルヴィーニア』に、「我らはドイツ語を話す《ヴィア・レーデン・ドイチュ》」と題した記事を書き、そこで彼は、政治的にはアルザス人はフランス人であり、またそうありたいと願っている、と明言した。それにもかかわらず、彼らはドイツ語を使用し続ける権利を要求するが、それは、いかなる場合にも、彼らがドイツに郷愁を覚えるからではなかった(114)。

一八四八年、ストラスブール市長、ジャン・ルイ・エドゥアール・クラッツは、ドイツ民族主義者に対し、荘重なる警告を発したうえで、具体的に所信を表明した。「もしもドイツが絵空事の幻想を抱いているならば、もしもドイツがわが町や村のなかにあるドイツ語への執着に、彼らの国へのあらがい難い共感と吸引力の表れを見たと思うならば、目を覚ましてもらいたい！　アルザスは、ブルターニュ、フランドル、バスク地方などと同じく、フランスであり、またそうありたいと願っているのである(115)。」

それはすなわち、あらゆる誤解を消そうとする声がアルザスにも欠けてはいなかったということである。アルザスの言語問題はフランスの国内問題であり、アルザス人とフランス政府が解決すべき事柄であった。人々はドイツ人に対し、彼らとは無関係な問題に介入する権利を否定した。そして結局は、中央政府から、アルザスのドイツ語の維持に必要な保証を得られるものと確信していた。それは、フランス政府が、アルザスに派遣された多数の役人よりも、はるかにリベラルな態度をとるかのように見えただけになおさらそうであった。おそらくそれは見せかけにすぎなかった。なぜなら、政府は一般的には寛容さを示したが、彼らのうち誰一人として、アルザスに対し、ドイツの言語的・文化的遺産を守ることを正式には約束しなかったからである。彼らのうち誰一人として、二言語使用に対するアルザスの権利を公認する気はなく、ましてや、アルザスに不可侵の法的実体を与える気などさらさらなかった。ドイツ民族主義者の扇動的運動が周期的に発熱して、不穏な空気を育んでいたのは、事実である。フランスの一地方におけるドイツ語方言への執着とドイツ語の使用が、たんに国家的統一性に対してのみならず、フランス領土の保全に対する脅威として、ふたたび感じられ始めた。

## ドイツ民族主義の目覚め

ナポレオン一世の星が天空で色褪せ始めるとすぐ、ドイツ民族主義運動が暗闇から顔を覗かせた。十八世紀のあいだと十九世紀の初頭に、ドイツの作家と哲学者が喧伝した思想は愛国的昂揚を培っていたが、それをナポレオン戦争が一段と激化させた。フランスの革命派の約二〇年後、今度は、ドイツの民族主義者が「国家」と「民族」の概念の虜になった。そしてフランスの革命派同様、ドイツ民族主義者も、ついには国家と民族をその時代の唯一の超越的実在と見なすにいたり、しかもそれは、何のよき前兆も示さない神秘主義への傾向を伴っていた。なるほどジャコバン派は同一国家の言語的統一の原理を樹立して、これにすぐれた論拠を提起した。もちろん、同一国家に属する者は誰もが同一の言語を話さねばならないと宣告しても、ジャコバン派が、将来、ドイツ民族主義の扇動的運動を育むことを考えていたわけではない。しかし、一八〇八年から、高名なドイツの哲学者、ヨーハン＝ゴットリープ・フィヒテが、『ドイツ国民に告ぐ』の講演のなかで、同一言語を話す者は「一にして不可分」なる統一体を形成すべし、と主張することは事実なのだ(116)。ドイツ民族主義者の口にかかると、ジャコバン党の原理「一国、一言語」は「一言語、一国家」になった。数年後の一八一三年、こうした思想はエルンスト＝モーリッツ・アルントによってふたたび主張され、彼はその有名なパンフレット、『ドイツの川であってドイツの国境ではないライン』において、一国の唯一の自然な国境は言語であることを明確にしようとした。アルントの言説には明晰さに欠けるという過ちはなかった。彼にとって、「祖国ドイツ」はドイツ語が響く限り遠くまで広がるものであった《ゾー・ヴァイト・ディー・ドイチェ・ツンゲ・クリングト》。(117)したがって、そこにまさしくヨーロッパの政治的国境の問題が提起されたのである。ライン国境への暗示はもっとも直接的なものであった。

そうしたことが読者を狙った若干の哲学者や作家のアカデミックな議論にすぎない、と思うのは誤りであろう。一八一三年からは、ドイツの新聞にきわめて具体的な要求が見られるようになった。『ドイ《ドイチェ・》ツ新聞《ブレッター》』は、ドイツとフランスの言語的国境はライン川ではなく、ヴォージュ山脈に位置しており、したがって、「アルザスはバイエルンやハノーファーと同じくドイツの地方である」、と率直に論評した。(118)『ラインの水星《ライニッシャー・メルクール》』の編集者、J・ゲレスは、一八一四年のパリ条約により、アルザス・ロレーヌがフランスに領有される姿を目の当たりにする恨みを、とくに攻撃的な言葉で表明した。彼の考えでは、二つの地方はドイツに帰属すべきだったのだ。彼によると、そうはならなかったので、このようにアルザスとロレーヌが独仏間の紛争の種になったことになる。それゆえ彼は、ドイツの民族主義者が、万一の場合は、この問題を解決するために、フランスとの直接対決をも辞さないであろう、と示唆したのだ。

論法はどこでも同じであった。アルザスはドイツ語圏なのだから、ドイツに属すべきであって、フランスではない。議論は、新しい民族主義の波がドイツに押し寄せる度にくり返された。ライン国境がふたたび公然と問題にされた。何冊かの著作の題名そのものがそれを暗示する。一八四〇年、マックス・シュネッケンブルガーは『ラインの守り《ヴァッハト・アム・ライン》』を著した。同年、ニコラウス・ベッカーは有名な『ライン賛歌』を公刊し、そこで声を荒げた、「否、彼らに自由なるドイツ・ライン川を領有させてなるものか!」。これに対し、アルフレッド・ドゥ・ミュッセが即座に応じた、「我ら、貴下のライン川を領有せり」、と。

こうした法螺吹き合戦よりも、ゲデッケがアルザスのドイツ語表記の詩人に付与した重要性の方が、はるかに深刻だった。アルザス人作家のペンから生じるドイツ語の一言一句は、ゲデッケによれば、アルザスを失われたものと見なさないようにという、ドイツに向けられた励ましであった。彼はそこに民族的・政治的意義を見ていたし、またそれは詩的意義に先行するものであった[119]。そのように考えるのは、ゲデッケだけではなかった。

国家への帰属を決定すべきものは、結局、言語であるという理念は、ヴォルフガング・メンツェルのような作家、J・フィッカーのような歴史家、ヤーコプ・グリムのような哲学者によって、またふたたび採り上げられた。要するに、すべての知的なドイツ人エリートは、「共通の母語」を絆とする偉大なるドイツ民族という観念に、与《くみ》しているようであった[120]。しかし、公正を期するために付言しておくべきは、誰もがそのような目標を「鉄と血によって」達成すべしと考えていたのではないことである。ドイツの哲学者、歴史家、地理学者、文学者、評論家などの結束した活動は、全体からすれば、ドイツ世論に大きな反響はもたらさなかった。だが、それは、大胆さに欠けるところがなかった政治的要求の正当性に関して、ドイツ民族主義者の論拠をもっともらしく見せることには役立った。それだけは最小限言えるであろう。

フランスでは、最初の頃は、こうしたドイツ民族主義の周期的な出現を過度に不安視しているようには見えない。数十年来、ドイツのある種の階層を揺るがしていた民族主義の波のあらゆる影響力が人々に分かりかけてきたのは、一八七〇年の前夜にすぎない。ごく有名な人物の名前しか挙げないが、エルネスト・ルナン、フュステル・ドゥ・クーランジュ、ジュール・ミシュレのような人々がドイツ人の論拠を打破すべく決意したのが、フランスにとって、事実上すでにアルザス・ロレーヌを失った時でしかなかったのは、おそらくそのためであろう。

## アルザスはフランスかドイツか？

エルネスト・ルナンとドイツの神学者ダーフィト・フリードリヒ・シュトラウスを対立させた論争は、ある偶然の事件に起因するものである。各々が『イエスの生涯』を著したが、これは出版されると、当時の宗教界に大騒動を捲き起こした。[121] 両人とも互いに相手を尊敬していた。D・F・シュトラウスはヴォルテールに関する著作を出すと、一部をE・ルナンに進呈した。感謝の返事のなかで、ルナンは、この機とばかりに、勃発したばかりの独仏間の紛争における双方の責任について、自分の見解を述べた。それから手紙の交換が始まり、そのあいだ双方とも自己の主張を激しく展開した。ルナンはシュトラウスのというよりも、一般的なドイツ人の論拠に反論することの方に、少なくとも最初の手紙では、はるかに意を用いた。彼は、政治的国境と言語的国境を（一八七〇年に）一致させようとしたりすると、出口のない冒険物語に身を投ずることになると主張した。そして相手に以下のことを想起させた。フランス語が話されているヨーロッパのすべての地方がフランスに属してはいないこと。プロイセンがスラヴ人の居住する土地を自国のものと見なしていること。そして結局は、ドイツの思想がかくも容易にフランスに浸透しえたのは、アルザスがドイツ語圏であるのに、フランスの領地になっていたからであること。[122] したがって、ルナンには、ドイツ人の論法は飛躍がないようには思えなかったのである。

D・F・シュトラウスも、ルナンの議論にまったく無関心というのではなかった。しかし、全体としては、彼はドイツのあちこちでなされた主張をくり返した。彼はまずルナンに対し、アルザスとロレーヌはかつてゲルマン帝国に属していたこと、そしてそこではつねにドイツ語が話されていたことを想起させた。ドイツが宣戦布告された戦いに勝利した今、二つの地方はドイツに帰するべきである、と彼は考えていた。しかしながら、彼は、ドイツがアルザスを要求するのはたんなる言語的同一性のためではないことを認めた。新ドイツ帝国はまた安全な国境を必要としていたのだ。アルザスとロレーヌはそれを提供できたし、またそうすべきであった。実際、フランスとの新しい国境を画定する時、軍事的安全保障の要件が欠けることは、まずあるまい。画定図は言語的国境など尊重しないであろう。それに、安全な国境という議論はいったん勝利を獲得してから主張されたにすぎなかった。[123]

一八七〇年の戦争初期から、ドイツの歴史家テオドール・モムゼンは、プロイセン政府の要請に基づき、アルザスとロレーヌに対するドイツの要求の正当性に関する主張を述べた書簡をミラノの新聞に発表した。その目的は、もしもイタリア当局がフランス側に味方して参戦しても、それに対して同調しないように、イタリア世論に働きかけることであった。モムゼンはD・F・シュトラウスと同じ論拠を使った。彼もまた、戦争を始めたのはフランスであると非難し、そしてドイツは、結局のところ、彼の考えでは、一六四八年に不当にも奪われたものを要求しているだけなのだ、と指摘した。D・F・シュトラウスとまったく同様に、彼は、「フランス人がおとなしくしていれば」、ドイツ人はストラスブール大聖堂を称え、ゼーゼンハイムに涙しに行くだけで満足するのであり、けっして、「文学と芸術により聖化された場所」を取り戻すようなことは考えないであろう、と言明したのである。[124]

フュステル・ドゥ・クーランジュは、「ベルリンのモムゼン教授殿」に宛てた『アルザスはドイツかフランスか?』と題した小冊子で、彼に対する返答を引き受けた。おそらくこれは、フランス側で公刊されたもっとも重要な記録である。F・ドゥ・クーランジュにとって、「祖国とはひとの愛するものである」。ところで、一八七〇年のアルザス人が愛するもの、それはフランスであり、プロイセンやドイツではない。それゆえ、言語的論拠が彼には決定的なものとは思えなかった。人々は複数の言語を話すかもしれないが、それでも統一国家を形成しうる、と彼は指摘した。かつてアルザスはドイツの土地であったが、しかし今やそれはフランスの地方である。これが、F・ドゥ・クーランジュの論証の本質的な点であった[125]。

一八七一年一月、フランスの大歴史家ジュール・ミシュレは、フランス、イタリア、オーストリアで、小冊子『ヨーロッパを前にしたフランス』を同時に出版させ、そこでドイツ民族主義者の展開した言語的議論に反論しようと試みた。彼らがその領土的要求の本質的な点を二つの地方とドイツの他地方間の言語的同一性に依拠させていたので、ミシュレは、アルザス人が実際に話しているのはドイツ語ではなく、「ゲルマン方言《パトワ》」の一つであると指摘した。彼によれば、それは至極当然のことで、アルザス人は「一里離れたところ」で話されているドイツ語が理解できないほどなのである。言語的同一性は「ある一定の小さな言語的共有地」に限定されており、それは、彼の考えによると、国家的共同体への帰属が問題になる時にはほとんど重要性を持たなくなるものである[126]。フランス側の方から、アルザスで話されている方言とドイツ語を区別したのは、これがはじめてと思われる。この時期まで、フランスの役人や政治家はつねに「アルザス方言」は実際はドイツ語であるとしていた。一八六七年でさえ、文部大臣V・デュリュイは、議会での答弁の際、アルザスで話されている方言が「アルザス・ドイツ語」であることを遠回しにしぶしぶ認めていた。しかし、J・ミシュレはまったく別の次元に位置していた。彼にとっては、ドイツのある種の階層がアルザスはドイツ語圏であるからとして引き出そうとした結論に対し、抗弁することが何よりも大切であった。ドイツはその地方がドイツ語圏であるからといって、それを要求できるのか？　ミシュレの答えは単純であった。すなわち、アルザスはドイツ語圏ではない。そこには「ゲルマン方言《パトワ》」しかない。論敵とまったく同様、彼は分析の厳密さよりも、紋切り型を好んだのである。

このように、アルザスは、一再ならず、敵対する二大列強間の不和の種になったのである。フランスはこれをフランス領と言い、ドイツはこれをドイツ領と言った。どの陣営も、反駁されることはないと思い込んだ論拠を主張した。ほんとうにそれらは反駁できないものだったのか？

ドイツの主張には単純さという利点があった。アルザスは古くからのドイツ文化の土地である。そこではつねにドイツ語が話されている。したがって、この地方はドイツ帝国に帰するべきで、そこから切り離されたのは神聖ローマ帝国が戦《いくさ》に負けた結果にすぎない。真実なのは、三十年戦争によって荒廃させられる前、アルザスはドイツ世界で第一級の役割を果たしたことである。また真実なのは、一八七〇年には、アルザス人口の大半がつねに「アルザス・ドイツ語」を話していたことである。しかし、そうしたことが不可避的に武力紛争にいたる領土的要求を正当化するのに、十分なる理由であったのか？　またそれがアルザスに対するドイツの要求の真の理由であったのか？　ドイツ民族主義者が要求したのは、独仏間の言語的・政治的国境を一致させることであった。そこからヨーロッパの政治地図を塗り変えるまでは、僅か一歩しかなかった。それは、地球のこの部分の文化と言語の多様性を考えれば、無謀な企てであった。

それに、論理的であろうとするなら、ドイツはドイツ語系の他の国、例えば、アレマン系スイスやルクセンブルクなども要求すべきであったろう。さらに、プロイセンが自国に統合していた、もの言わぬ少数民族や他のスラヴ人をどのように扱っていたのか？　いかなるドイツ人も、「一言語、一国家」の原理を適用して、自国の東部国境を修正しようなどとは考えていなかった。ドイツ人の主張には明らかに論理性が欠如していたのである[127]。

加えて、ドイツ側では、すでにはるか以前から、アルザス人と「内地のフランス人」のあいだに生じていた情緒的とでも形容すべき絆をひどく過小に評価する嫌いがあった。十八世紀中のアルザスにおける心性の変化について既述したことが、一八七〇年にはなおいっそう真実味を増していたのである。フランスとの二世紀の共存は、アルザスとその第二の祖国のあいだに、ことばの違いというだけでは切れないほどの堅固な絆を生んでいた。遠い過去の思い出は、もはや現在という生きた現実を前にして、僅かな重みしか持たなかった。F・ドゥ・クーランジュが、「祖国意識」からして、アルザスは当時フランス化していたと言ったのは、正当であった。ストラスブールの最高長老会議長フレデリック・オルナンは、バゼーヌ元帥に対し、「我らのことばはドイツ語ですが、我らの心はフランスです」と表明して、それを確認させようとした[128]。それは、ドイツ民族主義者も、また一般的なドイツ人にも理解したくないことである[129]。

ドイツ人は大多数のアルザス人のドイツの文化と言語に対する愛着の意味をごく単純に取り違えていた。「アルザスの事柄に対する誤解、それはドイツ語を話すことがドイツ的感情を生むと思うことだ……」、とエミール・バースは言う――彼はドイツ人だけを考えているのではないが[130]。フランス共同体での二世紀の生活は、たんにアルザスとそれ以外のフランスとのあいだにいろいろな種類の絆を生んだだけでなく、それはまた、アルザス人の感受性やフランス語をよく知らないか、あるいはまったく知らないような人々にさえも、深い影響を及ぼしたのである。アルザスのエリートに対するフランス文化の吸引力は、アルザスがまだドイツ文化の世界に固く根ざしていた時代にまで遡る。また一八七〇年には、フランス文化が、たとえ本当はある限られた数のアルザス人にしか吸収されていなかったにしても、すでにしてこれがアルザスの文化的遺産にとって、必要不可欠のものになっていた。「アルザス文化」と称するものは、ある程度のアルザス人がこの文化の三つの言語的支柱を持つという限りにおいては、すでに三次元の文化になっていた——もっとも、三つの言語のうち、方言と標準ドイツ語の二つは同根だが。したがって、アルザスに対するドイツの政治的要求は、もはやアルザスとドイツのあいだに存する言語的同一性だけに依拠することはできなくなった。

　ドイツ側で、アルザスへの狙いを正当化するため、言語的論拠にあれほど執拗に立ち返ったのは、おそらく十五—十六世紀に、アルザスがドイツ文化のもっとも輝かしい中心地の一つだったからであり、またこの過去がドイツのエリートを今なお魅惑してやまないからであろう。しかし、とりわけそれは、ドイツがその国力を完全に取り戻していた時期に、この論拠がタイミングよく現れたからである。オーストリアを排除した後、ヨーロッパにおける彼らの政治的覇権への進路には、もはやフランスしかいなかったのだ。もちろん、「エムス電報」（一八七〇年、ナポレオン三世がヴィルヘルム一世に対し、ホーエンツォレルン家がスペインの王座を断念するよう求めた折、ドイツ皇帝がこれへのとりなしを拒否して、ビスマルクに送った電報。この電報は、一八七〇年七月、フランスのドイツへの宣戦布告の口実となった）事件や、それがパリにもたらした信じ難い戦争ヒステリー問題があった。だが、アルザスとロレーヌに関する要求において、言語の闘いとはまったく別のものがなお存在していたことは、勝利を手にすると、ドイツが完全なフランス語系のロレーヌの土地まで併合した事実により証明されよう。突然、人々は軍事的どころか、地理的・経済的次元の理由まであるのを思い知らされたのだ。(131) 力関係は、二世紀前にはフランスの方に傾いていたように、今やドイツの方に傾いていたのだった。そして、その犠牲を払わされたのが、アルザスなのだ。二世紀前にもそうであった。正当化のつもりか、ドイツ人は今や、アルザスの過去以外は見ようともせず、現在という実体は意図的に無視したのである。

「祖国とはひとの愛するものなり」と主張する時、F・ドゥ・クーランジュに誤りはなかった。アルザス人は当時人々の抱くフランス観のなかにあった高貴なものを愛することを学んでいたのだから、彼らには「祖国意識」があったのである。F・ドゥ・クーランジュが、アルザスはドイツ語圏であっても、やはり「フランスの地方」であると言うのも、また正しかった。だが、彼の論法にも欠陥がなくはなかった。彼が自らの主張の支えとして提出する証拠はそれほど説得力のあるものではない。それは時には本質を外れさえする。例えば、彼がモムゼンに対し、フランスでは「五つの言語」が話されているが、実際には国家の統一はそのことで脅かされてはいないとしながらも、それは、フランスの中央政府が少なくともフランス革命の時代から実施してきたあらゆる文化的・言語的政策とは矛盾していることを想起させる時である。また、スイスとその三つの言語への彼の言及は適切さを欠くのではないが、しかし彼はそれら三つともが「国語」であることを言い落としている。アメリカ合衆国とイギリスは同一の言語を話しても、二つの異なった国家であると論ずることは正しい。しかし、ドイツに対面しているアルザスの状況との関係がよく理解されていない。アルザスはけっして国家であったことはないのである。ともかく、ライン川は大西洋ではない。ルージェ・ドゥ・リールが、パリやリヨンよりもむしろストラスブールで、はじめて『ラ・マルセイエーズ』を歌ったからといっても、このような議論はほとんど重みを持たないのだ。

E・ルナンも、F・ドゥ・クーランジュも、J・ミシュレも、D・F・シュトラウスも、T・モムゼンも、問題の核心、すなわち、国家のなかにおける民族的・文化的・言語的少数者の権利には触れなかった。ルナンとクーランジュは、当時のすべてのフランスの政治家同様、アルザスがフランス領土でありながら、ドイツ語圏であることをまったく正直に認めた。しかし、誰一人として、この地方を形作り、それにつねに深い痕跡を残してきた言語と文化を持つアルザス人の権利を公式に保証しようとは考えもしなかった(132)。なるほど人々はリベラリスムと寛容さを示したが、しかしそれは、信念に基づいてというよりは、それ以外になす術を知らなかったからである。それは、二世紀前からの古い問題を決定的に解決するために、ナポレオン戦争以後の比較的平穏な長い期間を利用できたかもしれないだけに、なおさら残念である。

## 国家と少数民族

大国家のなかに生きる民族的・文化的・言語的少数者の問題は、一八四九年、あるフランス人によって提起された。ロシアとドイツ駐在の元フランス大使ポール・ドゥ・ブルゴワンは、当時、「言語と民族性の戦い」に関する著作を発表し、そこで彼は、民族性の原理がどこでも尊重されるためには、国家の政治的国境と言語的国境を一致させるべきかどうかという問題に答えようと試みた。まず、かつて過去には、言語を基準として、領土がさまざまな国家間に分割されていたことを指摘した後、彼は、「他民族によって屈服させられ、蹂躙されてきた民族にも、独立性を取り戻そうとする権利があること」、を認めた。しかしそれは、彼の考えでは、民族の体をなさず、「民族の一部」にすぎないアルザス人の場合には該当しえない。彼によれば、この民族の一部も、国民全体にある「平等の権利」を享受するので、「彼らに分離思想を吹き込もうとするのは罪であり、また狂気の沙汰」であろう。しかしながら、彼は「民族の一部」でさえも、国家の側からなにがしかの「解放」の恩恵を受けることができなくてはならない、と付け加えた。彼らに保証すべき解放の性質について決めるのは、国家に属することであろう。だから、ドゥ・ブルゴワンはアルザスにおける問題の存在を否定しなかった。だが彼は、言語的・文化的領域においてフランスがアルザスを処遇したやり方が、民族自決主義の名においてドイツがなしたアルザスへの要求を正当化することにはならない、と見なしていた。[133] P・ドゥ・ブルゴワンは、アルザスのような事例は国家が解決する義務のある特殊な問題を招来することを認めていた。しかし、彼の提案したことは非常に曖昧なものであり、また彼にとっても、最終的に行きつくべきところは「国家」であることをはっきりと認めておかねばなるまい。その結果は周知のことである。

一八六九年、ベルリンで刊行された『ヨーロッパ諸国におけるドイツ民族の数とドイツ語使用圏域《ディー・ドイチェン・フォルクスツアール・ウント・シュプラーハゲビート・イン・デン・オイロペイシェン・シュターテン》』において、リヒャルト・ベックは、アルザスがドイツからの要求対象にならなくなるためには、ドイツ人の願う「解放」がアルザス人に保証されるべきであることを明確にした。彼の考えでは、ライン川が独仏間の政治的国境として留まりうるのは、ドイツ語がアルザスで旧来の権利を取り戻す、すなわち、それがふたたび「故国のことば」になった時でしかない。フランス語は「国家語」であっても、後方に追いやられるべきである。アルザスが「外国権力」に属し続けることを、ドイツが容認できるのはこの条件でしかない、と彼は考えていた。ドイツの平和と友好はこれと引き替えになるであろう、と彼は付け加えた。そこには、たんに見え透いた脅迫があるのみならず、確固たる現実認識の欠如があった。ただ、R・ベックの表現がどんなに乱暴なものであれ、それには明確な言葉で問題を提起したという利点があった。しかるに、問題は解決されなかった。R・ベックはドイツが自国の少数民族には拒絶した解放をアルザスのために要求しているのだ。[134]

**人々はお互い同士が純粋に政治的な立場に身を置いていることに気づいた。そして、文化的・言語的**

主体性を持つ少数民族の権利のためではなく、各国家がこの少数民族の占める領土に対し有するとした権利のために、断固戦う覚悟のようであった。双方にとって、アルザスは、守るにしろ攻めるにしろ、何が何でも確保しなくてはならない貴重なものであった。なるほどヨーロッパでは、アルザスの事例は他にあるものの一つでしかない。しかし、独仏間の力関係において、アルザスはその決定的支配権を掌握した国の方へ重みをかけるように見えた。この真実は公然と宣言されるにはあまりにも生々しかった。どちらの側でも、実際には、名だたる論敵ならばほとんどだませないような屁理屈に、好んでのめり込んでいったのである。

一八七〇年の戦争前夜、アルザスの言語状況はもはや世紀初頭のものではなかった。フランス語は大きく前進していたが、とくに六〇年代がそうであった。一八三三年のギゾーと、一八五〇年のファルーが企図した初等・中等教育改革が成果をもたらし始めたのはその頃である。小学校の高学年はフランス語を読み書きし、時にはそれが非常にうまくできた。しかし、フランス語はまだ民衆層を本当に征服するにはいたらなかった。標準ドイツ語は相変わらず書きことばとして広く用いられていたし、また話しことばとしても、狭い範囲だが、用いられていた。役所や学校でさえ、まだそれを完全になしで済ますことはできなかった[135]。だが、標準ドイツ語はある種の後退をし始め、多くのアルザス人を不安にさせずにはおかなかった。「心はフランス人」であるとはいえ、やはり、彼らはドイツの言語と文化に重要な地位が留保されることにこだわった。なぜなら、けっしてひとがあえて言わないことだが、アルザス人はまた「理性もフランス人」だからである。それに一方が他方を排除するものではない。それどころではないのだ。方言、これはかつて以上に生彩に富んでいたが、それでもフランス語の影響を免れることはなかった。つねに全アルザス人の日常的交流語である方言は、住民のすべての階層にフランス語を浸透させようとして、中央政府が採ったいかなる施策にも、直接的には脅かされなかった。

不幸にも、次第に侵入してきた中央集権主義の強制や、プロイセンとの対立の脅威から、フランス語とドイツ語の潜在的な敵対心が熱を帯びた転回をするようになった。そして、一八七〇年に戦争が勃発すると、全アルザス人は、どちらの言語にせよ、アルザスにおけるその覇権を決めるのは、結局は武器であることを思い知らされるであろう。アルザス人、彼らは、戦場の判決の前で、今一度身を屈しさえすればよいのだった。

# V　ドイツ語の覇権（一八七〇—一九一八年）

一八七〇—一九一八年のあいだに、ドイツ語はアルザスにおけるその覇権を徐々に確立しようとしていた。フランクフルト・アム・マイン条約締結後、法律上、ドイツ語は新しい「帝国領地《ライヒスラント》」の全領域の公用語になった。ドイツの領土的要求が、基本的にはつねにライン川両岸に存在する言語的同一性に基づいていたことは、ひとの知るところである。ドイツとフランスのすぐれた人物のあいだに生じた論争では、ほとんどいつも、アルザスとアルザス人だけが問題であった[136]。ところで、ビスマルクとプロイセンの将軍連は、ロレーヌのフランス語地域のかなりの部分をも併合したいという誘惑に抵抗できなかった。軍事的安全保障のためである、と彼らは主張した[137]。そんなことはどうでもよかった。事実は、フランクフルト条約が生み出したかのごとき帝国の地、「アルザス・ロレーヌ」なるものは、言語的観点からして、均質の統一体を形成してはいなかったのである。当時、アルザスは九割がドイツ語系であったが、ロレーヌはほぼ同等な勢力の二つの言語的共同体を擁していた。この頃から、公用語としてのドイツ語の導入が、ロレーヌでは、とくに克服し難い障害に出会うことが明白になった。しかしアルザスでも、困難に欠けることはなかった。

アルザスでは、それでも事態は簡単なように見えた。ドイツ人にとって、目標ははっきりしていた。「ドイツ語にその権利を取り戻すこと」が問題であった[138]。ハインリヒ・フォン・トライチュケの目には、それは結局「自然への回帰」にすぎないだろう。(139) それに、アルザスはドイツ語圏なので（何度これをくり返したことか！）、人々は自然らしさが速やかに戻ってくるものと確信していた。解決すべき問題は、ヴェルサイユで創出されてまもない新ドイツ帝国への、「古きドイツの地」の再統合化にまつわるものであった。なるほど若干の適応困難が予想された。二世紀以上のフランスの存在は深い痕跡を残さずにはおかなかったのだ。しかし人々は、短い移行期間後には、言語問題はドイツ民族主義者の望みどおりの方向で解決されるものと考えていた。そして誤りを犯すことになった。それもいくつかの理由のためにである。

前述したように、アルザスには、絶えずフランス語系の人口が存在した。少数だが、ヴォージュ渓谷に居住する彼らは、ドイツ当局がその存在を無視できない、言語的・文化的共同体を形成していた。おそらくこれらの住民は、現実にはロマン語方言、しかもフランス語と同種の方言を話していた。だから、アルザスがフランスである限り、彼らはフランスの言語的多数者に属していられたと言えよう。新ドイツ国家では、これらの住民はもはや取るに足りない言語的少数者でしかなかった。今や、彼らはフランス国家のなかにおける方言使用者と同じ状況に置かれていた。フランス国家の公用語たるフランス語が、言語面では、方言使用者にとってつねに外国語であったのとまったく同様に、第二帝国の公用語たるドイツ語はフランス人にとって外国語であった。アルザスのフランス語系少数者は、たとえどんなに少数であっても、かつて方言使用者が、はるか遠い時代の三十年戦争によって、フランス国王の支配下に置かれて以来、要求し続けてきたのと同じ、あの文化的・言語的主体性尊重を自分たちのためにも要求する権利があったのである。ドイツ人はこの少数者の権利を尊重するのか、それとも純然たる同化策をとろうとしたのか？　これが提出された問題である。いずれにせよ、アルザスのフランス語地域への公用語としてのドイツ語の導入は、確実に困難な様相を呈していた。

困難はまたアルザスの他の地方にも存在していた。アルザス人は、その大半が明らかにドイツ語系であった。しかし、それが何を意味するのか、はっきりと知っておかねばならない。それは、日常生活では、アルザス人がドイツ語方言を使っていることを意味する。だが、一八七〇年になっても、それは、アルザス住民が、その全体からすれば、新公用語を完全に自由に操ることを意味したのでは少しもない。それに当時、公用ドイツ語は、今日のドイツ語系諸国の場合と同じく、標準ドイツ語であった。アルザスで話されるドイツ語方言が、ドイツ語言語圏のすべての方言と同様、標準ドイツ語に類似しているのは、事実である。また標準ドイツ語が存在するようになると、それがつねに方言使用者の書きことばとしてのドイツ語形態になった。だから、それをアルザスに導入したのはプロイセン人ではない。だからまた、語の広い意味において、第二帝国の公用語はアルザス人口の九割の母語でもあった。

しかし、十七世紀に、アルザス領地が神聖ローマ帝国から切り離された時、標準ドイツ語（実際はマルティン・ルターが用いたドイツ語形態）は誕生してまだ一世紀余りにすぎなかった。確かに、アルザスはフランス領になっても、ドイツ文化の世界につながる絆をけっして完全には断ち切っていなかった。十八世紀のあいだからずっと一八七〇年まで、アルザスでさえ、人々は標準ドイツ語で書き続けた。しかし、一六四八―一八七〇年のあいだ、標準ドイツ語が、フランス・アルザスでは知りえなかった発展を、ライン対岸で遂げていたことは言うまでもない。そのうえ、十九世紀中頃に、標準ドイツ語はあらゆる社会階層で後退し始め、それがフランス語を利していた。ドイツでは、この変化の重要性がひどく過小に評価されていた模様である。事実は、ドイツ語が実際に、どこでも速やかに、帝国領土《ライヒスラント》の公用語となるには、それを宣言するだけでは不十分であることが、ドイツ当局にはすぐさま分かったに違いない、ということである。

## 役所のドイツ語

ドイツ人は一八七〇年の戦争の終わりを待たずして、アルザスにおける行政用語としてのドイツ語の使用を要求した。しかしながら、この施策が法的に批准されたのは、帝国領土《ライヒスラント》にドイツ語を公式に導入する帝国法が可決された日付、一八七二年三月三十一日、でしかなかった。施行令はさらに数カ月の後に出された。

フランス語系市町村は、一八七八年一月一日まで、フランス語を使用する権利を保持した。この日付で、ドイツ語はアルザス・ロレーヌの唯一の公認行政語になることになった。こうした規定を受ける市町村がリスト・アップされた。これらの市町村へは、行政文書の本文はドイツ語とフランス語で送付された。監督官庁との通信はフランス語で取り交わされ続けた。全体として、こうした措置はアルザスのフランス語地域の住民を満足させた。彼らを不安にするのは、一八七八年一月一日の期限であった。関係市町村は、この権利が最終的には既得権として残るように、ドイツ当局に絶えず働きかけをした。何度となく、ドイツ人は期限の延長を余儀なくされた。実際、軍事当局が全市町村に例外なくドイツ語を課したのは一九一七年にすぎない[140]。

ドイツ語系市町村では、法律はいかなる例外も認めなかった。その適用にあたって、アルザスのフランス語系地域と同じような問題はもちろん起きなかった。しかし、困難がないわけではなかった。ただ、それらは別次元のものであった。一八七〇年、アルザスには、なるほど標準ドイツ語に堪能なエリートがいた。しかし、庶民や、ドイツ当局に対して庶民を代表する立場にある人々がそれをよく知らなかったのである。確かに、方言から標準ドイツ語へ移行する際、彼らに解決し難いような問題が生じたのではない。それでも、機会をみてそれに慣れなくてはならなかった。ところで、十九世紀のあいだ、フランス語が進展するに従い、標準ドイツ語教育はその有効性の多くを失ったことを、しかと承知しておくべきである。とにかく、行政用語は即興ではできない。標準ドイツ語に十分な知識がある人々でさえ、かなりの努力をしなくてはならなかった。だから、多くの市町村の長が、職務を行使する際、必要な正確さで、行政上のドイツ語を扱う段になると、戸惑いを感じたのは、なぜか分かろうというものである。

当然のことながら、ドイツ語使用問題は市町村議会でも論議の対象になった。戦争直後は、討論はフランス語を使って続けられた。別なやり方をすることは困難だったのである。多くの議員は自分たちが日常話さないことばを用いることなど不可能だと思っていた。一八八一年、ベルリン帝国議会は、アルザス・ロレーヌ“地方委員会《ランデスアオスシュス》”に対し、ドイツ語の使用を義務づけることを決定した。アルザス選出代議士ジョゼフ・ゲルベール、J・イニャス・シモニス、ランドラン・ヴァントレールは、数名のドイツ人の同僚に支援されて、この決定に激しく抗議した[141]。一八八八年には、義務化が、全市町村に拡大された。フランス語系地域でも、フランス語は補助語としてしか認められなかった。ドイツ語系市町村議会では、過去と同様に方言で議論を続けた。それでもフランス語は、二つの官庁、つまり裁判所と税務署でその地位を保持した。法廷では、弁論はフランス語で行うことができた。ただし、法的公文書だけは義務的にドイツ語で作成された。なぜドイツの税務署が課税通知の二カ国語作成に対し、けっして異議をさし挟まなかったのか、誰にも分かるであろう[142]。

ドイツ行政府はやがてアルザスとアルザス人を特徴づけるイメージに不安を持ち始めた——非常に奇

妙なことだが。アルザスの親には、ずっと以前から、子供にフランス語の名前をつけたり、そのフランス語的形態を使ったりする習慣があった。アルザスがフランス領になる前には、アルザス人の名前はもちろんドイツ語か、またはドイツ語的形態だった[143]。ドイツ人は元の習慣に戻る時期だと考えていた。フランス語風の響きを持つものすべて、会社の社名、手紙の頭書、看板、立札、いくつかの町村名や通りの名称、果ては墓石の碑文さえもがドイツ人を不快にし始めた。少なくとも形の上で、「自然への回帰」を促進するために、ドイツ当局は立札やポスターの作成を警察の許可制にするにいたった。こうしたやり方をすると、滑稽さはまったく避けようがない。アルザスのドイツ的性格をいっそう強調するために、床屋《コワフール》に今後は髪結《フリズール》と名乗るように強制したりすると、アルザス人は、才気煥発な諷刺心を掻き立てられずにはいられなかった。時には滑稽かつ愚劣な方策に対する抗議の声が四方八方から上がった[144]。実際のところは、アルザスにドイツの顔を与えるためにドイツ当局がしたことは、約五〇年前に、M・A・J・リステリュベールがアルザスにフランスの顔を与えるために実行を要求したことをしたにすぎなかったのだ。ただ、その時代には、この狂信者の提案を遂行するだけの役人がフランスにいなかっただけのことである。なるほどもう少し後で、彼らは「失われし時」を取り戻すことになるが……。

他の面では、ドイツ政府は理解と誠意を示していたのに、その評判を落とすようになったのはこの種の措置である。彼らはアルザスの二言語共存問題に満足のゆく解決策をもたらそうと努力さえした。認めておくべきは、ドイツ当局は、フランス語系市町村に対し、ドイツ語以外にフランス語を行政語として使用させる権利を与えたことで、かつてフランス当局がドイツ語系アルザス人に対処した時よりも、はるかにリベラルな態度を示したことである。もちろん、その解決策が過渡的なものか、最終的なものか、見極めるという問題は残されるが。事実は、フランス語系市町村で、フランス語が第一次世界大戦の末期まで維持されたことである。仮に二世紀間ドイツが存在したならば、その後どうなるのか、誰にも分かるまい。民族主義者はいつの時代にも、またどこにでもいるものである。つねにそれを警戒しなくてはならない。フランスの民族主義者が結局はフランス語がドイツ語をうまく放逐するだろうと絶えず考えたならば、同様に、ドイツの民族主義者も、ドイツ語がフランス語をうまく放逐するだろうと考えていたのだ。一九〇二年、『国境新報《グレンツボーテ》』に、少数のドイツ人の意見しか反映しないにしても、かなり不穏な記事が掲載された。執筆者はアルザスのフランス語を真正面から攻撃しても無駄であると判断していた。フランス語の運命に決着をつけるには、ただそれを無視するだけで十分だった。たぶん彼は方言使用者のフランス語の知識だけを念頭に置いていたのだろうが、しかし、彼はまた、アルザスのドイツ語とフランス語の平和共存にとって、好ましからざる精神状態を露呈していた。(145)

## 学校のドイツ語

ドイツ語がアルザス・ロレーヌの公用語になって以来、それはまた正式に教育言語にもなった。各種の学校へのドイツ語の導入は、それはそれで、ドイツ人が予想したよりも、はるかに解決の困難な一連の問題をもたらそうとしていた。

## 中等学校と大学

アルザスでは、一八〇八年から、フランス語は中等・高等教育のすべての学校で教育言語となった。

一八七〇年の戦争直後、しばらくはそのままの状態だったが、しかし、高等教育においては長く続かなかった。事実、一八七二年からは、ドイツ語がストラスブール大学の唯一の教育言語になった。ドイツ人にとって、ストラスブール大学は象徴的な価値を有していた――これはフランス人にとっても同じことだが。第二帝国《ライヒ》は、ストラスブール大学をしてドイツ文化の聖地にすべく決定した。この目的が達成されるためには、帝国はいかなる努力も惜しまなかった。P・レヴィの考えによれば、ストラスブール大学は新帝国の最高の大学の一つになるだろう(146)。

リセとコレージュでは、変化はもっとゆっくり進んだ。役所の場合と同じく、ドイツ当局は全体として非常にリベラルな態度を示した。多年にわたって、たんにフランス語地域にある中等学校のみならず、しばしば方言使用の生徒が通う学校でも、多くの科目において、フランス語は知識の媒介手段として維持された。フランス語がドイツ語に地歩を譲り始めたのは八〇年代でしかない。しかし、旧制のコレージュやリセがドイツのギムナジウムに変わった後でも、フランス語は、もちろん外国語としてだが、学習計画にしかるべき位置を占め続けた。そのことは、方言使用者、すなわち大半の住民にとって、理の当然であった(147)。

それでも、ドイツの文部当局はフランス語教育の目的が誰にもよく理解されることに熱心であった。彼らの脳裡にあったのは、生徒にフランス語を話したり、書かせたりするという、実際的な訓練のことだけだった。生徒をフランス文化の世界に導いたり、フランス精神へ心開いてやることなどは問題になりえなかった(148)。言うまでもないことだが、中等教育の学校は、未来のアルザスのエリートに確固たるドイツ文化を授けることをその本質的な使命としていた。標準ドイツ語の修得がその第一条件だったのである。だから、すべての努力がドイツ語教育に傾注された。アルザス人は「模範的な標準ドイツ語《アイン・ムスターギュルティゲス・シュリフトドイチュ》」

が修得できなければならないとされた。この目標はフランス語に過大な地位を留保したり、あるいは、これはもっと驚くべきことだが、方言が示す可能性を利用したりすると、達成できないと見なされていた。(149)

「女子高等中学校《デイー・ヘーエレン・テヒター・シューレン・ウント・メートヒエン・パンジオナーテ》」はドイツ当局に特殊な困難をもたらした。多くの場合、アルザス住民の中流あるいは裕福な階層の出身である女子生徒たちは、たんに標準ドイツ語の学習にほとんど熱意を示さないだけでなく、フランス語に対する好みを隠そうとしなかった。ドイツ人が何度法令を出しても無駄で、フランス語はほぼ全教科目で依然として教育言語のままだった。一八八九年、こうした学校におけるドイツ語使用に対し、より断固たる態度をとることが決定されても、状況はほとんど変わらなかった。親は娘がもっと「シック」と見られていた「フランス式の教育」を受けることを望んだし、またそれにいくらでも金を出す用意があった。だから、女子高等中学校《ヘーエレン・テヒター・シューレン》でフランス語教育が後退し始めたことが分かると、経済力のある親は娘をフランスの寄宿学校に入れた。(150)

なるほど第二帝国《ライヒ》は、中等教育においてドイツの言語と文化を促進するためには、何一つ疎かにしない覚悟であった。しかし実際には、フランス語は戦争末期まで教えられていたのである。ドイツ当局は、ギムナジウムでフランス語教育を続けてもらいたいとするアルザス住民の一致した願いに、答えないわけにはいかなかった。(151) またこの段階では、ドイツ人自身がしばしばフランス語の有効な教育に反対ではなかったことも認めておくべきで、それは彼ら自身の子供が同じ学校に通っていただけになおさらであった。そのようにすれば、心中では彼らも賛嘆の念をもって見ていた言語と文化的世界に、子供を接触させることができると思っていたのだ。それに彼らは、アルザスのエリートがフランスにすぐれた「ゲルマニスト」をもたらしたことに、フランス側で何の不都合も見られなかったように、アルザス人がドイツにすぐれた「ロマニスト」をもたらすのに、うってつけであることを進んで認めていた。二大文化の十字路、隣接しかつ対抗する二大国間の仲介役、それがアルザス側から見たアルザスの姿なのである――人々はいつもそのように見ていたのだ。

フランス側でも、ドイツ側でも、フランス語とドイツ語を完璧に知っているアルザス人がいることには、確かに誰もけっして反対しなかった。しかし、この特権は少数のエリートに取っておかれるべきものだった。もちろん、このエリートが、場合に応じて、フランス文化またはドイツ文化のいずれかの世界に固く根づいているならばの話だが。それなのに、独仏双方とも、アルザス人の言語的・文化的主体性の問題が現実に民衆レヴェルで提起されることをけっして認めようとはしなかった。双方ともが、小学校というすぐれて民衆的な学校から、二言語使用を追放するために、なんとか、もっともらしい理由を見つけるべくつねに汲々としていたのは、このためである。

## 小学校

ドイツ当局は、教育言語をドイツ語とする原則を適用する際、中等教育では柔軟性を示すことができた。ところが小学校では、これがドイツ人の順守しようとした基本的教育原則、すなわち「母語優先原則」に抵触することになった。この原則に照らすと、子供は彼らのことば、すなわち入学前に表現と交流に用いたことばで、まず知育と徳育を受けなくてはならない。そこで、ドイツ人は教育言語＝ドイツ語の原則をドイツ語系のアルザス人、すなわち方言使用の子供たちだけに適用することに決めた――それはまったく彼らの名誉のためだが。フランス語系地域では、教育はフランス語で施されていた。この頃、標準ドイツ語が方言使用者の母語と見なされることはけっしてないとか、あるいはフランス語がヴォージュの方言使用者の母語ではないと主張するようなことは、誰の脳裡にも思い浮かばないことだった。

## フランス語系住民のための二言語使用の学校

だから、フランス語系市町村では、フランス語が依然として教育言語であった。フランス語系の子供が入学してくると、男または女の先生はドイツ語ではなくフランス語で話しかけ、ドイツ語ではなくフランス語で授業した。この点について、P・レヴィは「きわめて汎ゲルマン主義的な階層の人々でさえ、それをごく自然のことと思っていた」、とユーモアたっぷりに指摘している。[152] 一八七四年の通達はドイツ語の授業時間を週五時間と定めた。いくつかの学校では、週一時間、「フランスの歴史」さえ勉強した。[153] さまざまな科目の時間割や、これらの規定の恩恵を享受できる市町村の数は確かに大きく変わろうとしていた。時がたつにつれ、ドイツ語は徐々にその地位を強化していった。しかし、一九一四―一九一八年の戦争末期の数カ月を除いて、アルザスのフランス語系地域では、フランス語が教育言語として残るだろう。[154]

とはいえ、ドイツ文部当局はドイツ語がアルザスのこうした部分には浸透しなくてもよいとするほど、「母語優位」の教育論理を押し進めたのではなかった。フランス語系の生徒が得たドイツ語の成績を評価するため、何度も調査が行われた。オ・ラン県のいくつかの学校で、成績が不十分と判定されると、当局は「まず母語から」の原則を破棄し、次いで、ポーランド系の子供に対してポズナニで行われたことに倣って、外国語たるドイツ語から始めて、ただその後で母語たるフランス語に移ればよいと決定した。しかし、ドイツの大教育者エヴァルト・バオホによってなされた決定的な証明実験の結果、母語の優位性はまもなく回復された[155]。

## 「バオホ改革」

モルスハイムの初等教育視学官、エヴァルト・バオホは、ドイツ語がラ・ブリュシュ渓谷のフランス語系の生徒たちに正しく教えられているかどうか、監視することを職務としていた。彼の教育概念は単純にしてかつ論理的な二つの原理に基づいていた。第一は、まず子供の母語＝日常語において、彼らの有する表現と吸収能力を発展させ、しかる後に外国語に接しさせるのがよいとするものである。したがって、フランス語系の生徒の場合、まずフランス語、そして次にドイツ語であった。第二は、外国語の言語体系をあまり困難もなく学び覚えるには、読み書きする前に、まず聞き話すことがよいとするものである[156]。だから、ドイツ語は第二学年にまず口頭訓練の形でしか入ってこなかった[157]。結果はすこぶる上々であったので、一八八七年、「バオホ改革」はアルザス・ロレーヌのフランス語系全市町村の学校に適用された。確かに、万事が完璧ではなかった。しかし、フランス語使用者のなかに、フランス語とドイツ語をきちんと知っている無視できない数の人々が一九一八年にいたとすれば、それはE・バオホのお蔭であろう[158]。フランス語系の生徒にとっての「バオホ改革」は、次元と文脈は異なるが、方言使用者にとっての〝オルデリット改革〟と同じもの、すなわち当該の生徒をしかるべく二言語使用の段階にまで到達させる方法である——ただ残念ながら、後者は第二次世界大戦終了後二五年目の改革なのだ[159]！

方言使用者のための一カ国語教育の学校

ドイツ語系市町村では、ドイツ人は言語問題にはいっさい譲歩しなかった。方言使用の生徒にとって、教育言語は標準ドイツ語である。それは言語的かつ教育的な論理にかなったものであった。もっとも、標準ドイツ語の教育が満足すべき形で実行されるまでには、数年を要した。フランスの師範学校では、ドイツ語はごく付随的な位置を占めたにすぎない。なるほどアルザスの先生たちはそれを知らなくはなかったが、しかし彼らの知識では、すぐさま良質の教育を与えるにはしばしば不十分であった。戦争直後、かなりのアルザス人教員がフランスを選択したが、そのことも事態を変えるものではなかった。彼らの補充をするため、ドイツ人教師に頼らざるをえなかったが、それは、心理的な面からすれば、必ずしも標準ドイツ語に対する熱意を掻き立てる最良の方法ではなかった。しかし、八〇年代の終わり頃には、最大の困難も克服されて、方言使用者が標準ドイツ語で得た成績は、ドイツの他の学校で得られたものに何一つ劣ることはなかった。

ドイツ語教育が小学校段階でやがて大きく改善されるのは、基本的には、教師がドイツの〝師範学校《レーラーゼミナール》〟で教育を受けたからであった。ストラスブールの例に倣って創設されたフランスの師範学校が、一八七〇年以前に、アルザス（とドイツ語系ロレーヌ）のフランス語の普及に果たした役割は、ひとの知るところである。ドイツ人はそのことをよく覚えており、ドイツ語の浸透のために、少なくとも同じことをしようと努めた。「ドイツの師範学校は、かつてのフランス師範学校がフランス語に道を開いたように、ドイツ語に道を開かねばならない」、とドイツの学校指導者の一人が表明した(160)。そして実際、ドイツの師範学校は、フランスの師範学校がフランス語のために貢献したのとまったく同様に、アルザスのドイツ語のために貢献するのに成功したのである。それは、ごく小さな村の学校でも、正しくドイツ語を教えることができる教員を数世代にわたって養成してきたのだ。それにも増して、この学校は、一九一八年以後も、彼らの大多数をしてドイツの言語と文化の断固たる擁護者になるよう駆り立てた、例の団結精神を彼らに付与したのである。逆に、フランス文化に対する彼らの心の窓はきわめて狭いものだった。事実、これらの師範学校ではフランス語教育は貧弱なもので、選択科目でしかなかった。それでも、市町村議員や教師自身が真剣かつ義務的なフランス語教育を何度も要求した。しかし、ドイツ中央政府は先生たちがフランス語に精通することなど望まなかった(161)。

ドイツ文部当局は全アルザス人にドイツ語で堅固な教育を授けることには熱心でも、ドイツ語系市町村の小学校には、フランス語にどんなささいな地位であろうと、与えるつもりはさらさらなかった。確かに、数年間は、一八七〇年以前に就学していた方言使用の生徒に対し、フランス語が続けて教えられてはいた。しかし、やがてフランス語教育への障害が増えようとしていた。一八七四年、フランス語は方言使用の生徒が通う小学校の時間割から消えた。加えて、時がたつにつれ、先生のフランス語能力が次第に弱まり、しかも学校の外でフランス語を使う機会が次第に珍しくなった。

ドイツ語系市町村でフランス語教育を廃止するという決定は、広汎な住民階層の不満を生じさせた。過去数世紀間に、あれほどの努力と労苦の結果手にした言語上の獲得物をなぜ守ろうとしないのか、人々には分からなかった。それは、一八七〇年の戦争直後には、フランス語を正しく教育できる先生が十分いただけになおさらそうであった。正規の時間割の枠内で、方言使用の生徒にフランス語を教えることがもはや不可能になると、多くの先生たちは、授業時間外にフランス語の授業をした。しかし、一八八八年、上席視学官《オーバーシュールラート》はこうした私的授業をも攻撃した。教師はこの課外授業を開く許可を文部当局に求めるように義務づけられ、しかも一クラスの生徒数は三人に限定された。これが何を意味するかは、一目瞭然だ。それは、方言使用の子供たち、すなわち小学校の大半の生徒にとって、事実上私的なフランス語授業の終わりだった。[162] 実際、アルザス住民が要求したことは、誰にとっても、ドイツ語のほかにフランス語を学ぶ可能性があることであった。二言語使用の問題が今一度浮上してきたのである。

## つねに同じ要求の二言語使用

二言語使用の支持者と反対者はやがて対立し始めた。論争は、生徒、それも全生徒が小学校からドイツ語とフランス語に入ることができるかどうかを巡って展開された。それはフランス語系生徒が通う学校では既定のことだった。それが、ドイツ語系市町村の学校、すなわち学童人口の九〇％以上にとっては、そうではなかった。二言語使用に賛成することは、今日ドイツ語を弁護するのと同じく、当時はフランス語を弁護することだった。二言語使用の支持者は不可能事を要求したのではない。アルザス人はつねに外部から課された状況にあって、いつも現実的な態度を示してきた。今日、誰もがフランス語の優位を問題にすることなど考えないように、当時、誰もがドイツ語の優位を問題にすることなど考えてはいなかった。しかし、アルザス人はそれでもフランス語が排斥されることを望まなかったが、もちろん、これは徹底的なゲルマン化の信奉者には気に入らなかった。人々は議論を闘わし始め、時には罵倒し合った。二言語使用の支持者は、今なら「ドイツ野郎《ボッシュ》」呼ばわりされるように、当時は「フランス野郎《フランツオーゼンケツプフエ》」呼ばわりされることもあった。アルザスでは、罵倒することはいつも簡単だった。反対に、我らを昔も今も統治する「君主」が誰であれ、我らが大地の文化的・言語的遺産、それも全遺産を守ることは、昔も今もつねに困難なのである。

**二言語使用支持――経済は……**

教育上の二言語使用支持のために主張された論拠には、まず経済的なものがあった。確かに、独仏間の経済交流は今日ほどの広がりにはまだ到達していなかった。しかし、先見性のあるアルザス人は、産業革命と交通手段の発展により、二国間の交易量が著しく増加することをすでに完璧に見通していた。アルザスの議員たちは方言使用者に対してもフランス語教育をするように絶えず要求した。一九〇九年、代議士キュブレールは、「地方委員会《ランデスアオスシュス》」の言語問題委員会の名において、小学校と師範学校のフランス語教育の義務化を目指すべく、具体的な提案をした(163)。そこでは政治的ではなく、実際的次元の要求が問題であることを明確にするようつねに配慮がしてあった(164)。しかし、ドイツ当局はそれをいっさい信用しなかった。彼らは経済的論拠は確かに認めたが、それは少数のアルザス人にとってのみ有効であると指摘した。この少数者には、中等教育の学校でフランス語を学ぶ機会がある、とドイツ人は言っていた。彼らによれば、民衆層の大部分はこうした局面の問題には関心がないという。

**歴史と地理は……**

歴史的・地理的次元の理由もあった。アルザスはどこにも帰属しないし、またなんぴとにも無視しえない歴史的運命を経てきた、と二言語使用の支持者は主張した。二大文化の十字路にあって、アルザスは、時代の状況が何であれ、独仏間の架橋という数世紀来の使命を果たすことができなくてはならない。そうするためには、アルザス人はそれらの文化の源泉そのものにじかに触れなくてはならない。ところで、それは、フランス語が「帝国領土《ライヒスラント》」にできる限り広範囲に普及することによってのみ可能である、と人々は指摘した。これは知的エリート好みの議論であった。この論拠は重みを欠いてはいなかった。なぜなら、ドイツ語とフランス語の修得が二国間の接近に寄与し、またそのようにして、これが和平と融和の無視すべからざる一要素となるのは明白だからである。きわめて著名なジャーナリスト、シャルル・ベッケンハウプトは、アルザス・ロレーヌ自由党の週刊紙で、大変なる確信をもってこうした主張を展開した(165)。

しかし、ドイツ人には、この論拠が経済的な論拠以上に説得力があるようには見えなかった。独仏間の仲介役たるアルザスは、彼らの目には、言語問題というよりもはるかに政治的状況色の濃い問題であった。それに、一八七〇―一九一四年のあいだ、ドイツとフランスの政治的環境は、二大ライヴァル国の相互理解にとって、稀なほど良好であった。だからして、この論拠はその価値の多くを失った。フランス文化の染み込んだアルザス人がなおいっそうフランス側に傾く恐れがあるという限りにおいて、人々はそれを危険とさえ見ていた。そのうえ、ベッケンハウプトはアルザス民衆の多数派のものではない観点に立っていた。彼も、フランス語が「アルザス人のすべてに不可欠なものでも、また役に立つものでさえない」、と見なしていたのだ。要するに、二言語使用を弁護しながらも、彼は、小学校の段階では、方言使用の子供たち、すなわち民衆の子供たちにフランス語を教える必要はないとする、ドイツ文部当局の確信を補強していたのである。かくして、彼はアルザス・ブルジョワジーの大部分と意見を同じくしており、それはこの社会階級に予定された二言語使用の中等学校の創設計画が示すとおりであった。

一九一四―一八年の戦争の数年前、「E・K博士」某が、中等教育段階で、フランス語が教育言語として使用されうる、真の二言語使用のコレージュを設立することを提案した。この御仁の考えでは、そのようなコレージュが、「帝国領土《ライヒスラント》」の四大都市、すなわちストラスブール、ミュルーズ、メッス、コルマールに開設されねばならない。この計画は、その動機と内容からして、「ブルジョワジーの子供」にのみ係わるものであった。これがドイツ政府に採択される何らかの幸運を得るには、明らかにあまりにも遅すぎた。しかもこれは、言語的次元でも、教育的次元でも、きわめて異論のある主張や提案のいくつかを内包していたのである。加えて、この計画はアルザス民衆の利害とはほとんど相容れない階級的精神を露呈していたのである。(166)

## 二言語使用反対――道徳的・知的な危険性……

当然ながら、二言語使用の反対者も論拠に事欠いてはいなかった。そのもっとも驚くべきものの一つは、二言語使用が民衆の知的・道徳的健全さに対し、有害であると主張するものだった。二言語使用者は「知的不毛性」の烙印を押される恐れがあり、また彼らが偉大な詩人の特徴であるあの詩的感興を見出すことはけっしてないであろうという。例えば、二つの言語と二つの文化に接して以来、文学的天分を失ったのだ、と人々の主張する、ルクセンブルク人や、アルザス人自身の名が引用された。(167)おそらく、そこには深遠な研究に値する問題があるのだろう。確かに、「詩的霊感」が表現されるにはことばを必要とする。しかし、他の多くの条件も必要である。これについては後述したい。もっとも、この論拠は事実によって否定された。それは、完璧な二言語使用者で、その時代のもっとも顕著なドイツ語作家の一人として重きをなしつつあった、ルネ・シッケレを考えれば十分である(168)。それに、これはきわめてもっともらしい推論であった。いかなる学校制度も、方言使用者に対し、けっして二言語教育を受けさせたことがないのに、二言語使用がその使用者におけるいわゆる知的不毛性や、詩的感興の欠如の原因であるなどと、どうして主張できるのだろうか？　それはまったく根拠のない主張であった。今でもなおこうした主張の一つがある。

二言語使用はまた、「性格的二重性」をもたらし、さらにはそれがアルザス人にとって道徳的な危険となるものだと非難された。おそらく人々は、二つの言語《ドッペルシュプラーヒヒカイト》と「二重」《ドッペルツンギッヒカイト》の言語を混同したのだろう。ここでもまた、きわめて異論の余地のある、と言うよりも、実際はむしろ悪意のある主張が問題であった。二言語使用と性格的二重性のあいだにはいかなる因果関係もないことを強調する必要があるのか？　よしんば、この欠陥が他の人々よりもアルザス人において顕著であるという証拠が出されたにしても、おそらく言語の二重性以外のところにその理由を求めなくてはならないだろう。何世紀も前から、その人格性を絶えず侵害されてきた民族が彼らに固有な行動様式を持つからといって、確かに何も驚くことはない。彼らのある種の反応が時の支配者の不興を買ったからといって、これまた誰も驚きはしない。しかし、性格的二重性は一個人の話すことばの数によって決まるものではけっしてなかった(169)。

教育法は……

教育法的次元の論拠はさらに深刻であった。実を言えば、ドイツ側の二言語使用反対者の推論はきわめて古典的なものであり、一八七〇年以前と現代のフランス側の反対者のものと何ら変わるところがなかった。小学校でアルザスの子供たちにフランス語も学ばせようとすることは、彼らにどちらのことばも正しく覚えさせないように強いることだ、と反対者は主張した。そしてさらに続けて、それはたんに教育法上の誤りであるのみならず、いかなる実際的成果もない時間と労力の無駄であるとした[170]。まったく公正に見て、異議は、フランス側文脈よりも、ドイツ側文脈の方に重みがあることを認めなくてはなるまい。フランス・アルザスにあっては、方言使用者にとって、ドイツ語は政治的見地から外国語なのであって、言語的見地からではない。ドイツ・アルザスにあっては、この同じ方言使用者にとって、フランス語は言語面でも政治面でも等しく外国語である。第二帝国《ライヒ》下では、フランス語は、実のところ、「学校以外では社会的に存在」しなかった[171]。人的交流はまだ今日ほどの広がりを持っていなかったので、小学校で学業を終えてしまうアルザスの子供は、事実上、その努力の成果をかなり早く失う恐れがあった。

　しかしながら、一八七〇―一九一四年に、アルザスとフランスのあいだに架けられた橋は、けっして完全に遮断されてはいなかった。フランス語を初歩的にでも知っていれば、多くのアルザス人は、ヴォージュの彼方の親戚や友人と文通することができたであろう。それに、生徒が小学校でフランス語の初歩を学ぶ機会がすでにあったならば、コレージュやギムナジウムでは、フランス語の成果がはるかに上がったであろう。フランス語が方言使用者に小学校から教えられるには、教員にフランスでしかるべく教育を続けて施しておくべきだったのだ。有資格の先生がいなければ、二言語教育には、明らかにいかなる成功のチャンスもなかったのである。なるほど学校での二言語使用は教育法的次元の問題を提起した——つねに提起しているが。とはいえ、それは未解決のものではなかったし、またけっしてそうであってはならない。それはつねに達成する意志と、実施すべき方法の問題である。しかし、学校制度がどうであれ、目標に達するための教育法上の手段を自らに拒んでおきながら、目標に到達できないからといって、教育方法を非難するのはお門違いである。

## 自治運動の危険……

ドイツの「愛国的」かつ民族主義的階層においては、アルザスの「ドイツ的性格」を守ることにとくに熱心であった。したがって、フランス語の拡大を是が非でも阻止すべきであった。また、フランス語はこの土地のドイツ的性格にそぐわないと主張することも大切であった。だからして、フランス語をアルザスの民衆層にまで浸透させることなど問題にもならないのだろう。それはとりわけ「アルザス・ロレーヌ連合《エルザス゠ロートリンギッシエ・フェアアイニグング》」の党員の意見であり、彼らはフランスの言語と文化に徹底的に反対はしないが、それでも方言使用者の通う小学校にフランス語を導入することは、アルザスの教育が追求すべき目的の軽視につながるものと見なしていた。彼らの考えでは、アルザスはドイツ帝国における特殊的世界を形成することを徐々にやめるべきであった。要するに、彼らはアルザスのドイツへの完全な同化を弁護していたのだ。それはいつも同じリフレインである。彼らの意見は州知事《シュタットハルター》への請願書（一九〇九年）の署名者が共にするところであり、この人々も、ドイツ国家への全面的な統合という意味において、「帝国領土《ライヒスラント》」の「自然なる」進展を不安に思っていた。(17)

民族主義的という語の狭い意味において、「民族性《フォルクストゥーム》」と称されていたものにとって、二言語使用は危険であると非難した人々により、さらにもう一歩が踏み出された。民族とその特殊性をなすものに捧げられたこの盲目的な信仰が、彼らの目にとって、外国語と同様に危険な破壊要因となる存在を許すはずがなかった。民族がその言語を形作るならば、言語も民族を形作る、と彼らは言う。言語は民族の本質そのものを形成するものであり、民族にその性格を付与するものである。したがって、言語を純粋に保たねばならない。これはまったくの謬見というのではない。しかし、「民族性」守護の狂信的信奉者は、そこから、「民族性」の歴史との関連において、自らの言語を情熱的かつ専一的に陶冶しない民族は、その活力を生む根幹そのものから切断されてしまう、と結論づけた(173)。ルネ・シッケレが、たとえ言語上のものであろうと、いかなる国境にも囲い込まれまいとする「精神的アルザス主義《アイン・ガイスティゲス・エルゼッサートゥーム》」を擁護して抗議したのは、まさしく「民族性」という美名に隠蔽された、この「無条件同化」の企てに対してなのだ(174)。

二言語使用の反対者が言語問題を「帝国領土《ライヒスラント》」のではなく、帝国直轄の権限下に置くようつねに配慮したのは、アルザスがその顔を少しフランス語の方に向けすぎはしないかという、この不安のためである。ベルリンやアルザスのある種のドイツ人社会では、地方委員会《ランデスアウスシュス》、とくに一九一一年からは、州議会《ラントターク》が採ろうとした決定に不信を抱いていた(175)。要するに、（今日とまったく同様）地方分権主義は認めても、文化と言語の領域では何一つ決定権を持たせないのだ！ 概して、民族主義的階層では、人々が、フランス語を話しつつもドイツ人たりうることをかろうじて認めていたのも、今日のフランス民族主義者がドイツ語を話しつつもフランス人たりうることを認めているのと、まったく同列なのだ！ 方言使用者が通う小学校でのフランス語教育の存続をまず要求し、そして後にはその回復を求めたアルザス人は、疑わしき愛国者と見なされた。だから、新帝国のまだきわめて脆弱な統一性を守るのに不可欠と判断された領域では、彼らの影響力を制限しておく方がよかったのである。

第二帝国《ライヒ》下で、基本的にフランス志向であると言われた、アルザスの自治主義が存在していたことは本当である。この自治主義は、アルザスのフランス語教育の拡大をその主要な要求の一つにしていた[176]。フランス語を通して、人々が、とくにブルジョワ階層では、一般にはドイツ人、特殊にはプロイセン人と自分たちを区別しようとしたことも、やはり本当である。P・レヴィが指摘するように、「上品な」と「フランス的」という語はすでにかなり多くのアルザス人の心のなかでは同義語になっていた[177]。もっとも、フランス語がはれのことば、よそゆきのことば《ゾンタークシュプラーヘ》、もしくは、「アルザス人の標準ドイツ語」であると言われたのは、そうした階層の人々のフランス語使用へのあてこすりだろう。アルザスの「フランス派」の重みを軽くすることなど問題にもならず、しかもそれは、第二帝国《ライヒ》のような強力な帝国にとって、何の危険にもならなかった。いずれにせよ、「フランス式」の自治主義と非難されたブルジョワ階層にはまさにフランス語教育を施しておきながら、民衆層にはこれを拒むという理由は一つもないはずだ。

## 連邦分立主義は無用！

方言使用者に対するフランス語教育の賛否を巡るこうした論争において、ドイツの代議士で、後にアルザス・ロレーヌ担当大臣になったフォン・プットカンマーの論拠は、格別な注意に値する。一八七三年から、つまり帝国議会《ライヒスターク》にアルザス人代議士が登場する前でさえ、言語使用の問題は議会で論議の対象になっていた。ドイツ当局が学校にドイツ語を課したときの性急さに対し、猛烈に抗議したのは左翼系代議士ゾンネマンである。逆に、フォン・プットカンマー議員はこの非難に対してドイツ当局を弁護するために発言した。彼はこの機を利用して、この問題に関する自論を述べたのである。この時、彼は二年前からストラスブールに住んでおり、アルザスとその住民を知るには、それで十分な期間だと考えていた。彼によれば、フランス語を知らなくてもアルザスで立派に暮らしていけるのだから、何もここでこのことばを教える理由は一つもなかった。自らの主張を支えるため、彼はむしろ奇妙な理屈に頼った。ヴォージュの彼方の小学校でも、ドイツ語を教えているのではないし、またバーデン地方やプファルツでも、小学校段階でフランス語を教えることを要求するなど、誰も考えつかなかったではないか？　と彼は指摘した。なぜアルザスが例外になるのか？[178]

フォン・プットカンマー代議士にとって、フランスとドイツは存在したが、アルザスは存在しなかった。フランクフルト条約はアルザスをドイツの懐へ帰らしめた。アルザスは他と同様のドイツの一地方になった。もうフランスに属さないのだから、もうフランス語は必要ではない。なぜこの地方が教育面で特別な制度の恩恵を受けているのか、彼には分からなかった。彼にとって、事態はごく単純なように見えた。ヴォージュの一方はフランスとフランス語の支配であり、そして他方はドイツとドイツ語の支配である。アルザスの過去はどうか？　二〇〇年以上のフランスの存在と、アルザス人とフランス人のあいだに結ばれたあらゆる種類の絆はどうか？　そんことは、彼にはどうでもよかった。おそらく、フランス語教育がドイツ中に広がり、そしてその代替として、フランスの至るところでドイツ語を教える日にでもなれば、彼は方言使用者の学校のフランス語を支持したであろう。だが、アルザスに連邦分立主義は無用なのだ！　フォン・プットカンマーは死んだが、彼の理屈はアルザスで生き延びた。彼の弟子どもは関係を逆転しただけだ[179]！

フォン・プットカンマーや、彼と同じ考えの人々がけっして理解しなかったか、または理解しようとしなかったのは、一八七〇年には、フランス語が事実上アルザスの言語遺産になっていたことである。ところで、たとえばバーデンやプファルツが何年間かフランス軍に占領されるようなことがあったとしても、それはこれらの地方では起こりえないことであった。同じく、ドイツ語はピカルディやヴァンデ地方の言語遺産にはけっしてならなかった。フォン・プットカンマーの推論はアルザスに固有な状況を完全に無視したのだから、ばかげたものだった。E・バースが言うように、「歴史と地理によって特徴づけられるユニークな事例」たるアルザスは自治主義の発明物ではない。それは一つの現実である(180)。この現実は一八七〇年以前に存在していたし、一八七〇年にも存在したし、一八七〇年以後も存在するであろう。この現実が存在しなかったり、もはや存在しなくなっても、それは、アルザスにおけるドイツの政治とフランスの政治が、小なる民族の生活にとって本質的なものにおいて、この現実を認めることをつねに拒んだからではない。アルザスに「特異性」の刻印を押したのは運命であって、「自治主義」ではない。運命とは、すなわちアルザスの領有を巡る独仏間の対立である。ひとがそれを望もうと望むまいと、もっぱらドイツでも、もっぱらフランスでもない刻印を我らが大地に与えたのはこの運命である。したがって、アルザス固有の性格が脅かされるたびに、アルザス人が自らの流儀で自己の特異性を強調しても、驚くにはあたらない。一八七〇―一九一八年間にも、事情が異なることはなかった。第二帝国《ライヒ》に対して、アルザス人は、ドイツ人、フランス人双方の意表をつくような仕方で、自己の特異性を誇示しようとした。「ドイツ国民性《ドイチユトウーム》」の美名に隠れて、随所で展開されたプロイセンの言語的民族主義に抗議するため、彼らはまったく新たな配慮から、全アルザス人に共通なことば、方言に身を傾けた。事実、フランクあるいはアレマン方言はつねに彼らの日常的交流語であった。すでに遠くなった過去にあっては、方言はまず標準ドイツ語、次いでフランス語に取って替わられる前はまさしく文学語であった。驚きなのは、十九世紀の終わり頃、標準ドイツ語で完璧に自己表現できる新しいアルザス人の世代が現れた時に、文学的演劇の舞台で、方言の力強い復興を目の当たりにすることであった。実を言えば、厳密な意味でのアルザス演劇の始まりはこの時代に遡る。(181)確かに、方言詩はアルザスの歴史の有為転変の波をつねにうまく乗り越えてきた。しかしこれもまた、真の頂上に到達するため、マティス兄弟とともに新たな飛躍をしようとしている。(182)それゆえ、人々は別してアルザス的な文学表現形式に立ち戻ったのである。

ある者は、この予期せざる方言の再生に、第二帝国《ライヒ》に投じられた政治的挑戦を見ようとした。おそらくそれよりもはるかに重要なことが問題であった。それはむしろ、どんな形であれ、自らの個性が侵害されることを容認しない民意の発揚であった——近年の類似した反応もこれを証明しているようだが。(183)この本来のアルザス的源泉への回帰は、フランスや、ドイツの民族主義者に迎合するためになされたのではない。フランスで、それもとりわけ「復讐」だけを夢想していた階層では、アルザスの言語的にして……政治的な進展に係わるすべてのことがきわめて綿密に辿られており、とくに第一次世界大戦直前の頃には敏感になっていた。この高貴なる文学を方言に返すという試みは、たんに熱狂的な賛同を生むどころか、アルザスにおけるフランスの立場にとって危険であると判断された。一九一一年のフランスのある出版物には、「方言は、我々にとって、ドイツ語の前ぶれとして出現した」、とあった。(184)ドイツ側でも、アルザス文学へのこの予期せざる闖入はまったく同様にいかがわしいものと見なされた。人々は、そこに、帝国に対する地方の「反乱」、すなわち事実上の反国家的な態度表明を見ようとした。(185)

渇望の対象アルザスという観念が、両国いずれかの文化世界による無条件吸収に対するどんなささいな抵抗心でも圧殺するという、双方の意志におけるほど如実に現れるところはどこにもなかった。固有な存在であるという主張はたんなる文化的領域においてさえも、望ましいものとはされなかった。それは、双方から同じ論拠、すなわち軽蔑と政治的嫌疑をもって攻撃された。アルザス人にとっては、世界が段々と小さくなってゆく時に、自己を抑制したり、一種の文化的ゲットーに閉じこもったりすることは問題ではなかった。それどころか、その時には、ドイツ文化とフランス文化の両方の世界に心を開くことが大切であった——これはいつものことだが。なるほどアルザス人はかつてフランス文化の世界に同化するのをけっして拒否しなかったように、ドイツ文化の世界に同化するのも拒否してはいなかった。それに、彼らが他にどのように振る舞えただろうか？　それでも彼らは、同化するに際し、自己を喪失することは是非とも避けなくてはならないことを完全に自覚していた。そして自己を喪失しないためには、足下の大地に深く根ざすことという一つの解決策しかなかった。「大地の魂たる」方言は、アルザスには固有な生存があり、アルザス人はそれを守るべく決意していることを両国に理解させるための特権的な手段として残っていたのである[186]。

## ジャコバン主義

アルザスの二言語使用の反対者の本当の理由は政治的次元に属するものであった——いつものことだが。第二帝国《ライヒ》への旧帝国領地の統合は方言使用のアルザス人の特別扱いを許さなかった。統合の後には無条件の同化策が続き、フランスの場合と同様、それは言語的中央集権主義の原理に依拠していた。意識的にか無意識的にか、ドイツ人はジャコバン的と称される対応に従った。この点、前述した『国境新《グレンツボー》報《テ》』の記事の作者の推論は示唆的である。彼は軍事的勝利がドイツをしてアルザスの「支配者《ヘール・イム・ランデ》」にしたという確認から出発した。この資格で、ドイツは果たすべき国家的な使命を有する、と彼は考えた。ただ、どんな使命でもよいというのではない！　事実、確たる国家使命《ディ・ナツィオナーレ・アウフガーベ》が問題であった。この国家使命は、アルザスというドイツの言語と文化を持つこの古い土地で、ドイツ語がその名誉を回復してはじめて果たされうるものだった(187)。これは、厳密に国家的な次元に身を置く者の完璧なまでに論理的な推論である。それに、フランス人がつねにフランス語のためにしたことを、ドイツ人がドイツ語のためにしようしたからといって、ドイツ人を非難するのは不当であろう。ただ彼らを非難できるとすれば、それは、目的を達成するため、ドイツ語系市町村の小学校では、フランス語にいかなる地位も留保すべきではないと信じたことである。

この結果、一九一八年には、大多数のアルザス人がフランス語を知らなくなる。確かに、ドイツ中央政府に対し、アルザス人のフランス国家への次なる再統合を助長するような奮励努力を期待することなど、どだい無理だった。確かに、当時、フランス語は言語的かつ政治的観点からして、外国語であったし、また小学校段階での外国語教育はこの時代にはまだ普及していなかった。しかしやはり、それはどうでもいいような外国語ではなかった。それは偉大な隣人のことばであり、かつて二〇〇年以上ものあいだ、アルザスの公用語であった言語である。なるほどフランス語は中等教育の学校で学ぶことができた。だが、そこへ通ったのは少数の方言使用者だけだった。結局、小学校からしかるべく二言語使用の段階に達することができた生徒は、ヴォージュ渓谷のフランス語使用者だけであった。これらの「二言語使用」の学校では、バオホ改革が幸運な成果を収めたのである。

久しく、ドイツ人はフランス語に対して基本的な対立心をほとんど示さなかった。確かに、彼らはフランス語教育を方言使用者にまで拡大することを拒んだ。しかし、彼らはアルザスにおけるその使用を禁じはしなかった。フランス語はアルザス・ブルジョワ階級のサロン語であった。それは公共の集まりでさえ許されていた。しかもドイツの高級役人は大抵がフランス語を知っており、機会があれば、これを話すことは名誉に係わることだと考えていた。州知事《シュタットハルター》フォン・マントイフェルからして、事実上フランス語しか使わない会合に自ら進んで出席していた[188]。しかし、誰にもフランス語教育をせよと要求するアルザス人の執拗さを前にして、寛大さは徐々に陰にこもった反感へと変わりつつあった。そして、一九一四年に戦争が勃発し、軍事当局がアルザス文民当局にその意志を課すると、フランス語に対する隠然たる反感は公然たる闘いに変貌した。

安全保障上の理由により、フランス語はアルザスの公的生活から消えなくてはならない、と軍人は言った。人々はフランス語風の姓名や地名をドイツ語化し始めた。山や川の名前さえそれに従った。一九一五年、アルザスのフランス語系地域の九つの市町村が行政用語としてのフランス語使用の特権を失った。あらゆる種類のフランス語の登記、登録が抹消された。これらの地域では、フランス語は教育言語としては残ったが、ギムナジウムではこれを英語に変える試みがなされた。コレージュやリセでは、先生や生徒に方言の使用を禁止するまでにいたった[189]。標準ドイツ語だけが教室で使用されることになった。実際、それは戦争であった。しかし、しまいにはアルザス住民を激怒させたのはこうした措置である。ドイツ軍事当局は失策に失策を重ねて、文民当局が多大の努力と引き替えにやっと樹立した構築物を僅か数年でことごとく破壊してしまったのだ。すべてが完璧だったのではない。それどころではなかった。しかし、言語の抑圧、これを敢行したのはプロイセンの大佐たちである。それはアルザス人の記憶に深く刻み残される抑圧となる。要するに、一九一八年、ドイツ人の犯した過失は軍事上のものだけではなかった。結局のところ、それは彼らが半世紀近くも前からアルザスで実施した政治全体の過失だったのである。

一八七〇―一九一八年のあいだ、フランス語はアルザスからも、ロレーヌからも追放されてはいなかった。そのためには、フランス語系の全住民を追放しなくてはならなかっただろう。こんな短期間に、一国の言語を消せるわけがない。戦争末期を除けば、フランス語の徹底的追放もなかった。標準ドイツ語、ましてや方言は、一八七〇年のプロイセン軍の侵略とともにアルザスへ入ってきたのではない。このことはたえずくり返しておかねばならない。この時代までに、方言は約一四〇〇年間、標準ドイツ語は約三〇〇年間存在してきたのである。これは、アルザスがドイツ語系なのは、プロイセン人が一八七〇年にそれを導入したからである……などとする伝説を終わらせるためのごく単純な事実である。

ドイツの言語政策は、全体としては、リベラリスムに裏打ちされていた。それは認めて当然のことだ。だが、それはアルザスをして二言語使用の国にすることを目的とするものではなかった。見誤ってはならない。ドイツ人にとっては、ドイツ語の位置を徐々に強化し、最終的には、フランス語に対するその覇権を確立することが問題であった。二十世紀初頭には、ドイツ語はすでに幅広くアルザスの支配的言語になっていた。一九一八年には、それは大多数のアルザス住民の唯一の言語であった(190)。したがって、一八七〇年から一九一八年にいたる時代がアルザスの二言語使用の「黄金時代」であった、とは主張できないだろう。ドイツ当局が多くの領域とさまざまな状況下において示した寛大さにもかかわらず、ドイツ語はその覇権を確立するにいたった。一八七〇年のフランスに対するドイツの軍事的勝利は、またフランス語に対するドイツ語の勝利も意味していた。一九一八年、フランスがドイツに対してなす軍事的復讐は、またアルザスのドイツ語に対するフランス語の復讐も意味するであろう。アルザスの動乱の歴史のどの転換期にも、人々はアルザス人に対し、そこから必要な言語上の帰結を得るように求めるだろうが、それは実際は外部から強制されたものである。毎回、結局はそうなるが……。

VI フランス語の優位（一九一八―一九四〇年）

一九一八年十一月二十二日、フランス軍がストラスブールに入城し、次いで数日後、フランス政府最高首脳部、すなわち共和国大統領レイモン・ポワンカレと、「勝利の父」たる首相ジョルジュ・クレマンソーが続いた。まさしく興奮の坩堝《るつぼ》であった。戻ってきたフランスの代表を熱狂的に歓迎する群衆を前にして、R・ポワンカレは、ストラスブール市長レオン・アンジュマシュの歴史的な言、「国民投票は終われり」をくり返した。[191]それは、アルザスとフランスにとってまったく同じ内容を持つとはいえなかったが、双方にとって解放ではあった。

フランス側では、一八七〇―一九一八年のあいだ、「虜囚のアルザス」が「吸える空気が日々に減ってゆく巨大な潜函」のなかで生きていたこと、そしてアルザスを確実な窒息状態から解放するのに、絶妙なタイミングで救出したこと、を断固として確信していた。[192]だから、ヴェルダンやソンム川でフランスが被った大きな人的犠牲は無駄ではなかったのである。アルザス人はそのことを承知しており、それに永遠に感謝の意を示すもの、と人々は考えていた。そしてまた、感謝の念から、アルザス人がフランス共同体への統合を早めるために要求されたことすべてを心から受け入れるもの、と信じて疑わなかった。当時、感謝の念が一方通行のものではないこと、したがって、一八七〇年のフランス人の退去以来、何事も起こらなかったかのように、アルザス人に対しては振る舞えないことを諒解していた者は、稀であった。アンリ・リシュタンベルジェ教授は「アルザスの事柄」を知悉しており、一九一四年の戦争前夜に、「フランスの思い出に対するアルザス人の忠誠心は無償の供与であって、義務ではない」と看破していたが、勝利に酔い痴れて、誰もがこのことの真意を何一つ知ろうとはしなかった(193)。

アルザス側では、一八七〇年以来、別たれていたフランスに再会することは喜びであった。それは、一九一八年の厳冬後、時には忍耐の限界にまで達していた、あらゆる種類の窮乏生活の終わりを告げるものだった。それは、人々が戦争末期に感じていた、あのプロイセンの軛《くびき》からの解放であった。それは、自由、平等、博愛の象徴たるフランスの帰還であった。加えて、ジョッフル元帥が、一九一四年十一月、タンへ入城した際、次のように言明していたがゆえに、いっそうその感が強かった。「諸君の帰還は決定的だ。諸君は永久にフランス人である。フランスは、フランスがつねに代表してきた自由とともに、諸君自身の自由、アルザスの自由、諸君の伝統、信条、慣習の遵守を諸君にもたらすであろう。諸君はアルザスである。余は諸君にフランスからの挨拶を申し上げたい(194)。」これ以上の雄弁はなかった。ジョッフルの言はアルザス人の耳にしかと聞き届けられた。それは彼らが敏感に反応することばであり、また彼らがフランスに期待していたことばであった。当時、いかなるアルザス人も、ジョッフル元帥の声が確かにフランスの声かどうか、また戻ってきたフランスが確かに彼らの心に思い描いていたものかどうか、疑ってはいなかった。当時、大半のアルザス人は、E・バースが「理想の女性」に捧げる「プラトニックな愛」に喩えた、崇敬の念をフランスに捧げていた(195)。多くのアルザス人は、「母なる祖国」が取り戻した子供に対して何も拒みはしないだろう、と確信していた。だが現実はこれとまったく別のものになることになった。

アルザスでも、フランスでも、時計の針は一八七〇年に止まったのではない。アルザスも、フランスも、一九一八年には、もはや半世紀前の姿ではなかった。フランス共和国がナポレオン三世の第二帝政と共有するものは僅かでしかなかった。かつて以上に「一にして不可分な」共和国はたんに制度上のみならず、社会的構造の上でも著しい変化を遂げていた。民族主義的なブルジョワ階級に支配され、権力に執心する共和国は、昔ほど妥協的な態度を示さなくなっていた。教育の強硬かつ圧倒的な世俗化主義の傾向は、かつて十九世紀にあった場合よりもはるかに中央集権的な概念にその反映を見出していた。アルザスが、第二帝国《ライヒ》のなかにあって、相対的ではあっても、いかなるフランス政府もけっして与えることはなかった自治権を久しい以前からはじめて手にしていたこの歴史的な時期に、この地方がふたたび目にしたのはこうしたフランスである。

アルザスがドイツ帝国に併合されたのは意志に反してである。それでもやはりこの小国が、四八年間、ドイツと運命を共にしたことに変わりはない。四八年間、それはアルザス人に二〇〇年にわたるフランスとの共同生活を忘れさせるのに、十分な長さではなかった。しかし、アルザス人に固有な性格的特徴のいくつかを彫るのには、十分な長さであった。それに、フランスがかつて以上にアルザス人が自覚的になっているのを見出したのは、まさしく彼らが第二帝国《ライヒ》下にあってその独自な個性を保持し、かつ発展させることに成功していたからである。アルザス人には、大部分のフランス人の持つ疑いようのない政治的成熟を手に入れる時間があった。少数ではあるが、きわめて慧眼なる人々は、フランスがアルザスを他の地方とは異なった実体と見なすことを拒み、また一九一八年のフランス共和国に無条件に統合すべくあまりに性急になると、出会うことになる障害を予見していた。勝利直後の騒々しいデモや熱情的な演説は、何でもない過渡的現象と思われたかもしれない。それは状況判断を見誤ることであり、またアルザス民衆の深い願望に対し、重大な誤解をすることであった(196)。

誤りは、第二帝国下《ライヒ》では、すべてが抑圧と感じられていたこと、半世紀間の併合には否定的な局面しかなかったこと、フランスが今アルザスに供するもののすべては、それがたんにフランス的であるという理由から、現存のものよりもすぐれていること、などと信ずることにあった。若干の例しか引かないが、社会保障、保険、会社法に関しては、アルザスはフランスに先んじていた。他の多くの領域でも、アルザス人は中央政府の介入をいっさい受けずに、自分たちに係わる問題を地方段階で解決できる制度の恩恵に俗していた。双方で、人々は共同生活に対する自分の考え方を優先させようとする相手の意志を過小に評価していた。それは、早かれ遅かれ、いずれは生ずる、「アルザス人がぜひ守ろうとした連邦分立主義とフランス的統一主義の衝突」であった(197)。

今一度、言語問題が論争の中心に位置づけられようとしていた。事実、アルザスの連邦分立主義のもっとも明確なるしるしは、つねにアルザス人の話しことばたる方言と、書きことばたる標準ドイツ語であった。第三共和国は国家の言語的統一主義というフランス的信条を何一つ放棄しなかった。それどころか、その教条的世俗化主義はそれを悪化させさえしていた。フランスの民族主義的階層では、二十世紀初頭の文学的表現手段としての方言の復興をそれほど評価していなかったことを想起しておきたい。彼らを宥めるには、それがアルザスの文化生活における標準ドイツ語の勢力増大に対する反動であることを説明しなくてはならなかった。しかも、それは本当のことだった。ところで、この同じフランスの階層は、アルザス人がそうした危険を永久に避けるために、フランス文化の世界と渾然一体となれることをこの上もなく喜ぶもの、と考えていた。彼らは、方言というこの真正のアルザス的源泉への突然の回帰が、アルザス人の「アルザス性」、つまり固有な文化的・言語的実体を有するという彼らの自覚を著しく強化するものであることを、認めようとはしなかった。この「アルザス性」を認めるどころか、人々は何人かの有識者を動員して、アルザスはフランスの他地方同様ケルト系であり、また方言はドイツ語と同一種ではなく、ケルト語起源であることを証明させるべく努めた(198)。

一連のさまざまな理由から、論争はいわゆる言語的領域を急速に離れて、宗教的分野に入り込み、そして遂にはアルザスの全政治生活を支配するようになった。このアルザスの言語問題の政治化は、何よりも、語の貶めた意味において、それを政治化することで利を得る中央政府の無理解かつ無分別に起因した。一九一八年にアルザス人が要求したこと、それは、運命の定めにより、彼らがフランス共同体に加わって以来、つねに要求してきたことである。つまり、彼ら本来の独自性を保持しつつも、フランス市民としての役割を彼らに果たせるような二言語使用の形態である。一九一八年に二言語使用を弁護することは、学校や公共生活において、ドイツ語にしかるべき地位を要求することであった。そうしたからといって、アルザス民衆はフランスへの愛着も、必然的に優勢なフランス語の位置をも、問題にはしなかった。彼らが要求したのはその個性の尊重であった。ところで、パリやまた……ストラスブールでも、誤りと不手際を積み重ねていたが、それは、いつものことながら、人々がアルザス民衆の真の代表の意見よりも、「党派的政治を反映することに従順な」者の意見を聞くのを好んだからであった(199)。その結果、役所と学校で実施された言語政策が、かつてアルザスとフランスのあいだで生起したもののなかで最大の政治危機をもたらすことになるのである。

## 役所における二言語使用

一九一四—一八年の戦争直後、アルザスのフランス行政府は二重の問題に対決させられた。一つは本質的に法律的な次元の問題、つまりフランス法の導入、そしてもう一つは本質的に言語的な次元の問題、つまり行政語としてのフランス語の導入である。それは一見明らかに異なったように見えるが、実際には、密接に結びついた二つの領域である。

ドイツ人はドイツ語をアルザスの公用語にするのに、フランクフルト・アム・マイン条約の調印を待たなかった。フランス人も、取り戻した地方に公用語としてフランス語を再導入するのに、ヴェルサイユ条約の調印を待とうとしなかった。フランス軍事当局は一九一四年以来管理していたタン地区でのドイツ語使用を禁止するまでにいたったが、これはアルザス・ロレーヌ会議から即座に反発を招いた。[200] 一九一八年十一月十五日、フランス政府は東部三県の各々に共和国弁務官を任命した。三人のうち誰一人ドイツ語を知らなかった。[201] 一九一九年二月二日、フランス語は正式に法律用語になった。訴訟書類はフランス語で作成し、口頭弁論、判決、法令、命令もフランス語で宣告しなければならなかった。しかしながら、裁判長の決定次第で、弁論は方言またはドイツ語で行うこともできた。だが、実際には、原告は大抵の場合通訳に頼らねばならなかった。[202]

中央政府は、地名、通りや公共広場の名称から、半世紀近くのドイツの存在を思い出させるものすべてを消すために介入する必要はほとんどなかった。呼称は時には自発的に、だが多くは市町村当局の介入により、フランス式の呼称に取って替えられた。あらゆる性質の看板や立札にも、同じようなことが起こった。アルザス住民はドイツ当局が戦時中にフランス語の登記登録を抹消したことに、かつて即座に反発した。アルザスでは、自らに「ドイツ的性格」を付与するものはことごとく、速やかに葬り去りたいようであった。この性急さはフランス当局に対し、今度こそは、アルザス人が公共生活からドイツ語を決定的に排除すべく決意しており、また役所そのものにおいても、役所と住民との関係においても、フランス語に独占権を与える時機が今や到来したのだ、と思い込ませたかもしれない。

行政上の訓令とか指示は最初はフランス語でしか出されなかった。しかし、フランス語だけの使用では、その実施がきわめて困難かつ不可能になることが、まもなく分かった[203]。そこで、結局、法律、行政上の公文書と住民向けの告示は二言語で作成されることになった。それでも、書簡はもっぱらフランス語で交わされた。多くの市町村長はフランス語をよく知らなかったので、しばしば行政上の管理運営の重要な部分を書記に委ねることを余儀なくされたが、この役目は一般に教師が務めていた。フランス語は県議会の討議用語であっても、ドイツ語系市町村では方言で討論、協議し続けた。会議の議事録はもちろんフランス語で作成された[204]。要するに、短い不安定な時期を経て、二言語使用は、一九一四―一八年の戦争直後の官公庁に深く浸透していった。しかしそれでも、問題が解決したわけではなかった。

フランスの法体系は、一九一九年十月十七日の法の規定により、アルザスに正式に導入された。なるほどドイツ語の条文をフランス語の条文に変えねばならなかった。しかし、それまでアルザスで実施されていたドイツの法律と、フランスの法律には、言語の溝以上のものがあった、と想像される。新しい法律はフランス立法府の中央集権的精神を反映していた。なるほど、いかなる条文にも一朝一夕では消し去れない、ある程度の地方的現実があることを考慮せざるをえなくなっていた。しかし、パリは、アルザスにおける権力行使に、どんな連邦分立主義をも許さないという意志を明確に示していた。唯一の譲歩は、三人の共和国弁務官に代えて、一人の高等弁務官を任命することであったが、これは中央政府の権力強化を狙う措置であった[205]。確かに、これらすべての決定には一見純粋に行政的な性格しかないように見えた。ところが、それは言語面に重要な帰結をもたらすことになったのである。

ドイツの地方分権的法体系からフランスの法体系への移行ができるだけ円滑に行われるためには、たんに二つの法律に通じているだけでなく、二つの言語を使いこなせる人員を備えていなくてはならなかったであろう。アルザスに任命されたフランスの役人はフランスの法律には通暁しているが、そのほとんど皆がドイツ語を知らなかった。現地で継続採用されたアルザス人官吏の方、彼らは地方分権的法律には通暁していたが、往々にしてフランス語の知識は不十分であった。中央政府がアルザスに急派した官吏はドイツ語を知らなくてはならない、と当局が認めるまでには時間がかかった。役人にドイツ語を学ぶように促し、また言語面でアルザスが呈する特殊事情を考慮して、政府は、一九二三年に、「五年の猶予期間中は、ことばの二重性と、オ・ラン、バ・ラン、モーゼル三県の特別制度に固有な困難に対し、補償手当……」を支給することを決定した。この規定は、内地人官吏とアルザス人官吏のあいだに、少なくとも興味深い一つの区別をしていた。前者は俸給の一六％の手当を受給したが、後者は八％で我慢しなければならなかった。(206) 確かに、立法者は、多くの点でフランスの官吏の一般的な地位よりも優利な地位の恩恵を受け続ける、アルザス人官吏に認められた「既得権」を考慮しようとした。しかし、「ことばの二重性」と三県の現行の「特別制度に固有な困難」を理由に、「補償」手当を正当化しながらも、政府はアルザス人官吏に不満を引き起こしただけであった。事実、後者は、この不当な差別が廃止されるまで、この措置に対する抗議をやめなかったのである。(207)

言語という明確な問題に関する内地人とアルザス人官吏の区別は、意外なように見えるかもしれないが、これは一九一八年以後のアルザスにおける中央政府の言語政策を明確に特徴づけている。内地人とアルザス人の官吏は、両方とも、同じ問題を前にしていた。すなわち、二つの言語、フランス語とドイツ語の修得と使用の問題である。国家語にして公用語たるフランス語は全フランス人が知っているものと見なされていた。だからそれを知っていても、特別なメリットは一つもない。逆に、ドイツ語は外国語であった。フランス領におけるこの言語の存在がフランス人官吏に不都合をもたらすならば、彼は、「理屈の上からいって」、「補償」手当を受給できるはずだった。アルザス人官吏が内地人同僚に支給される手当の半分しか受け取れないのも、この同じ理屈からである。なるほど彼らは、同僚がフランス語を知っているのと同程度に、ドイツ語を知っていた。だが、ドイツ語はもはや公用語ではない。彼らがフランス語をよく知らないならば、できる限り速やかにそれを学ぶことは、彼らの義務だった。おそらくフランス語の知識が不十分なために、彼らは望みどおりの職に就くことができなかったであろう。それはきわめて遺憾なことだが、しかしどうしようもなかった。運命は運命なのだ。その結果、非常に多くのアルザス人官吏は、彼らが公用語の変更により生じた困難の最初の犠牲者であるだけに、いっそう激しい欲求不満感情に捉われた。一再ならず、フランス政府の頑然とした中央集権的観念と言語的統一主義の古いデーモンが不快感を生むが、それはフランスの法律を適用するのを仕事とする役人に留まるものではなかった。

確かに、政府は、ドイツ語に対し、予想よりもはるかに重要な地位を与える決心をせざるをえなかった。公式ではないとしても、事実上の二言語使用が地域住民との関係において、結局は不可欠なものとなっていたのである。それにもかかわらず、不満がアルザス住民のほぼすべての階層に広がったのは、中央政府がたんに公用語の突然の変更が皆にもたらした現実的困難を真剣に考慮しなかったからだけではなく、言語政策に関する政府の真の意図について、アルザス人をけっして安心させることができなかったし、またたぶんその意志もなかったからである。(208)

役所は基本的に古い世代を相手にしていたが、学校、これは明らかに新世代を形成することを使命としていた。それゆえ、アルザス人のことばの未来は、大部分が文部当局の手中にあった。かくして、学校はアルザスにおけるフランスの言語政策全体の礎石となったのである。

## 戦時中

一九一四年、フランス軍はダンヌマリ、タン、マズヴォ地方で、いくつかの町村部を占領することに成功した。これらの町村はけっしてドイツ人に奪回されることはなかった。そのような場合には、ハーグ協定に、全戦争期間中と平和条約調印までは、領土占領以前の現行法を適用してよい、と明記してある。全体として、フランスは協定の条文に従った。しかしながら、全面的にではない。なぜなら、これらのアルザスの町村は、かつてその「絶対的命令《ディクタート》」が住民の意志とは無関係に課せられた条約により、力ずくで「もぎ取られた」のであるから、この度は「占領された」のではなく、「解放された」のだと指摘する声が聞かれたからである。

アルザス・ロレーヌ会議は何度も集まり、これらの市町村に生じた問題、とくにフランス語とドイツ語に与えるべき各々の位置について討議した。これ以上待たずして、フランス語を教育言語として再導入し、またドイツ語にも大幅な地位を留保することが決定された。フランス語系市町村では、親たちの求めで、ドイツ語が教えられた。次いで、アルザス・ロレーヌ会議は、戦争末期から、アルザス・ロレーヌ全体に適用できる計画を立てた。計画は取り戻した地方のために特別な学校制度を想定していた。ストラスブール大学はフランスの大学のなかで特殊な地位を持つはずであった。なるほどフランス語は教育言語になるであろうが、しかし、ある種の講義はドイツ語でされるかもしれない。そうなれば、ストラスブール大学は、アルザスのすべての学校のように、真の二言語使用の大学になるだろう。P・レヴィはこれを指して、「戦時にしては寛大で、より平和な時代には約束に満ちているが、でも残念ながら、一度こうした時代が過ぎ去ると、実行されない類の計画」だと言う(209)。それでも、これらの地方において、フランス軍事当局がかつてのドイツ軍事当局以上に機転と理解を示したことに変わりはない(210)。

## 戦後

いったん軍事的勝利が確立すると、無数の希望が飛び交った。一八七〇年の敗北で味わった屈辱はあまりに大きく、「愛国的」な階層が、フランス語を唯一の教育言語として、「幼稚園から大学まで」の全教育段階に、すぐにも導入したいという熱き思いにあらがうことは難しかった。

### リセと大学まで

中等・高等教育でも、言語的次元の障害がなくはなかったが、しかしそれは解決できない類の問題を起こしたのではない。ドイツ人教師は解雇され、出国するように勧告された。若干の稀なアルザス人が彼らの後に続いた。しかし、講義はストラスブール大学で一九一九年一月から再開できた。ストラスブールへのフランス軍入城の一周年記念日である、一九一九年十一月二十二日、盛大な始業式がフランス共和国大統領レイモン・ポワンカレの臨席のもとに挙行された。アルザス人教授たちはアルザス・ロレーヌ会議の理念をふたたび取り上げ、ストラスブール大学を「ライン大学」にするよう提案した。[211] 無駄であった。なぜなら、かつてドイツ中央政府がストラスブール大学をもっぱらドイツの大学にしたように、フランス中央政府はこれをもっぱらフランスの大学にすることに決めていたからである。[212] ストラスブール大学は、大聖堂と同じく、象徴的な価値を有していた。すなわち、ふたたびフランス化したアルザスの象徴なのである。そしてこの点に関しては、譲歩することなど問題にならなかった。

ドイツ語は大学や中等教育の学習計画に登場し続けた。それは科目としては残ったが、教育言語ではない、すなわちドイツ語を勉強することはできたが、ドイツ語は知識の伝達用語の役を果たしたのではなかった。もっとも、ストラスブール大学はきわめて高度のドイツ語ドイツ文学の教育を施すことにより、実に古い伝統を維持することに成功した。すぐれたフランスのゲルマニストはここで育成され、そのなかには多数のアルザス人がいたのである。

リセやコレージュでは、ドイツ語は「外国語」として教育された。フランスのすべての類似した学校でも、事情は同じだった。多くのアルザス人教員はフランス語の能力が不十分なことから、自分の専門領域でも不如意なのを感じていた。すでにドイツの高等学校に通っていた生徒たち、彼らもまた時には大きなハンディキャップに苦しんだ。過渡期という理由で、一九二一年まで、彼らはフランスのバカロレアの代わりに、ドイツの「アビトゥーア」(大学入学資格試験)を受けることを許された。[213] アルザスのリセやコレージュとフランスのそれらとの違いは、アルザスではドイツ語がすでに第七学級(日本の小学校高学年に相当する学年)

から教えられていたことである。[214] その他は、教育組織はフランスのどこのリセとも同じものである。

言いうるのは、中高等・大学教育段階では、フランス語でも、ドイツ語でも立派な教育を身につけることが可能であったことだ。多くの者にとって、最初の頃は確かに困難であった。しかし、大部分のアルザス人はこの教育を利用して、二つの言語をうまく同化することに成功した。彼らのうちの何人かはすぐれた二言語使用者になったのである。

## 小学校で

戦争末期から、フランス語は、フランス語使用者が通うにしろ、方言使用者が通うにしろ、小学校でまた教育言語になった。さらには、当時考案されていた「直接教授法」の導入により、第一日目の授業からフランス語の使用が要求された。それが教育理論全体がぶつかることになる、つまずきの石だった。アルザス民衆の代表の反発が現れるのに、長くはかからなかった。彼らと中央政府の対立はドイツ語に充当された地位と方言使用の子供、すなわち学齢児童の大半（これはつねにくり返しておくべきだが）が二つの言語を学ぶ順序からきていた。アルザスの議員たちは、生徒がまず方言から標準ドイツ語に移り、その後にフランス語を身につけるならば、彼らには真の二言語使用者になるもっと大きなチャンスがある、と主張した。事実、彼らは「間接教授法」と称されたものに賛成していた。[215]

# シャルレッティ通達

アルザスの観点は何人かのフランスの政治家が共にするところだったが、そのなかにはアルザス・ロレーヌの共和国高等弁務官にして、かつまた未来の共和国大統領アレクサンドル・ミルランがいた。だが、いつものように、文部当局は教育法がきわめて偏狭な民族主義の隠れ蓑になるような議論をして、自らの方針を巧みに押しつけてきた。フランスの「大学人」の観点を勝利させるために任じられたのが、大学区長セバスティアン・シャルレッティである。チュニスから直接きて、ストラスブールで用意されていた仕事に取りかかった時、彼の心がどんなにはやっていたかは想像できよう[216]。何度か躊躇した後、一九二〇年一月十五日、彼は大学区視学官たちに、「アルザスとロレーヌの学校におけるフランス語とドイツ語の教育を規定する」訓令を発した[217]。

この通達は二つの事由で重要であった。それは、フランスがアルザス（とモーゼル）における教育言語政策の基礎を置こうとしていた原理を述べていること、またそれが広汎な抗議運動を生じさせつつあり、これはヒトラーの権力への到達と、国家社会主義がヨーロッパとフランスに加えた脅威をもってしか実際には終わらないだろう、ということである。総体的な原理は二つあった。フランス語とドイツ語は小学校で教えられるが、しかし、「フランス語が優勢な地位を占めなくてはならない」。したがって、二言語使用の学校があっても、それはフランス語の優位の上にである。訓令の一部は新入生、他は就学中の生徒に係わるものだった。アルザス世論がたんにアルザスにおけるフランスの言語政策のみならず、その政治そのものを見極めようとしたのは、もちろん、文部当局が新世代となる新入生に適用するつもりの基準についてである。「新入生に対しては、ドイツ語から始めてはならない」、と大学区長はいきなり断言している。理由は？　「フランス語の学習は、子供たちが小さければ小さいほど、その分だけ容易」だからであり、また「言語と思考の働きは不可分」だからである。これはこれで正しい。では、ドイツ語から始めるとどうなるか？　「ドイツ語から始め、フランス語をその後にしか導入しないことは、フランス語が二次的言語にすぎないと願うに等しい。」これは間違った上に悪質な論拠だ。間違いというのは、多数のアルザス人（とくに一九一二年以前に出生した者）がドイツ語で学業を始めても、フランス語を完璧に彼らの主たる言語にしているからである。悪質というのは、この理論に同意しない者は、フランス語が「二次的言語」になることを願う、したがって、悪しきフランス人だとしているからである。

「同時に二つの言語から始めることもしてはならない」、と大学区長は続けた。なぜいけないのか？「子供には話すことと同時に考えることを教えるのが大切であり、それは一体をなす」からである。これはこれで正しい。また、「子供に二つの言語を勉強させることは、そのどちらも彼らに覚えさせないことになる」からだという。これは明らかに間違いである。問題は言語的次元のものではなく、教授法的次元のものである。それに、大学区長は詭弁を弄していた。なぜなら、良識ある者なら誰でも、方言使用者にとって、すでにその口語形態を方言として知っているドイツ語を「勉強すること」が、フランス語を勉強することと同じものではないと知っているからである。次いで大学区長は直接教授法の長所をほめそやした。このことは後述したい。彼がフランス語の必然的優位を直接教授法の原理そのものに結びつけたのは、誤りであった[218]。あたかもシャルレッティ大学区長にとっては、「まずフランス語を」という原理の正当化だけが問題であるかのごとき印象である。このために、彼は、まさしくその得意とするところに違いない教授法的領域で、まじめな分析に多少とも耐えうるような論拠によっては、めったにその主張を支え切れないのである。

アルザスでは、人々は、フランスがフランス語を母語としない子供たちに適用した教育言語政策を、かつてドイツが、一八七〇―一九一八年のあいだ、ドイツ語を母語としない子供たちに適用した教育言語政策と比較せずにはいられなかった。比較がフランスには不利だったことは認めねばなるまい。なるほど方言使用者が通うフランスの小学校は、かつてフランス語使用者が通学したドイツの学校と同じく、二言語使用であった。しかし、アルザスには、本質的と見なされる二つの相違があった。

まず、フランス文部当局は、方言使用者に対し、授業の初日から、唯一の教育言語としてフランス語（彼らにとっては外国語）を課した。かつてドイツ文部当局は、ヴォージュ渓谷のフランス語使用の子供に対し、第一学年のあいだはフランス語（彼らにとっては母語）だけの使用を予定したバオホ改革の特典を受けさせていた。シャルレッティ通達はドイツ語の導入を「第四学年目の開始時」に予定していたにすぎない。さらに、第二帝国《ライヒ》下では、フランス語使用の生徒の年齢とともに一週当たりのドイツ語時間数が増えたが、その時のフランス語時間数は、一九二〇年に大学区長シャルレッティが方言使用者に認めたドイツ語三時間よりも、つねにはるかに多かった。確かに、ドイツ語でなされる宗教の授業が四時間はあった。しかし、グザヴィエ・エッジ神父が一九二二年に諮問委員会に提出した報告書で指摘したように、「その地方のことばで施された宗教教育は語学教育の性格を持ちえない[219]」。要するに、大学区長通達はアルザス陣営に深い失望感をもたらしたのだ。人々は、子供が小学校で受けることができる語学教育はアルザスの個性の独自性を成すものの保持にとっては不可欠である、と考えていた。ところが、フランス中央政府がドイツ中央政府ほど寛大さを示さなかったのは、まさにこの領域においてであった。

アルザスの方言使用者は初等教育段階でドイツ語に当てられた地位を不十分と判断したが、渓谷のフランス語系住民もそれでは満足しなかった。ある別な理由からすれば、それはもっともである。彼らは、結局のところ、ドイツの教育制度により、それ相応の独仏二言語使用の段階に到達して得た利点を評価していた。フランス文部当局の新たな措置は、アルザスのフランス語系地域の小学校からドイツ語教育を排斥することであった。このように、フランス文部当局も、かつてドイツ文部当局が方言使用者を扱ったのと同じように、フランス語使用者を扱った。きわめて慧眼なるフランス語系住民は、ドイツ語を知らないことが、アルザスではつねにハンディキャップになることを承知していた。だから、フランス語系の子供たちへのドイツ語教育の拡大を要求する声がいくつか聞かれたとしても、別に驚くにはあたらない。もちろん、徒労ではあったが。(220)

しかし、もっとも激しい反発を招いたのは、「まずフランス語を」の原則である。多くのアルザス人は、かつてドイツ人がフランス語使用者に適用したものと同じ教育上の原則がなぜいま方言使用者に適用されないのか、分からなかった。「バオホ改革」はヴォージュ渓谷のフランス語系住民に、入学時から卒業時まで、母語を使用することを認めていたが、このことはたんにこの地方でのフランス語維持のためだけでなく、ドイツ語のよき同化のためにも、一つの保証と見なされていたのである。両世界大戦間に、二言語使用の支持者は「母語《ムッターシュプラーヘ》」(彼らの中傷者は〝ムッターシュプラック〟と呼んでいたが)の概念のもとに集まったが、それは大部分、ドイツ人がアルザスのフランス語系地域の小学校で母語に与えていた優位性に準拠していた。そのことはまた、なぜ言語論争の本質的な点が「直接教授法」を巡って展開されるかを説明するものである。(221)

## 紛争

直接教授法に賛成か反対かは、授業初日からフランス語だけを使用することに賛成か反対かと同義であった。

### 直接教授法賛成

直接教授法の支持者には、まずそしてとくに、シャルレッティ大学区長を先頭にした文部当局の面々がいた。直接教授法はすぐさま公教育の正式な教授法になり、そして教員団全体に根を下ろしていった。それをアルザスの児童、それも全児童に適用することが実際に相応しい方法かどうかを見るために、あらかじめ実験してみることなど問題にもならなかった。次いで、内地から呼び寄せた一五〇〇人にものぼる多数の教員がいたが、その大部分はドイツ語のドの字も知らず、したがってフランス語以外のことばは使えない連中だった(222)。最後に、さまざまな理由から、直接教授法が国家共同体への方言使用者の迅速なる統合を可能にする真に唯一のものである、と考える若干のアルザス人がいた。

ジョゼフ・ロセと大半のアルザス人教員の機関誌である『アルザス・ロレーヌ教育評論《シュールツァイトゥング・フュア・エルザス・ロートリンゲン》』は、一九一九年十一月一日号で、「我らが学校のフランス語教育」に関する最初の記事を載せた。そこには、「直接教授法は生きたことばを教える異論の余地なき最良のやり方だ」、とあった。そしてその利点を列挙しているが、以下がその重要な点である。最初の授業から、「それは子供を話せるようにして、急速な進歩を実現させるもので……」、また「二つのことばを混同させないようにし、……フランス語を愛するようにさせるものである」。そしてなお、あまりはっきりしないいくつかの長所が付け加えてあった[223]。一九二〇年一月十五日の通達で、大学区長シャルレッティは、直接教授法の原理、目的、実施方式を明らかにした。「この方法はフランス語の語句とそれに対応する事物や考えを、すぐさま〝直接的に〟結びつけることに存する」、と彼は書いた。彼によれば、それは「母親が子供にことばを教えるのと同じ」だから、「母性的」方法とも呼べるという[224]。「中等教育に関する指示事項」で、大学区視学官ウルティック、彼の方は、フランス語が「一九一八年以前のドイツ語と同じ仕方」で教えられることを要求した[225]。それゆえ、直接教授法の原則を歪めることはいっさいしてはならなかった。シャルレッティ大学区長が考えていたように、人々も、アルザスの子供が学業を終える頃には、直接教授法のお蔭で、「チューリッヒで口ごもるように」ではなく、「ナンシーで話すように」フランス語を話すようになるものと、確信していた[226]。この方法でゆくと、将来アルザス人がジュネーヴやローザンヌの人々と同じように、ドイツ語を口ごもるようになりはしないかなど、彼はもちろん思っても見なかったのだ。

どんな外国語教師でも、実際、いくつかの条件が整えば、直接教授法が生徒に外国語特有の語法で考えさせたり、表現させたりするのに適切であることぐらいは、百も承知である。彼らはまた、この方法が良識と柔軟性をもって扱われねばならず、かつまたその適用領域の実情を無視してはならないことも承知している。しかし、直接教授法が、子供に（たとえ僅か六歳であるにしても）母語と同じ方法で外国語を吸収させられると信ずることは、机上の空論である。母親は子供にことばを「教育する」のではないこと、子供が母親から（それも母親からだけではなく）ことばを「学ぶ」こと、この二つのことは同じものではない。アルザスの子供を他の子供のようにしようと急ぐあまり、フランス文部当局は、直接教授法をして魔法の力でもあるかのような、一種のお守り札にしてしまった。

何ものも、方言使用者を方言からドイツ語に移行させる年齢を何歳にすべきか決定する際、文部当局が見せた右往左往ほど、彼らの立場の曖昧さと教育法的意見の皮相な性格を如実に示すものは他にない。一九二〇年一月十五日の通達で、シャルレッティ大学区長はなおも、「第四学年目の開始以前」に小学校へドイツ語を導入するのは不可能であることを証明しようと努めた。九カ月後の一九二〇年十月十九日になると、彼は「第二学年の終わりから」、すなわち第三学年の初めにすでにドイツ語を導入するのが完全に可能であることを示した。しかし、教師が宗教……を教えるのに、授業開始日からドイツ語を使うことを、何ものも妨げはしなかった。分かろうとする者には分かるのだ[227]！

文部当局（もちろん中央政府のだが）の主張に加担した稀なアルザス人政治家の先頭に、エミール・ヴェッテルレ神父がいた。一九二三年二月、彼は『両世界評論』にこの問題に関する論考を発表した。意図的に教育の場に身を置いて、彼は、自分の目に移った直接教授法の大きな利点は、アルザスの子供をフランス語に直接触れさせることだ、と表明した。「事物を目で見ることは、それを指すフランス語の語句を子供の心に自然に浮かび上がらせるものであり、子供も意識的あるいは無意識的にする、頭のなかでの翻訳に頼ることなど必要ないのである」、と彼は書いた[228]。こうしてヴェッテルレ神父は直接教授法の原理が依拠している理論を完全に把握した、と証言した。しかし、彼は、どうして事物を見るだけで、それに対応するフランス語をアルザスの方言使用者の心のなかに「自然に浮かび上がらせる」ことができるのか、明らかにはしなかった。

もっとも、それには何の重要性もなかった。アルザスでは、ことばの教授法に関してなら、誰にでも、何でも、いつも自由に言えたのだった。

## 直接教授法反対

ほぼ全員のアルザス人議員と大半のアルザス人教員は直接教授法の公然たる反対者だった。問題はもちろんまず第一に、それを実行するのが職務の教員に関係した。これを導入する際、当局は先生たちの意見を尋ねなかった。誰もが、直接教授法は完璧なフランス語の知識を必要とすることを知っていた。ところで、大部分のアルザス人教員はその責務に耐えるだけ十分なフランス語能力を備えていなかった。何人かが、しばしば生徒よりも何課か進んでいる程度にすぎない、と言われていた。たとえこうした主張に誇張があることを考慮しても、直接教授法で教育を成功させるには、フランス語を操るのがあまりに下手な先生が多かったことは、確かである。言語上の困難を克服するのに、内地に一年間滞在する程度では彼らには不十分だった。[229] それでも、欠けていたのは熱意ではなく、まったく逆だった。アルザス人代議士が、アルザスでもパリでも、直接教授法の専一的使用を一致して攻撃したのは、一度アルザス住民が生じた問題の所在を理解してくれれば、彼らは民衆の支持を当てにすることができたからである。アルザス議員の団結は、一九二四年の選挙で左翼連合が勝利すると、残念ながら瓦解してしまった。それまでつねにアルザスで重要な役割を果たしてきた、アルザスの社会主義者が党派を変えたのである。[230] 言語紛争の国内政治化がこの頃から深まり、アルザスの立場にとって大きな損失になりだした。

間接教授法の支持者もまた、彼らには基本的と思われた教育原理に依拠していた。教育はすべて既知から発して、しかる後未知へと向かうべきである、と彼らは指摘した。[231] 外国語の修得にとっても、事情に変わりはなかった。彼らによれば、「未知」なる外国語は「既知」なる母語から発してのみ、正しく教育される。これをアルザスの方言使用者の場合に適用すると、アルザスの児童は、言語的観点から外国語であるフランス語に入る前に、まず語の広い意味において母語である標準ドイツ語で自己表現することを学ばなくてはならないことになる。要するに、間接教授法の支持者にとって、それは「まずドイツ語を」、であった。アルザス・ロレーヌの議員が、一九二〇年にアルザス・ロレーヌのための議員連合によって可決された決議文で、問題を提起したのは、こうした観点からである。

「母語は教育の出発点にしてかつ道徳教育の伝達手段にならねばならない」、と彼らは言明した。しかしそれでも、フランス語は排斥されなかった。アルザスの子供は、幼稚園あるいは小学校に入った時から、フランス語に親しむことができなければならなかった。「子供の知的発展に従ってのみ、フランス語は支配的言語にしてかつ教育の媒介手段になるだろう」、と彼らは付言した。こうした決議に基づいて、ミュルーズ出身代議士で未来の上院議員たるメダール・ブロッグリーは、公式訓令が当てたよりも大きな地位をドイツ語に与えることを目的とした、具体的提案をした。[232] 一九二二年、諮問委員会は、グザヴィエ・エッジ神父が提出し、下院にも付託された報告書について討議した。そこでは、「故国と民衆のことばのために」、そのことばが「知育と徳育の補助」の役を果たす権利が要求されていた。さらには、ドイツ語が第一学年から始まり、それに週三時間以上を当てるように求めていた。[233] したがって、間接教授法の支持者の活動は、二つの言語を学ぶべき順序とともに、全教育課程中において、二つの言語の各々に与えるべき地位をも対象としていた。

当初、この方法上の論争は、直接の当事者、すなわち親と生徒を過度に興奮させたりはしなかった。[234] 公教育責任者たちの楽観的な声明は、確かに幾分懐疑的に受けとめられた。しかし、最終的な判断を下す前に結果を待つ方が得策である、と人々は考えた。そしてまもなく、あれほど吹聴された直接教授法の実施にもかかわらず、子供たちの学業成績は芳しいものではなく、しかもそれがフランス語とドイツ語の成績だけではないことが判明したのである。これは徒弟志願の生徒の知識水準を対象にした調査に属するもののようだった。一九二六年に、『工芸新聞《ガゼット・デ・メティエ》』紙が発表したレポートは、徒弟志願者たちがフランス語でも、ドイツ語でも、正しく自己表現ができないことを強調していた。彼らには方言を使う以外に、他に手立てがなかったのだ。だが、なおいっそう重大なのは、二つの言語、とくにフランス語の不十分な修得が、例えば、算数、地理、公民教育のような他の科目でも、全般的な学力低下を引き起こしたことである。[235]こうした結果は、唯一の教育言語としてのフランス語への急激な移行が、アルザスの子供たち、まず第一に民衆層の子供たちに対し、重大な支障をもたらすものではないと信じ込んでいた人々だけを驚かせた——だが彼らは本当にそう信じていたのか？

もううんざりだった。世論はアルザスの若い世代の未来そのものを不安に思い始めた。ユベール・ダンドロー伯爵は、アルザス・ロレーヌ農業連盟と、彼が長を務めていたバ・ラン県の農業公社との一万五〇〇〇名の連名で、当時首相であったR・ポワンカレに直接訴えを出して、仲裁に乗り出した。そこで次のように書いた。「それに会議参加者は、我らが国境の地方では、ドイツ語の知識は絶対に必要であると考えており、また我らが小学校では、二つの言語教育が子供に対し同程度に、しかもそのどちらもが蔑《ないがし》ろにされないように与えられることを一致して求めるものである。[236]」新聞がこの問題を取り上げ、批評も次第に激しくなった。論争は時には辛辣になり、『エルゼッサー』と『アルザス通信《エルゼッサー・クリーア》』の二紙を対立させた。[237]自治主義系の新聞『未来《ツークンフト》』は、事態がここまで進んだのは、同紙によれば、役所でも学校でも猛威を振るった言語的抑圧のためであることを、言外に匂わせて憚らなかった。[238]多くの人々の目には、こうした事態の責任は教育制度全体、とくに直接教授法にあった。教授法論争は急速に熱っぽい展開になってきたが、これは誰もが失敗と見なしていたものの真の原因を当事者双方に反省させる機会を失わせた。

全般的に不満が大きくなり、R・ポワンカレ首相がアルザスに乗り込み、現地で状況を把握するまでになった。パリに帰ると、一九二六年十月十八日、彼はアルザス世論を静める目的で、シャルレッティ大学区長に書簡を送った。フランスがつねにアルザス人とロレーヌ人の伝統を尊重してきたことを喚起した後、彼は、「共和国フランスは……方言の使用を狭めたり、あるいは妨げたりすることはけっして考えなかったし、また今後もけっして考えないであろう」、と言明した。そして、「五〇年間、ドイツ人が方言に標準ドイツ語を重ねてきた」のだから、フランスは、「フランス系の学校が方言の話される全市町村で標準ドイツ語も教えること」を願うものであるとした[239]。要するに、アルザスにおける標準ドイツ語の存在を説明する奇妙な仕方を除けば、何も新しいものはないが、しかしそこには、フランス政府が仰々しく遵守することを公言したいくつかの基本的原理を都合よく思い出させるものがあった。アルザス民衆は美辞麗句以外のことを期待していた。彼らは行動、すなわち具体的かつ迅速なる対策を求めていたのである。

## プフィステール通達

一九二七年、シャルレッティ大学区長は栄転した。彼はパリ大学区長に任命された。彼の後任はアルザス人クリスティアン・プフィステールである[240]。新大学区長は、小学校の語学教育に対し、新たな訓令を出すよう命を受けていた。一九二七年八月三十日、彼は、バ・ラン、オ・ラン、モーゼル三県の大学区視学官宛に重要な通達を出し、そこで、方言使用の市町村の小学校の言語的領域でなすべき変更を指示した。これらの変更は二つあったが、しかし通達にはまた、東部三県の語学教育の目的とともに、それを達成するために用いるべき方法の問題に関する一般的次元の考察も含まれていた。

まず、「フランス語を知っていることは特権ではなく、アルザスとロレーヌの子供たちの共有財産でなければならない」、と強調してから、プフィステール大学区長は、フランス語が「支配的な位置」を占め、そして「学業の初め」から、教育は「全面的にフランス語で」なすべきである、と喚起した。それゆえ、つねにまずフランス語であり、すぐにフランス語を、であった。方法の面では、通達は直接教授法の利点を強調していた。大学区長はそれを教員に熱心に推奨していたが、それは、彼の言では、「そのようにしてひとはこのことばで直接考え、またその固有な表現を使って、その特性に合わせて話すことに慣れるからだ」という。しかしながら、彼は教員団に対し、「それを厳格かつ独占的には」使わないで、「時間と労力を節約したいと思えば」、その都度方言を用いても差し支えない、と言った。だから、それは間接教授法の支持者への小さな譲歩ではあったが、それでも直接教授法の原理そのものをいささかも揺るがせるものではなかった。

二つの変更はドイツ語教育の開始時期と既得知識の調整を対象としていた。ドイツ語は、「半年早く」、つまり「第二学年の二学期から」週二時間（三学年からは昔のように週三時間）の割合で導入された。子供たちは「まずラテン語文字で、次にゴシック文字で」ドイツ語を読むことを教えられるだろう。そのうえ、ドイツ語はこの後も、初等教育修了試験や、小学校を卒業する生徒が、「ドイツ制度下で実施されていた規定に従って」、市町村の教育委員会で義務的に受ける試験に登場していた。そこにアルザスのフランス語に対する危険を見てとった人々を宥めるために、大学区長は、こうした措置はいま小学校に通っている子供たちが、将来彼らの子供とフランス語で話すことを妨げるものではない、と強調した。さらに、アルザス人を安心させるために、彼は、アルザスのフランス系学校は方言を追放することなど一つも考えておらず、また誰一人その消滅を望んではいないことをくり返し述べた。[241]

中央政府と地方文部当局は善行を施した。しかし、それはあまりに小さく、かつあまりに遅かった。あまりに小さいというのは、アルザスでは、誰もが、直接教授法の緩和とドイツ語教育の開始を一学期早めることが、小学校の児童に提起された問題を解決するのに十分であるなど、本当は信じていなかったからである。あまりに遅いというのは、一九二七年、アルザス住民は、その大多数が、言語問題を公正に解決するというフランス政府の空約束など、すでにもはや信じていなかったからである。プフィステール大学区長が、中央政府の命令に基づいて、アルザスの言語教育の教授法を再度明示しようとした時には、問題はずっと前から政治的領域に移ってしまっていた。それはアルザス側からも、フランス側からも政治問題化していた。だが、問題の政治化の主たる責任者は中央政府自身であった。政府は、四八年間のドイツ体制の後、フランス語が大半のアルザス人の生活に現実的な影響力を持たなかった時期に、学校でフランス語とドイツ語のより良い均衡を確保することが必要であることを、つねに認めようとはしなかった。それでも、例えば、フリッツ・キネール教授のような権威ある人々の声は、パリとストラスブールの責任者の良識に訴えるのをけっしてやめなかった。しかし、いつものように徒労であった。パリでは、方針を変えるつもりなど、さらさらなかったのである。[242]

実を言えば、直接教授法を巡る論争は虚妄の論争だった――それも最初から。アルザスの子供たちにフランス語を教えるには、直接教授法が最良であるなどと、あらかじめそれを真剣に試行しても見ないで、どうしていきなり公言できようか？　それに、なぜストラスブール大学はこの問題に関して「まったくのだんまり」役に甘んじたのか[243]？　もし証拠を示すために、すなわちアルザスの方言使用者にドイツ語を教えるのはフランス人のボルドー市民にそれを教えるのとはわけが違うことを「証明する」ためには、ドイツ語が――第二次世界大戦終了後四分の一世紀たって、恐る恐る――小学校に導入される前にジョルジュ・オルデリット視学総監のような老練な教育家がまず「実験」を試みなければならなかったことを、人々が考えてみるならば、一九一四―一八年の戦争直後に、アルザスで示された教育上の軽薄な行為がさらによく分かろうというものである。こうした状況にあって、直接教授法の支持者と反対者の対立が教育上の論争とはまったく別なものになりつつあったことに気づくのに、なにも大学者である必要はなかったのだ。

　事実、間接教授法の支持者が直接教授法の支持者を「同化主義者」と非難し、後者が敵を「自治主義者」または「分離主義者」と非難合戦をするにいたっては、それはもはや明らかに教育法とは何の係わりもなかった[244]。誰もが、直接教授法には反対しても、アルザスのフランスへの全面同化に賛成できるし、まったく同じく、直接教授法に賛成しても、自治主義に賛成できることを容認するであろう。アルザス人は自分の子弟がフランス語をよく知るようにと願っていた。だから、方法など、彼らにはどうでもよかったのだ。彼らが望まなかったのは、その方法が、アルザスの個性の特殊性を形成するものを侵害するのに、口実として使われることである。問題の核心はまさにそこにあった。問題になったのは、直接教授法の原理ではなく、その目的性であった。

　数年後、アルザス人は、文部当局と中央政府が、教育法の美名に隠れて、「伝統、信条、慣習」、要するに、ジョッフル元帥が「アルザスの自由」と称したものを攻撃するのではないか、と疑うようになった。伝統、信条、慣習というような観念はつねにアルザスではまったく特別な響きを有していた。それらは宗教生活、政治生活、日常の生活そのものと不可分であった。紛争はいわゆる教育的領域に限定されはしなかった。それは密接な関係にある宗教的領域へと必然的に広がり、そうして、きわめて重大な政治的問題を提起することになった[245]。だから、火種がすでに灰の下で燻《くすぶ》っていた時に、事の正否はおくとしても、直接教授法とその害悪を——事実にしろ、濡れ衣にしろ——体現していたシャルレッティ大学区長のような人物が「民衆に屈していては、彼らを育成できない」と公言して、火に油を注ぐようなことを始めれば、人々はその被害を被らずにはいられなかったのである[246]。

## 言語と宗教

一九一九年、下院での言語問題の討議の際、ルミール神父はすでにして、彼の言うところの言語と宗教教育のあいだに存在する絆を強調していた。「ことばの問題、それはこの上もなく微妙なものである。それは宗教問題と同じ理由からそうである。それは魂に触れる。わたしはこの問題の方がより深遠であるとさえ言いたい。それは宗教にも不可欠の問題なのである」、と彼は指摘した[247]。カトリック教会は、子供の宗教教育は母語で行うものとする原則につねに固執していた。ところで、大多数のアルザスの子供にとって、母語はフランス語ではなかった。一九二二年、諮問委員会に提出した報告書で、エッジ神父は、宗教教育の目的は「子供の心に合わせた、よく理解されることばで、宗教的・道徳的生活の基本的原理」を伝えることである、と表明した[248]。それはまたメッスとストラスブールの司教の意見でもあった。ストラスブール司教シャルル・リュッシュは、この点に関してとくに頑然たる態度を示した[249]。

その活動において、カトリック聖職者はカトリック信者である大多数の親の支持を当てにしていた。

言語的次元の要求は、カトリック系社会のほとんどすべての集会の議事日程に上っていた。多くのカトリック教徒は、一九二一年に設立されたカトリック同盟に結集した。一九二五年、モルスハイムで開かれた会議の時、この同盟は、子供たちが「各地域で日常話されていることばで」、宗教教育を受ける権利があると主張し、かつまた子供たちが「宗教教育と説教を聴いて理解できる」ように、有効なドイツ語教育の実施を要求した。(250)

プロテスタントにとっては、アルザスのドイツ語教育はつねに特別な意味を持っていた。彼らにとって、ドイツ語はたんなることば以上のものであった。一九二二年、アウクスブルク信仰告白教会の最高長老会議において、某僧職視学官は、宗教教育にフランス語を導入しようとした人々に対し、そのことを想起させた。「我らが教会は固有なことば、つまりドイツ語を基《もとい》とする教会である。我らに伝えられた宗教的価値は、我らの故国ではドイツ語と一体になっている……」、と彼は言った。(251) F・G・ドレフュス教授が主張するように、最高長老会議の態度はカトリック聖職者よりもつねにはるかに微妙なものだが、それでもやはり、多くの牧師は、初等教育視学官が教師に対し、宗教教育をフランス語で行うように圧力をかける度に、敢然として抗議した。(252) この種の試みに対する抗議方法に関して、プロテスタントとカトリックの協力はなるほど全面的なものではなかった。だが、問題の内容についてはほとんど対立はなかった。それは、各々の宗教的信条が何であれ、問題がアルザス人全体に係わる著しく人道的な局面を持つがゆえになおさらそうであった。

それは、ルミール神父がアルザス・ロレーヌの臨時教育組織に関する討議の際、下院で発言して明らかにしたことである。「わたしは高等弁務官殿にとくにお願いしたいが、ことばのような微妙な問題に関しては、衝突などが起こらないように配慮して頂きたい。ことばは民衆の魂であります。ことばは……人間存在のきわめて内的なものを表すものなのです」、と彼は言った。(253) もちろん、あらゆる階層がごく早い時期から、正しく教育されることを求めている標準ドイツ語は、アルザス民衆本来の言語ではない、という反駁がなされた。事実、日常的交流語は標準ドイツ語ではなく、方言である。しかし、一八七〇—一九一八年間に、標準ドイツ語には、あらゆる階層に相当深く浸透する時間があった。それは、数世代にわたって、つねに読んだり、書いたりするための唯一の交流語であった。それはつねに宗教教育と説法のことばであった。なるほどアルザス人は心の内なるものすべてを標準ドイツ語を通して表現したのではない。いかなる書きことばでも表しえない、ことばに固有な内面性があるが、アルザス人はそれを方言で表現した——今もなおしばしば表現している。しかし誰かがしたように、標準ドイツ語はまったくアルザス人のことばではないとか、またその活動領域を手厳しく制限したからといって、彼らの個性を侵害したことにはならないとか、主張することには隔たりがあった。先見の明あるアルザス人はまた、ドイツ語を疎かにすることが、方言にとって、学校を舞台にした小戦争よりもはるかに大きな脅威になることも知っていた。(254)

## 言語と政治

アルザス民衆が、言語的なものであれ、何であれ、不可侵の獲得物と見なしているものすべてにとって危険と思われるような、どんな措置に対しても、ほとんど本能的に反発しだしたのは、言語の二重性の問題が彼らの存在の琴線そのものに抵触してくることを、意識的あるいは無意識的に感じ取るようになったからである。一九二四年六月十七日、左翼連合が選挙に勝ち、そしてエドゥアール・エリオ首相が「アルザス・ロレーヌに共和国の全法体系」すなわち世俗法（公教育があらゆる宗教から独立したものであることを定めた一八八二年の法律）を「導入する」意向を伝えると、この措置はたんなる行政上の変革ではなく、アルザスに公認された権利、つまり固有な宗教的地位存続の権利への侵害と見なされた。いや、それ以上であった。多くのアルザス人の目には、この地方の宗教的地位は象徴的な価値を有していた。事の正否はともかく、彼らは中央政府がアルザスそのものを狙っているのだと確信した。大衆はそれに対して反発した。抗議行動は、かつてこの地方ではなかったほどの広がりに達しつつあった(255)。一九二五年、政府が高等弁務官事務局を廃止した時、アルザス人は、フランス政府が、行政面でアルザスとフランスの他地方をなお区別するものを決定的に排除するつもりだ、という確信を強めさせられた。ピエール・ビュシェ博士のような人物でさえ、「フランスはアルザスにフランスの鋳型を課そうとして、我らを押し潰す魂胆ではないかと心配だ」といくぶん苦々しく認めざるをえなかった(256)。言語問題にはつねに政治的局面がつきまとうが、しかし今回は、それがまったくのアルザス的政治問題と化したのである。今や問題なのは、まさしく、フランス国家におけるアルザスの位置であった。

　総体的に見て彼らがフランスを非難したのは、相手が約束を破ったことである。誰もが一九一四年十一月にタンでなされたジョッフル元帥の約束を覚えていた。タン市長は約束を書面でしたい旨、希望を表明した。ジョッフルはこれを心よく受け入れ、そしてその文面は、一九一四年十二月二日付の『共和国軍事年報』に掲載された。しかし、ジュヌヴィエーヴ・バース女史がいみじくも強調したように、この約束は「真に公的な性格」を持つものではなかった(257)。アルザス人、彼らの方は文字どおりに信じ込んでいたが、それはいつものことである。それは、彼らが純朴だからではなく、人品卑しからぬ政治家や軍人が何度もくり返して、同趣旨の意見表明をしていたからであった。しかも、お偉方なら誰でもというのではなく、R・ポワンカレ共和国大統領自身、ポール・デシャネル下院議長、ペタン元帥、グロー将軍、E・エリオ（一九一八年リヨンでの！）、A・ミルラン高等弁務官、ルイ・バルトゥ法務大臣など錚々たる面々の発言だったのだ。「伝統、慣習、自由、信仰」を尊重するという文句は、彼らの演説の際、絶えず口端に上った。文字どおり、アルザス民衆をこおどりさせた約束という字の打ち上げ花火のごとしであった。(258)

しかしながら、信頼感はあまねくは広がらなかったようである。アルザス・ロレーヌ「州議会《ラントターク》」の最後の議長ウージェーヌ・リックランは、一九一八年から、ジャン・ドゥ・パンジュ伯爵に決議文を託していたが、彼はそこで、「軍指導者が我らに与えた約束に対する憲法上の保証をフランス政府からかち取るために」、この決議が国務院で討議されるのを見たいとした。ドゥ・パンジュ伯爵、彼自身も、「この種の保証がフランスの国益にも、アルザスの利益にもなる」と思っていた。(259) おそらくこの二人は正しかった。しかし結局は、かなり曖昧な約束でも、それに憲法上の保証を要求することは、事実上、フランス国家において、アルザス（とモーゼル）の例外的地位を要求するに等しかった。それは、いわば、取り戻した地方に対し、まだこれからその枠組と限界を定めなくてはならない自治への権利を早々と認めるようなものだった。いかなるフランスの政治家にも、たとえそれがどんなに小さくても、「一にして不可分」なるフランスという聖なる殿堂に、風穴を開ける覚悟などなかったことは、誰にもよく分かる。しかし、アルザス人はその大多数が約束が履行されないことにあきて、政治の場で闘いを開始しようと決意した。

民衆の圧力はきわめて強かったので、アルザスのどの政党も、あえて綱領に言語的要求項目を掲げずにはいられなかった。全政党が、アルザスがフランス共和国のなかでは特殊な事例を示すという点については、一致していた。そこでは特別な問題が生じ、特別な解決を要する。各党派が態度決定をせざるをえないのはこの「連邦分立主義」に対してであった。一九二四年の選挙後、社会党と急進社会党だけが政治的同化にあえて賛成を表明した。しかしながら、彼らは言語問題に関する立場を著しく緩和することを余儀なくされた(260)。両大戦間に、この二つの政党が一九一八年までアルザス民衆層に及ぼしていた大きな影響力を失ったのは、それはアルザス人民の正当なる要求に反して、中央政府の同化政策を支持したからである(261)。他の党派に関しては、F・G・ドレフュス教授がしたように、地方分権主義者、自治主義者、分離主義者に区別されよう。言語面では、彼らはしばしば同じ闘いをしたが（それが嘆かわしい混同を生んだが）、政治面では、分裂は明白であった。

地方分権主義の大部分は共和人民連合（UPR）に与《くみ》したが、その隊列のなかには、X・エッジ神父、J・ロッセ、ミッシェル・ヴァルテール、トマ・ゼルッ、後にはアンリ・メックなどがいた。この党派はさまざまな選挙でしばしば四〇％近くの票の獲得に成功した。一九二四年の左翼連合の勝利に続いて一九三六年までの期間、アルザスの文化的・言語的主体性擁護の闘いにおいて、その役割は決定的なものであった。構成員相互の個人的意見がどうあれ、UPRは、言語的・文化的要求も含めて、彼らの要求のいかなるものも、アルザスのフランスへの帰属を問題とするのではないことをつねに明確にするよう配慮した。総体的な面では、この党は、彼らの目にとって、この地方に生じた特殊な問題を解決できる唯一の特殊な制度をアルザスのために要求していた。言語面では、彼らの立場は闘争のどの段階でも頑然たるものであった。

UPRの初代党首で、一九二八年にこの党がもはや十分「愛国的」ではないとして、離党し、ライヴァルの党、アルザス国民行動派（APNA）を創立したプフレジェ博士のような人物も、一九二六年にはやはり以下のように公言していた。「我々は、子供たちがフランス語を学び、かつこのことばがしかるべき地位を占めることを願っている。しかしまた、彼らがドイツ語を学び、かつ我らの方言が尊重されることも願っている。」そして続けて言う。「ことばは愛国心とは何の関係もない[262]。」それははっきりしていた。一〇年後、下院での激しい発言で、H・メックも次のように言明した。「そこには政治的問題はなく、我らが住民は別なことばで自己を表現しても、心はフランスであり、我らの幸福のために解決すべきは、人間としての問題であります[263]。」

しかるに、中央政府は耳を貸さなかった。だがそれでも、アルザスの典型的な政党の代表者は、とりわけ地域的な問題の解決のために大幅な行動の自由だけを要求した。しかし、F・G・ドレフュス教授が指摘するように、「一にして不可分の共和国にあって、そのよう考え方は無理解の壁にぶつかるだろう」。それどころか、「地方分権的傾向は純然たる分離主義と何度も同一視されたが、それは実際、いわれなき中傷であった[264]」。しかし、権力を有する人々のフランス的ヴィジョンと合致しない要求など黙殺しようという時に、誰が中傷のことなど気にとめるというのか？

自治主義者は現実には少数であったが、しかし地方での影響力には無視すべからざるものがあった。そのうえ、彼らのなかのある者は、第二帝国《ライヒ》下で、アルザス・ロレーヌ自治州の憲法を要求したことで知られる、一九一四年以前の自治主義者の後継者である、と自負していた。彼らは、なぜフランス政府は、かつてドイツ政府がドイツ国家の政治的枠内で、一九一一年の州憲法によってアルザスに譲与したものを、同じように、フランス国家の枠内でアルザスに譲与できないのか、解せなかった。カミーユ・ダレのような人物がアルザスの自治を理解したのは、かくのごとしである。サヴェルヌ出身の代議士にとって、言語問題は、ふたたびフランスとなり、今後もそうありたいと願うアルザスの要《かなめ》となる問題であった。彼の考えでは、もしアルザスが、言葉の広い意味において、そのあらゆる「伝統」を内包する文化的遺産を守るのに成功しなかったならば、アルザスの主体性を失う恐れがあった。言語的次元におけるアルザス的伝統の維持とは、C・ダレによれば、ドイツ語とフランス語の平等性を意味していた。彼は、そのような二言語使用は広汎な自治権を享受するアルザスにおいてのみ可能である、と考えていた――これは彼の言うとおりだったと認めておかねばなるまい。もちろん、フランス共同体のなかにおいてのことである。したがって、彼の自治主義はフランスに敵対するものではなかった。それに、F・G・ドレフュス教授が力説するように、「この自治主義は、それがどんな形態であれ、ドイツへの併合をつねに拒否するだろう[265]」。

一九二七年九月二十九日、アルザス・ロレーヌ「自治主義派《アウトノーミスティシエ・ランデスパルタイ》」が結成されたが、後には正式に、アルザス・ロレーヌ「独立党《ウンアップヘンギーゲ・ランデスパルタイ》」の名を採った。その指導者、シャルル・ロース、ポール・シャール、ルネ・オッスは、アルザスにおけるフランスの言語的・文化的政策に対する攻撃で、峻厳なる姿勢を示しつつあった。彼らの要求は言語的領域にも、行政的領域にさえも留まらなかった。結局のところ、彼らは正真正銘の「分離主義者」だった。初手から、彼らは、「ヨーロッパ合衆国の加盟国にして、ドイツとフランスの仲介者である、自由なるアルザス・ロレーヌ」の形成を要求していた。そしてあろうことか、アルザス・ロレーヌのために、「国立銀行」や軍隊を所有することさえ要求する始末だった[266]！　実際、彼らの常軌を逸した急進主義はいわゆる言語面でも、政治面でも、アルザスの立場にはほとんど役に立たなかった。一九四〇年のナチのもっとも積極的な協力者のなかにP・シャールとR・オッスの姿があるという事実は、必要とあらば、彼らの自治主義はたんに背後に分離主義ではなく、真にアルザス的なアルザスのまさしく否定となるイデオロギーを秘めた見せかけにすぎないことを、ものの見事に証明してくれる[267]。

まだアルザス共産党の事例が残っている[268]。久しく、彼らの政治的立場は「独立党《ランデスパルタイ》」と同じく急進的であったが、しかし明らかに別の理由からであった。彼らの要求も文化的・言語的領域には限定されなかった。彼らの指導者の一人で、一九二九年にはストラスブール市長になるシャルル・ユベールは、一九二〇年『ユマニテ』紙に発表した記事において、アルザス・ロレーヌが自決権を持つことを要求し、さらにそれが何であろうと、条約の有効性を認めることを拒否した。だがそれは、「そうした条約のいかなるものにも、アルザス・ロレーヌの労働者や農民の署名がされていないからだ」、と彼は書いた[269]。こうした観点は、地方段階で生じた分裂にもかかわらず、フランス共産党中央委員会と共にするところだった。一九三一年、モーリス・トレーズは、党中央の決定機関で敢然として言明した。「我ら共産主義者は、フランスとの訣別まで含めて、アルザス・ロレーヌの自決への権利を宣言する[270]。」これ以上断定的なものはなかった。共産党の立場はナチの脅威がさらに明確化した時にしか変化しなかった。一九三六年、同じトレーズがストラスブールで言った。「ファシストの危険を前にして、あらゆる分離主義的な企てには断固反対しよう、そしてフランス民主主義のなかにあって、フランス人民とアルザス・ロレーヌ人民が団結しようではないか[271]。」この豹変は、フランスにおける人民戦線の権力獲得、もしくはナチ・ドイツに対するソ連の態度変更に起因したのか？　事実は、この時期から、共産党がアルザスの事態に対し、別な見方をしていたことである。

しかも、ヒトラーが調子を高め、〝ハイム・インス・ライヒ〟（ドイツ語系民族の帝国内への「帰還」）政策を、軍靴の音も高々と実施し始めた時、自治主義や、地方分権主義さえもがアルザスにおけるその衝迫力の多くを失った。F・G・ドレフュス教授が留意するように、「ヒトラーの脅威を前にして、アルザス住民は、その全体がフランスと一体化した」[272]。このようにして、アルザス人は、戦いの真っ最中に、国民意識を疑わせるような人々すべてを、きっぱりと切り捨てた。今一度、アルザスの言語問題は国際的な広がりをもった。今一度、フランス領土保全にとって、直接的な脅威となるように見えたのは、言語的次元の要求であった。そして今一度、アルザス人は、彼らの正当なる要求を緩和することにより、見事な尊厳と明白なる政治的成熟を示した。

一九一八年、アルザスのフランスへの帰還は熱狂のうちに始まった。熱狂の後は、まず驚きであり、次いで失望となり、結局は対決となった。アルザスはフランスに多くを、それもあまりに多くを期待しすぎていた。まず外見上は、厳密な意味で、行政的・教育的次元の問題であった言語問題が、急速にアルザスにおけるフランス政策の中心的課題になろうとしていた。「アルザスの不快感の主因」であるこの問題は、「アルザス連邦分立主義」の擁護者と、アルザスのフランスへの全面的「同化」の支持者を対立させた[273]。かくして、言語問題は一方にアルザス民衆の大多数と、他方に数こそ少ないが、往々にして富裕かつ有力なアルザス人を支持者とする中央政府を配して、両者間で厳しい闘いを演じさせたのである。

中央政府が、対峙した問題に少なくとも解決をもたらそうと試みたことは認めなくてはなるまい。また、ある範囲内で、小学校が「二言語使用」になったことも本当である。おそらく方法上の問題も提起されていただろう。公教育省の多くの高級官僚の精神的狭量が、アルザス人の一世代全体に確実なる偏見を生じさせた。彼らが中央あるいは地方の権力のたんなる執行者であったとしても、アルザスの不快感、それをもたらしたのはこうした官僚である。方法論争のために、かなり多くのアルザス人が、フランス語とドイツ語の両面で、今の若いアルザス人には次第に到達するのが珍しくなったような高水準へ、到達できなくさせられたのではない、とするのは正しい。実際に欠けていたのは、相互信頼であった。事実、双方の陣営にはスパイが跋扈していたのである。

中央政府側では、アルザスのフランス語の未来に懸念を抱いていた。懸念がアルザスのドイツ語方言とその延長である標準ドイツ語の存在によって生じたという限りでは、まったく不当な懸念である。それは二重の誤りに基づいていた。つまり一つは、「ドイツ語を話すことがドイツ的感情を生むこと」、そしてもう一つは、潜在的な侵略者がいつか言語的国境の前では停止するだろうということを信ずる誤りである。[274] アルザスが何らかの征服者の及ぼしうる危害から未来永劫に庇護されることになるのは、フランスの言語的国境がライン川にまで延長される日——今日の民族主義者の夢だが——ではない。

アルザス側では、アルザスの言語的・文化的遺産の未来に懸念を抱いていた。学校、教会、公共生活面でのドイツ語の後退がアルザスからその言語的位相の一つを奪い、そして事実上、「故国の魂」である方言そのものにとって脅威となるという限りでは、正当なる懸念である。[275] そして結局のところ、問題になったのはまさにそれである。この懸念を和らげるためには、中央政府はアルザスの二言語使用という事実、すなわち、「彼らの文化的・言語的独自性が、不可侵の法的基盤を有する公式的地位により、保証されることを求めるアルザスの権利」を公認しなければならなかったであろう。政府はその決心がつきかね、つまりはその帰結に耐えざるをえなかった。悲しい哉《かな》！　アルザス人もまたしかりである。

一九三三年、ナチがドイツで権力を奪取し、ヒトラーが声高らかに鳴り物入りで、ヴェルサイユの「絶対的命令《ディクタート》」の破棄を要求し始めると、国際的政治環境はアルザスの正当なる要求を充足するにはもはや不利となった。中央政府の不誠実や、フランス語とドイツ語の教育方法を巡る不毛な論争がアルザス人に貴重な時間を失わせた。おそらくいつの日か、歴史は、アルザスの言語問題がその最終的解決法を見出すことができ、かつまた見出すべきであったのは、第一次世界大戦に続く一〇年間のうちであったことを証明するであろう。ともあれ、一九一八—一九四〇年間に、アルザスの言語状況は大きく進展した。フランス語はなるほどまだかなり不安定ではあるが、優勢な位置を確実に獲得するにいたった。一九四〇年五—六月の出来事がそれに荒々しく終止符を打つであろう。アルザス人の方は、今一度、ことばの銃を持ち替えることを余儀なくされるだろう。しかもそれだけではなかったのだ！

# Ⅶ　全体主義のドイツ語（一九四〇―一九四五年）

一九四〇年、ナチ・ドイツがアルザスの支配者になると、ドイツは、ここでもまた、自らに果たすべき使命があると固く信じて疑わなかった。すなわち、ナチの予言者によれば、千年、つまりは永遠かそれに限りなく近くか、続くはずの「ドイツ大帝国《グロスドイチエ・ライヒ》」に、アルザスを決定的に帰属させる使命である。アルザスではこの帝国が五年近く続くことになるが、それは、ナチが勝利した暁には、アルザス問題の「最終解決」なるものがいかようなものか、判断するのに十分な期間だった。彼らが、アルザス占領当初から、確固たる計画を持っていたにしろ、あるいは「大管区長官《ガウライター》」ローベルト・ヴァーグナーがその野望を「総統《フューラー》」に少しずつ巧みに押しつけたにしろ、そんなことはどうでもよかった(276)。事実は、第一段階では、多少なりともフランス的なもの、もしくはフランスの存在を想起させるものすべてを（〝フランスのがらくたどもは出てゆけ！《ヒナオス・ミット・デム・ヴェルシエン・プルンダー》〟）、そして第二段階では、「民族国家《シュターツ・ナツイオン》」と「文化国家《クルトゥーア・ナツイオン》」の必然的統一（すなわち、ドイツ語系のすべての人間の同一国家への統合）の名において、アルザス本来のものすべてを、根絶することが問題だった。

ナチのドイツ人と彼らに籠絡された稀なアルザス人は脅迫から追放、強制収容所へといたる全体主義的手段を用いて、全体主義精神を鼓舞しつつ、その仕事に取り組んだ。例えばブルターニュでは、彼らが「連邦分立主義」の復活を促進し、あらゆる自治主義的傾向を公然と支持しても、アルザスでは、反対に、連邦分立主義は言語面でさえ（ドイツ語と同根なのに！）、一時《いっとき》しか存続しない運命にあった。だから、それを推進することなど問題ではなかった。つまるところ、アルザス人にとっては、それは「統合《グライヒシャルトウング》」、すなわち、まだ神秘的な存在ではあるが、いずれはフリースラント人、ザクセン人、プロイセン人、シュヴァーベン人、バイエルン人、そして他ならぬアルザス人などに取って替わる定めにある、ドイツの超人への全面的統合のことだった。大管区長官《ガウライター》ヴァーグナーは、アルザス問題を政治の舞台から永久に葬り去るため、五年もあれば自ら思い定めていた。

## 「脱フランス化」

文民政府をしかるべき位置に配し、そしてそれを悪名高きナチを体現するR・ヴァーグナーのような個人に委ねると、「脱フランス化《エントヴェルシュング》」政策がこの上なく酷薄無情に実施された。ハーグ協定を尊重し、軍事的占領時の現行法を遵守することなど問題ではない。チェコスロヴァキアでも、ポーランドでもそうだったのだから、アルザスではましてそうであろう。それは、この〝生粋のドイツの《ウーアドイチュ》〟国は占領されたのではなく、フランスの「軛《くびき》」から解放されたのだとするがゆえに、なおさらそうであった。一九四〇年八月十六日の法令はドイツ語を行政用語《アムツシュプラーヘ》として導入した。以後、ドイツ語は、県や市町村の官庁、協同組合、裁判所、教会、学校、要するに公共生活の全域にわたって使用される唯一の言語になった(277)。それは全領域における言語的全体主義であった。当局は第二帝国《ライヒ》下でプロイセン人の犯した過ちを避け、両大戦間のアルザスにおける「フランスの政策に倣おう」としたようである。いずれにせよ、今回は、中途半端な措置ではすまされないだろう(278)。

この法令はナチの真の意図を露呈した。たんにドイツ語を行政用語《アムツシュプラーヘ》としてアルザスへ再導入することが問題ではなかった。実際、このような措置はまだ理解できるものであった。アルザスの支配者はつねにおのが言語を課するべく配慮したし、また今やアルザス人の方も、この種の変化には慣れっこになっていた。アルザスの〝アムツシュプラーヘ〟はまずドイツ語、次いでフランス語、またふたたびドイツ語、さらにふたたびフランス語、そして一九四〇年にはまたまたドイツ語になったことを想起してもらいたい。結局、勝利者の意志とはつねにそうしたものであったから、これは是非もないことであった。しかし、実際には、一八七〇年に生じたことどころか、今度はたんに支配者の言語の再導入のみならず、フランス的なもの、またはそう見えるものすべてを、徹底的にしてかつ即時に掃討することが問題だった。「ドイツ性《ドイチュトゥーム》」の名において、アルザスはその「真の顔」、歴史を通じて、交互にドイツ語、フランス語、ドイツ語、フランス語、そしてまたドイツ語を公用語としてきたあの顔を取り戻さねばならなかった。それは、アルザス人が、仮面ではなく、唯一の顔、すなわちアルザス人本来の顔を今一度うまく守り通すには、どうすればよいのか途方にくれるほどだった！

## ものは……

情報局長ディートリヒが、一九四〇年六月のヒトラーのアルザス入城を伝える仕方は、アルザスに「ドイツの顔」を取り戻すことを使命とした人々を鼓舞していた精神がどんなものかを露呈するものである。通りがかりに人々がほめそやし、どの一角にも「ドイツ性《ドイチュトゥーム》」が息づいているあの家並みが、どうしてフランス名をもつ街路に立つことができようか？　それは、ナチがおのが流儀に従って立て直そうとした歴史への挑戦だった[279]。数日間のうちに、町村、通り、商工業の企業名などすべて、しかも一九一八年以前の汎ゲルマン主義者のもっとも頑固な者をもけっして不快にはしなかった名前までもが、即刻、「脱フランス語化」され、そして「ドイツ語化」された。しかも、ナチ当局は、自らが第二帝国《ライヒ》のプロイセン当局とは何の共通点も持たないことを示すことに熱心なあまり、第二帝国《ライヒ》が一八七〇―一九一八年のあいだに罪深い寛容主義を見せたと非難する始末であった[280]。

アルザスのフランス時代を想起させる記念碑がたちまち消え失せたことは、言うまでもない。それがナチ当局の発した命令ではなく、「民衆の怒り」の「自然なる」爆発であることを印象づけるために、当局は、若干のアルザス人ナチ党員を集めた組織である、「アルザス・ナチ協力奉仕団《エルゼシッシャー・ヒルフスディーンスト》」の特別隊員に「整地」工事を行わせた。一九一八年以前には誰もが気にもしなかったクレベールやラップ将軍の彫像さえも、取り壊された。たとえ敵陣にあったとしても、戦場で武勲を挙げた人々に対しては、やはり何らかの尊敬の念を示した時代はもはや終わったのだ[281]。

「脱フランス化《エントヴェルシュング》」は家庭の内奥部まで入り込もうとさえした。とくに情宣活動の任務を帯びていた「管区長《クライスライター》」（一区域あるいは一郡区管轄のナチの長）の一九四一年三月二十四日付の通達は、「地区長《ツェレンライター》」や「街区長《ブロックライター》」（街区責任者）に対し、住居や店舗の壁にいかなる「フランス好み」の装飾や飾りつけもないことを確認するように求めた。すべてのアルザス人に、彼らの家庭内でも、第三帝国《ライヒ》に対する「積極的な協力姿勢」が期待されたが、それは、蛇口のフランス語の〝温《ショ》〟と〝冷《フロワ》〟がドイツ語の〝温《ヴァルム》〟と〝冷《カルト》〟に変えられ、また塩、胡椒、小麦粉などの容器がドイツ語の〝ザルツ・プフェッファ・ウント・メールビュックセン〟などとなる時にはじめて完全に「積極的な」協力姿勢とされるものであった[282]。これほど愚かで破廉恥な企てが効果を上げなかったのは、それは、「ツェレンライター」や「ブロックライター」の皆が皆、ばかで、ナチびいきではなかったからである。

当局はフランス語の本も排斥した。図書館は、個人のものさえも、完璧に粛清された。可能な所では、フランス語本をことごとくかき集め、それでかがり火を焚いた……。『ストラスブール新報《シュトラースブルガー・ノイエステ・ナーハリヒテン》』紙は、一九四〇年の「冬至祭《ゾンネンヴェントファイヤー》」（クリスマスのドイツ版）を祝うに際し、破壊の狂気が間違いなくアルザスの空気を浄化し、そこからフランスの汚染毒物を除去すると称して、高度な文学的価値を有する作品さえも歯牙にかけた、と報じた。「今度こそは、なぜ人々が火の持つ濾過と浄化の力を有難がるのかが分かった」、と記者は書いた。そして結論として、彼は、「アルザスの人間」を「欲得ずくの卑劣な手先」にする、すなわち「ドイツの人間」であることをまさに否定するまでに彼らを毒する、「フランスの傲岸」と「ユダヤとフリーメーソンの不浄」の企てをこの火が阻止するのを見て、満足の意を表明した[283]。フランスびいきであるとは毫《ごう》も疑われることのなかったルネ・シュレーゲルでさえ、方言仕立ての戯曲に僅かばかりのフランス語表現があるとして、その上演を禁止される憂き目を見たのだ[284]。

## ひとは……

ひともものと同様に現況遵守への権利がなかった。アルザス人の名はふたたびドイツ語形を採らねばならず、フランス語風の響きをもつ姓はドイツ語化された。例えば、パン屋に、マッソンやパンとかその他のフランス語の苗字を残すことを目指した、ジョゼフ・ルフッのような人物の努力は徒労に終わった。滑稽さも醜悪さも、徹底的な脱フランス化のもっとも侮蔑的な活動にはまったく顔色なしだった。どこそこのアルザス人には、フランスのどこかに、あるいはドイツにさえも、もちろんフランス語の姓を持つ親や兄弟がいることなどどうでもよかったのだ。アルザスでは、ドイツ語の姓しか許されなかった。概して、それらはドイツ語風に翻訳されたが、それは必ずしも容易ではなかった。結果は実にばかげたものになり、ある人たちは好んで妻の旧姓を名のった。ユグノーの子孫さえ、容赦されなかった。大管区長官《ガウライター》は、そのうち正真正銘の〝帝国ドイツ人《ライヒスドイチェ》〟になるユグノーの名前しか許さなくなった。だから、ライン対岸では依然としてラクロワとかヌヴィルとか呼ばれ続けても、アルザスではそうはいかなかった。ここではせいぜい、クロイツとか、ノイシュタットであった。自らも、おのがバックフィッシュという姓を、おそらくより雄々しいとでも思ったのか、ヴァーグナーに変えたバーデン・アルザス大管区長官《ガウライター》のような御仁には、なぜアルザス人が、彼によれば、新しい環境にそぐわない苗字を守るのに汲々とするのか、理解できなかったのは明白である。(285)

## ことばの抑圧

文民当局《ツイヴィールフェアヴァルトウンク》が設置されると、たちまちにして、街の壁という壁はアルザス人に母語を話すように促すポスターで埋め尽くされた。「アルザス人《エルゼッサー》よ！　汝の母語ドイツ語で話せ《シュプレヒト・オイレ・ドイチェ・ムッターシュプラーヘ》！」実際には、それはコルマールの街壁に貼られたポスターから生じたように、フランス語を話してはならぬという警告だった。(286) フランス語の使用禁止は全域にわたった。日常的で無害な「ボンジュール」、「オ・ルヴォワール」、「アディユ」などの挨拶語さえ、違反者には罰金を課する理由となった。(287) アルザスの新聞はもはやナチ宣伝のたんなる伝達機関にすぎなかった。一九四一年、ナチ当局は、『コルマール通信《コルマラー・クリーア》』のなかで、「依然として母語を否定し、フランス語を話している一部の不穏分子」は「当然の報い」を覚悟せねばならない、と伝えた。そしてそれがから脅しではないことを誇示するため、言語上の……罪で現行犯逮捕されたことを理由にして、コルマールの薬剤師と散髪屋をシールメックの強制収容所に拘禁させた[288]。ストラスブールの四人の女子高校生は、通りでフランス語を話した廉《かど》で、二週間も獄中で過ごした[289]。だが、言語的な抑圧はこれ以上にはほとんど進めなかった。

アルザスのフランス語系地域の住民は母語であるフランス語を話すことを許されていたが、ただし、その権利を公認するカードをいつでも提示できるという条件付きであった。戦争末期の頃、この権利の行使を制限する試みがなされた[290]。最後には、フランス語使用者がフランス語を放棄せざるをえなくなったのは、明らかであった。彼らに強制的にドイツ語を話させようとして、万策が講じられた。一九四四年、大管区長官《ガウライター》ヴァーグナーは、軍事当局に対し、国防軍《ヴェーアマッハト》に編入されたフランス語系の若者たちがドイツ語を使用する義務があることに留意を促す旨の通達を送付した[291]。もっとも、R・ヴァーグナーは、一九四二年から、「大ドイツ帝国《グロースドイチェ・ライヒ》」におけるヴォージュ渓谷の方言使用者の存続に、かなり奇妙な条件を出していた。追放の危険を冒したくないならば、彼らはドイツの言語と習慣を採用することにより、新しい「ドイツ精神《ドイチュトゥーム》」に対して積極的姿勢を示さなくてはならないとした[292]。こうなると、かの有名な「血と大地の理論《ブルート・ウント・ボーデンテオリー》」は重大な例外を認めていたことになる。非ドイツ的血の所有者がドイツ語を話し始めるならば、第三帝国《ライヒ》は彼らの出生上の欠陥を許すというのである。それまでは、彼らには、「総統《フューラー》、民族《フォルク》、祖国《ファーターラント》」のために、ロシアの大草原地帯で「不純なる」血を流す資格があったのだ。

学校は、どんな段階であれ、語のナチ的意味において、ドイツのものでしかありえなかった。「すべてのドイツ語教育の目的は党が要求する義務への備えである」、と小学校宛の訓令は指示した[293]。何人かのドイツ人教師はこの訓令をあまりに熱心に実行したので、いわゆる教育がまったく蔑《ないがし》ろにされる始末だった。二、三年もたつと、多数の生徒に憂慮すべき学力水準の低下が認められた。もちろん、他のあちこちでフランス語を放逐しているのに、学校でそれを容認することなど問題ではなかった。フランス語はライン対岸では教えられても、アルザスでは不可であった。中等教育の学校では、生きた第一外国語は、ドイツのすべての「高等中学校《オーバーシューレン》」と同じく、英語である。しかし、ライン対岸では、第二外国語として、イタリア語、スペイン語、フランス語の選択が可能であった。反対に、アルザスでは、この選択がイタリア語とスペイン語に限られていた。したがって、フランス語はなく、アルザスのフランス語系地域でさえなかった。第二帝国《ライヒ》下のフランス語系住民の処遇との対照は、ここでもまた、この上もなく著しいものだった[294]。

フランス語に対するこの暴挙は、直接その害を被る必要のない人々に対してさえ、不快感と反抗心を植えつけただけのことだった。しかも人々は、それが、ナチにとって〝わけの分からぬもの《フェアヴェルシュト》〟、すなわちフランスのもの、したがって外国のものとして映ずるものすべてをアルザスの地から、「永久に」排斥しようとする憎悪の試みだけだ、と考えていた。しかし実際には、彼らはアルザス民衆の個性そのものも、まったく同じように狙っていた。それが、まさしくアルザス的なもの、まず第一に、方言そのものに対して彼らがくり広げた陰険な闘いにおけるほど如実に現れたところは、他にない。

## 全面的同化

「アルザス人《エルゼッサー》よ、汝の母語ドイツ語を話せ！《シュプレヒト・オイレ・ドイチェ・ムッターシュプラーヘ》」実を言うと、アルザス人同士ではけっして標準ドイツ語を話さないのだから、方言だけが問題であった。前述したように、それは最初はフランス語に向けられたスローガンだったが、時がたつにつれて、日常会話においてさえも、「標準ドイツ語《ホツホドイチユ》」を使用せよという勧告にもなった。なるほど一民族の言語的習慣を数年では変えられない。それに達するには、少なくとも二、三世代が必要である。しかし、ここかしこで、とくに熱狂的なナチ党員が、少なくともいくつかの公共機関で標準ドイツ語を課そうと試みた。コルマール市長《ビュルガーマイスター》が市役所員に通達を出し、執務時間中はドイツ語だけを使用するように命じたのは、そのためである。(295) ミュルーズの電鉄会社の管理部も、車掌に対し、乗客に対応する際は、「誰からも理解されるように」、標準ドイツ語を話さなくてはならないと通告した。(296)「ここはドイツであって、アルザスではない」、とアルザス人に伝えようとしたらしい。たんに出世しようとした役人の何らかの思いつきによるものだったのか？　まったくそうではなかった。

バーデン州の宗教・教育担当大臣に宛てた通達のなかで、R・ヴァーグナー大管区長官《ガウライター》は自分の所信と、ナチがアルザスで目指していた言語政策の遠大なる目標を明らかにした。「大ドイツ帝国《グロースドイチエ・ライヒ》」はたんにドイツ語系のすべての人々を同一国家に集めるだけでなく、言語的統一によりこの国家の統合を確固たるものにしようと図った。この目的を達成するには、方言は標準ドイツ語のために消えなければならなかった。(297) 大管区長官《ガウライター》は宗教・教育担当大臣に対し、教育実習機関では、生徒と教師は授業時間外でも標準ドイツ語を話すように厳命されたし、と強調したうえ、「方言に代わって、標準ドイツ語が未来の世代に使用されるかどうかは、一《いつ》に彼ら次第だからである」、とした。(298)

したがって、ナチにとってはアルザスを「脱フランス化する《エントヴェルシエン》」のみならず、彼らにはまた、アルザスを大ドイツ帝国に全面的に同化する《グライヒシャルテン》ため、「脱アルザス化する」という断固たる意図があったのである。ナチはアルザス人を他のドイツ人とはもう何一つ変わらないようにしようと努めた。彼らにはアルザス人の文化的独自性も、言語的独自性も尊重するつもりは毛頭なかった。(299) なるほど当局は、アルザス人の目に、彼らがふたたび本来の姿になれるという未来像をちらつかせて、彼らの自尊心をくすぐろうとした。しかし現実には、時いたらば、アルザスの個性を徐々に侵蝕し、しかる後に決定的にこれを抹殺すべく道標がいとも巧みに配置されていた。いつものごとく、狙われていたのはアルザスの魂である。確かに、戦争中ではあった。柔軟性を見せなくてはならない。だが、一度勝利が確定すると、大駒を持ち出して、同じ歩幅で、全アルザス人をドイツの大計画、すなわち、「千年帝国《タオゼント・イエーリゲス・ライヒ》」が形成する「民族国家《シュターツ・ナツィオン》と文化国家《クルトゥーア・ナツィオン》」への全「ドイツ人《ドイチェン》」の統合計画へと引きずって行くだろう。ローター・ケッテナッカーがいみじくも言ったごとく、アルザス人はナチ・ドイツの勝利に期待するものなど、何一つなかったのである。(300)

だから、フランス語を禁じ、ドイツ語の使用を課するだけでは不十分だった。フランスの過去やアルザス本来の過去を想起させるものはことごとく、アルザス人の記憶から消さねばならなかった。アルザスの歴史はストラスブール「帝国大学《ライヒス・ウニヴェルズィテート》」、小学校、高等中学校のどの授業計画にも登場しなかった。(301) アルザスの名称そのもの（ロレーヌも同様）がアルザス人の記憶から消えなくてはならないのだ。当面はまだ、「バーデン・アルザス大管区《ガウ・バーデン・エルザス》」の呼称に現れていた。しかし、ナチ最高首脳部は、アルザスとロレーヌを二つの大きな地方に統合し、一つは「ヴェストマルク」という名でザールブリュッケンを首都とするもの、他の一つは「オーバーライン」という名でストラスブールを首都とするものを形成するという構想を、一九四〇年から育んでいたのである。(302) まったく非経済的だという理由から、フランス東部の一大地方化を夢想している今日のフランス民族主義者の目論見と、このナチの妄想を類推して見るのは、一興である。

もちろん、アルザスの過去に対処せずにはいられなかった。新聞雑誌でも、ナチの「再教育」機関でも、それが取り上げられた。ただし、それが話題になるとしても、アルザス人に彼らの小国の歴史を伝えるためではなく、大ドイツ帝国《ライヒ》へのアルザスの帰還を正当化するためだった。アルザスの過去にアルザス的なものは何もなかった。すべてが「ドイツの《ドイチュ》」ものだった。「アルザスの」家、記念建造物、それらを考案し、建造してきた人間、要するにアルザスにある有形、無形のものすべてが「ドイツの《ドイチュ》」ものであった。確かにあの宗教的教訓画には、とくに芸術的観点からすれば、若干の汚点があるが、それとても、人々はまったくのドイツ的栄光に包んで復元することを引き受けるだろう。「ドイツ・アルザス《ダス・ドイチエ・エルザス》」は「フランス・アルザス」への反撃以上のものであり、それはアルザスの魂を「ドイツ魂《ドイチエ・ゼーレ》」に取り替えることを狙うイデオロギーを背後に潜めた一大計画であった。ナチ支配者の狂信と全体主義はもはや留まるところを知らなかった。

フランスの超・狂信的な「同化主義者」にとって（また若干の他の同化主義者にとっても）、アルザスの歴史は一六四八年にしか始まらないが、ナチにとってはそこで停止していたのだ。それはアルザスの芸術に関する無数の刊行物において明らかである。例えば、ストラスブールの切妻造りの家がドイツの創造的芸術の表現になり、ドイツ魂の表現とされるのは、そのようにしてである。アルザス人が、結局は、おのが歴史・言語・習慣・芸術を彼らのドイツ的本性の表れと見なすようになることが絶対に必要であった。(303) そうしたすべての頂点に、もちろん、ストラスブール大聖堂がある——いつものことだが。「自由を取り戻したアルザスの町の〝生粋のドイツ《ウーアドイチュ》〟的性格のあかしである」この大聖堂は、ナチの宣伝にとって、「ドイツ精神《ドイチュトゥーム》」がアルザスに創造した、崇高なるものの象徴になろうとしていた。「ストラスブール大聖堂《シュトラースブルガー・ミュンスター》」は、「大ドイツ帝国《グロースドイチエ・ライヒ》」における別の外国の組織たる「ローマ・カトリック」教会の信仰に委ねるわけにはいかなかった。したがって、大聖堂は歴史記念建造物の位置に堕していた――ナチの目には「高貴なる」ものだったが[304]。フランスの時代に遡るもの、例えば、ローアン城や県庁舎は、せいぜい「フランス宮廷の優雅」を偲ばせる歴史の偶然にすぎなかった。それはアルザス人の「ドイツ魂」における真正なるものの表現とは、およそ無縁であった[305]。要するに、すべてのものが、アルザスの「ドイツ的人間《デス・ドイチエン・メンシエン》」の創造的精神を反映しなくてはならなかった。アルザスが三〇〇年近くもフランスに属していたからとて、この永遠の真実は何一つ変わらなかった。大管区長官《ガウライター》ヴァーグナーの見解とはかくのごとしであった[306]。

アルザスの連邦分立主義、「アルザス郷土《エルゼシツシエ・ハイマート》」論それ自体、そんなものすべてはものの数ではなかった。ナチ支配者はそれを危険なものとさえ思っていた。重要なのは、第三帝国《ライヒ》が、「鉄と血」により、必要とあらば罪を犯してでも、創造しようと目論んでいた、「民族・文化国家《シュターツ・ウント・クルトゥーアナツイオン》」だった。連邦分立主義はバイエルン、プロイセン、あるいは……アルザス、どこのものであれ、すべて、「ドイツの超人」が最高神として統治する、あの壮大なる帝国に合体すべきなのだ。かつての「ハイマートレヒトラー」(一九四〇年以前の地方分権主義の闘士)の面々ならずとも、どうして勝利したナチズムがアルザスに真の顔を戻してやるために、あれほど「雄渾なる」企てを断念するなど一瞬たりとて信ずることができたであろうか? それは本当にナチズムの顔を何も理解しないことだった。「脱フランス化《エントヴェルシエン》」、「統合化《グライヒシャルテン》」、これがナチ・ドイツの二大目標、すなわち一つは短期――「五年間《アイン・ヤールフユンフト》」で、他の一つは遠大なるものであった。アルザスの速やかなる「ナチ化」と長期にわたる心理的活動のみがこれほどの広がりをもつ目標に到達できたのである。

青年層のナチ化

当面のところは、脅し、抑圧、圧迫などがどんな軽い反抗心でも、初期のうちにその芽を摘んでおくことを目的としていたが、それほど威圧的ではなくとも、一貫したある活動が新世代、つまり〝生粋《ウーア》のドイツ人《ドイチュ》〟で、ナチの企てた運動を持続して行く世代の到来を準備していた。だから、ライン対岸の若者の心をつかむのに成功したように、アルザスの若者の心をつかまねばならなかった。なるほどヒトラーの青年組織、男子は「ヒトラー青年隊《ヒトラー・ユーゲント》」（ＨＪ）、女子は「ドイツ女子同盟《ブント・ドイチャー・メーデル》」（ＢＤＭ）を当てにはできたが、いかんせん十分な数の確実なリーダーが欠けていた[307]。今一度、未来の世代をナチズムへ誘引するため、特権的な場であることが判明したのは学校である。だが、アルザスの若者の教育を（ナチの望む意味においてだが）、二二年間の「外国支配」によって歪められた精神の持ち主とされているアルザス人教師に、委ねるわけにはいかなかった。そこで、一方では、ライン対岸の学校で、期間の長短はともかく、アルザス人教員団を治療して、「毒抜きし」、そして他方では、すでにイデオロギー教育を受けて、ナチの教育法に習熟したドイツ人教師をアルザスに呼び寄せることが必要となった。

もしナチ当局が彼らの占領期間中もアルザスに残った人々に対して当てがった運命を知らなければ、ひとは第二次世界大戦直後の、一般的にはアルザス問題、個別的には言語問題を前にしたアルザス人教員団の態度を理解できないだろう。アルザスは理屈の上でドイツ人に「占領された」にすぎないことを忘れているフランス人が沢山いる。フランスには、「自由」地区と「占領」地区以外はなかった。「併合」地区もあったが、この地区がアルザス（とモーゼル）という名称である。だから、占領地区あるいは自由地区のフランス人の状況と、どんな比較をしても無駄である。休戦条約の締結または平和条約の調印を待たずして、ナチはアルザス人全官吏をドイツ官吏と見なし、またそのようなものとして扱った。確かに、職を守るために、彼らはドイツ国家に「仕える」ことを書面で誓約せざるをえなかった。だが、辞職と追放の脅しで粉飾された署名が何に値しようか？　今挙げたばかりの理由のため、アルザス人教員はナチ側からの特別な配慮の対象になった。いつもながら、アルザス人教員は同化策の先兵役になることを余儀なくされてきた。今度の同化策は〝グライヒシャルトゥング〟と呼ばれ、アルザスの若者のナチ化のみを目的とするものであった。[308]

## 教員団の「再教育」

原則として、全アルザス人教員・教授は二重の「再教育《ウムシュールング》」、すなわち一つは本質的に職業的性格のもの、他の一つはもっぱらイデオロギー的性格のものを受けなくてはならなかった。後者は名うてのナチ党員が管理する「大管区学校《ガウシューレ》」で行われた。職業的再教育の主要なセンターはフライブルク・イム・ブライスガウ、カールスルーエ、プフォルツハイム、ハイデルベルクだった。再教育期間中、アルザスの先生たちは故郷で就いていた職を、大部分がナチ的信条を理由に選ばれたドイツ人に奪われてしまった。[309]一九一八年以前のアルザスのドイツ語系の学校ですでに教鞭をとっていた先生だけが、この再教育を免除された。しかるに、彼らも、他の者同様、ナチの「大管区学校《ガウシューレ》」で短期間の「研修」を受けさせられた。

当初は、職業的再教育は三カ月間で、それが終わると、アルザス人教員・教授は元の地位にそのまま復職することが了解されていた。だが、それは僅かな人々の場合のことだった。彼らは確かにアルザスに戻り、家族と再会したが、しかし絶えざる監視、それもとくに教育現場において監視の対象になった。彼らは、ナチ党が他にも増して彼らにふんだんに及ぼした、あらゆる種類の圧迫から逃れるに際し、ドイツに派遣された同僚よりも、しばしば多くの苦難さえ経験した[310]。大多数の者は（ほとんどすべて若者だが）、もはやアルザスに帰還することは許されなかった。帰郷するには、たった一つ、ナチ党の国家社会主義労働者党（NSDAP）の党員になり、党支配の組織団体の生活に積極的に参加することを承認するという手段しかなかった。バーデン地方に派遣された教員団の大半はこの脅迫に屈伏しようとせず、戦争が終わるまでドイツに残留する方を好んだ。しかるに、これらの教員も党の執拗な勧誘から免れえなかった。それは、彼らをドイツに留めておくことが教育的な理由ではなく、政治的な理由に基づいていたからである。

　バーデン地方南東部にある小さな町、シュトカッハ地区の初等教育視学官《クライスシュールラート》が一九四一年に出した通達から、アルザス人教員団のバーデン地方の小学校への派遣は「政治的に必要な措置」であり、また当該者はそれを「ドイツ民族共同体に対する義務」と心得るべしという趣旨であることが判明した。加えて、同通達は、アルザス人教員団がアルザスへの職場復帰を求めて、カールスルーエの宗教・公教育担当大臣を雪隠《せっちん》詰めにしたことを非難した。こうした要求に対する当局の拒否回答に対して、多数のアルザス人教員が敢然として、時には数日間ドイツの職場を放棄し、しかも可能なところでは学校をロックアウトするまでに及んだ。シュトカッハの誠実な視学官がこれに憤慨したところで、驚くことはない。「けっしてわたしはこのような職業観には出くわしたことがない」、と彼は書くのであった[311]。この許し難いと見られている状況を打開しようとして、カールスルーエの公教育担当大臣はアルザス人教員団に対し、バーデンの職場に復帰することが望ましい旨、通告した[312]。当然ながら、徒労に終わった。

ナチ党の支配をうまく逃れるには、アルザスへの帰還に固執するよりも、むしろバーデンに残る方が得策だと信じていた教師たちは、やがて幻滅せざるをえなくなった。シュトカッハの視学官の前記通達はすでにして、アルザス人教員団に対し、「党のさまざまな組織や部門の与える教育的感化に自発的に服し、またその活動に参加する」よう求めていた。この命令に従う際に教師の示す不熱心さは、必然的にいくつかの懲罰をもたらした。大管区長官《ガウライター》の行った調査が、それまでも、「ごく僅かの」アルザス人教員しか党活動への「積極的参加」の道を採らなかったことを示すと、初等教育視学官ライヒェルは、一九四二年三月二十一日、教員に新たな通達を発した。前よりははるかに厳しい調子で、彼は、一九四二年五月一日現在で、党への実際的な協力姿勢を示す証明書を提示できない者は皆、「農業労働への転属を目的として、労働局の意向に」付する、と脅迫した[313]。

その後、アルザス人教員団は文字どおり花火の音に追いまくられるようなものだった。同じ趣旨で作成された通達が四方八方から飛来してきた。シュトカッハの「国家社会主義教員同盟《ナツィオナル・ゾツィアリスティッシャー・レーラーブント》」（NSLB）の「組合」代表は、数週間後、覚書を出し、そこで彼は、アルザス人教員に対し、アルザスにおける彼らの住居を「犠牲の環《オプファリング》」に所属させることが証明できなくてはならない、と喚起した。拒否する場合は、一九四二年四月二十二日までに、その理由を示すように勧告してあった[314]。カールスルーエの宗教・公教育担当大臣がドイツ帝国《ライヒ》の官吏の枠内への加入者決定を準拠させるのは、この「積極的参加」によってである。一九四三年、ナチ当局はアルザス人教員団に対し、「思想と政治の両面におけるドイツ帝国官吏であることの義務」を徹底させるために、三日間の猶予をもって、かついかなる修正も付記もなしに、新たな宣誓に署名させることを決定した[315]。万力が次第に締まってきたのである。

ドイツ帝国官吏の義務には、いつでも、どこでも「ドイツ式に」挨拶するという義務があった。一九四一年五月二十七日付の「ドイツ式挨拶《デア・ドイチエ・グルース》」と題する通達において、シュトカッハの視学官は、今一度、「ドイツ式挨拶《デア・ドイチエ・グルース》」を実行する義務を強調した。アルザス人教員が、まったく挨拶しないか、「ポケットに手を突っ込んで」したりして、この規則に違反し続けることに不満の意を表しながら、彼は、教師たる官吏は、学校でも、公衆の面前でも、「ドイツ式に」挨拶する義務があることを全員に想起させた。「以後、そのような義務不履行を人づてに聞いたり、またわたし自身が見たりしたどの教員に対しても、懲戒措置をとることになろう」、と通達にはあった。教員たちが分からない振りをしたり、「グリュース・ゴット！」(こんにちは)や、「グーテン・モルゲン」(おはよう)などもドイツの挨拶であると主張すると、初等教育視学官《クライス・シュールラート》ライヒェルは、新たな通達で、「ドイツの挨拶《ドイチエ・グルース》」は「ハイル・ヒトラー」であり、それ以外の何ものでもないことを明示した。それはもちろん周知のことだった(316)。

罪の最たるものはドイツでフランス語を話すことであり、アルザス人同士でさえ話してはならなかった。一九四一年十二月五日、シュトカッハ地区のアルザス人教員は、「とくにレストランで、居合わせた他の客に理解されたくないことを互いに伝え合おうとする時」、各々がフランス語を用いていると、非難された。視学官は、そのような振舞いがもたらしうる、「遺憾とすべき結果」に対し、彼らに警告を発すべきであると思った。彼らは「政治的見地から嫌疑者として」逮捕される恐れがあった(317)。アルザスで禁止されていたことが、ましてや、ドイツ領土で禁止されないはずがなかったのだ。

初等教育視学官《クライス・シュールラート》ライヒェルを知らない者は、彼がもっとも悪質な類のナチ党員であると考えるかもしれない。現実は、まったくそうではなかった。彼自身、ナチによる権力奪取の時、望ましき熱狂を示さなかったばかりに、シュトカッハとか、ホイベルクとかいういささか辺鄙な一隅に、いわば左遷されていたのだった。我々の何人かが、場合によっては悪い方に展開したかもしれぬ事件の影響を免れて、党から過度の嫌疑を受けずにすんだのは、その多くを彼に負うてさえいるのだ。彼は、全体主義制度のなかにあって、おのが心の奥底では断罪していたイデオロギーに表向きは同意すると見せかけて、死の瞬間まで「盲目的服従《カダーヴァーゲホーアザーム》」を実践せざるをえなかった、哀しい人間の例なのである。

## 帰結

そうしたことすべては言語問題とはおよそ無縁に見えるかもしれない。おそらくそうであろう。しかしながら、今見てきた生きた例証は、ナチが、アルザス人教員団のいる所ならば、たんにアルザスや、いわゆる「自由」地区のみならず、ドイツにおいてさえも、彼らを追いつめていたことを示すものである。またそれは、戦後、人々がアルザスの言語問題にふたたび対峙する時、重要な意味を持つことになろう。自由地区に逼塞《ひっそく》したり、占領地区に隠れ住んでいた教師、また個人的にナチの迫害に苦しんだすべての人々が、小学校におけるどんなドイツ語教育にも反対するものと予想されていた。しかし、五年間もドイツ語を教えてきた人々が同じ態度をとろうとしたことは、意外に思われたかもしれなかった。それでも！　抑圧中の最悪のもの、すなわち精神の抑圧の犠牲者であった彼らとても、前例なき暴虐の時代を呼び覚ます言語の教育をすぐに再開する気力はないだろう。ともあれ、ドイツびいきという嫌疑は、他のどんなひとにも増して、彼らに重くのしかかったことだろう。

五年間のナチズムはアルザスのことばの未来に対し、きわめて重大な帰結をもたらした。一九四五年には、一部の生徒（一九三四―一九三八年のあいだに出生した者）はフランス語を知らなかったし、他の生徒は忘れてしまったか、あるいはそれに近かった。「高等学校《オーバーシューレ》」に通っていた者の大部分はフランス語よりもドイツ語をよく知っていた。戦争が終わった時、ある者は「ドイツの大学入学資格試験」（アビトゥーア）を受けたし、他の者はすでに中等教育過程を相当に進んでいた。またしても政治的変動は、たとえどんなに短くても、小学校、中学校、高等学校に通う年齢のアルザスの若者たちのなかに犠牲者を作ったのだ。確かに、それがアルザスの言語習慣を著しくは変えなかった。フランス語は後退してはいたが、その生命力を脅かされるほど大きく後退したのではない。確かに、アルザスのフランス語はフランス語地域の学校からさえも追放されたが、しかしそうした地域の住民は絶えざる言語的抑圧にもかかわらず、フランス語を話すことをけっしてやめなかった。方言も、その使用を制限しようとする若干の狂信的ナチ党員の企《たくら》みにもかかわらず、かつて以上に生き生きとしていた。標準ドイツ語はいくらか進捗したにしても、一時的な燃え上がりでしかなかった。アルザスの言語地図を根本的に塗り変えるのに、五年間ではどだい無理である。だが、混乱した言語状況を生み出すには十分であった。

いわゆる言語的次元における帰結がどんなに深刻であっても、それは、ナチズムがアルザス人の魂に惹起した心理的荒廃に比べれば、何でもなかった。誰もが標準ドイツ語だけを覚えろと強制されたうえ、しばしば尊大で侮蔑的な闖入者との付き合いではそのことばを使うように命じられたり、また、フランス語、それも「アルザス風に訛った」ものを片言話すだけで、投獄までされかねない処罰を受けたりしたら、耐え難くなった首枷《くびかせ》を、この際、決定的に捨て去りたいと思うのがひとの常であろう。確かに、ドイツ人が皆が皆ナチであったわけではない。しかしアルザスには、明白な理由から、ナチ・ドイツ人がとくに多かった。そしてこれらのナチはドイツ語を話していた。アルザス人にとって、ドイツ語を話すことは結局ナチのように話すことだった。フランス大革命以来、ドイツ語はつねにフランスでは何がしかの「敵性語」と見なされていたが、一九四五年にはそれ以上であった。それは「戦争犯罪人」のことばなのだ、と言われていた。こうした状況にあって、両翼の一つがつねにドイツ語である、アルザスの二言語使用をいったい誰があえて弁護するのだろうか？

　さらに悪いことがあった。不幸なときには、ひとは時々何でも疑って見る恐れがあるものだ。戦後、アルザス人は自らの固有な言語の価値そのものを疑いだした。誰もがこれほど執心するこの方言も、結局は、この哀れな土地に襲いかかった、言語に絶する惨禍に対し責任があるのではないか？　ヒトラーがアルザスを併合できたのは、一九四〇年に「なお」アルザス方言を話していたからではないのか？　我々がいわゆる「ドイツ性《ドイチュトゥーム》」に準拠することが可能だったのは方言が存在したためではないのか？　国《ヴェー》防軍《アマッハト》への威嚇的徴兵は我々がこのドイツ語方言を知っていたから可能になったか、あるいは少なくともそのことで著しく助長されたのではなかったのか？　こんな状態ならば、もう覇権的汎ゲルマン主義の犠牲にならないために、それを決定的に葬り去る方がよいのではあるまいか？　かつて以上に度を失った民衆の心を惑わした、悪質な問題がこれと同じほどある。

　これはおそらく一面的な推論かもしれない。ポーランド人、チェコ人、オランダ人、ベルギー人、ロシア人……彼らがアルザス語を話したのか？　そんなことはどうでもよい、もううんざりだ。言語的抑圧、いや抑圧そのものの五年間がつねに無防備な民衆をして、一〇〇〇年以上の過去を拭き消すにいたらしめたのか？　人々は、かけがえのない言語的・文化的価値がたんに言語のみならず、罪深いイデオロギーを課するために、全体主義制度の口実として使われたからといって、それを犠牲に供さねばならないのか？　もちろん、そうではない。だが、一九四五年に、いったいどれだけのアルザス人がそのことに留意したのか？　屈辱にまみれ、疲れ果てたうえに、双方から排斥されて、彼らはもう「そんな目」に会わないという保証が得られさえすれば、何でも受け入れようとしていた。「もうそんな話はやめよう！《レーデ・ミル・ニム・デフォン》[318]」要するに、「ヒトラーは、戦前のいかなるフランスのプロパガンダにもできなかったことに成功したのだ。つまり、アルザスの大地でドイツ人の存在を多少なりとも喚起するものなら何にでもアルザス世論全体を反対させるよう仕向けたことである[319]」。古きジャコバン党の夢がついに実現されようとしていた。刃に傷つき、血塗られたアルザスの大地はいまや何の抵抗もなく、「国家の言語的統一」が成就されるには、十分地ならしがしてあった。少なくともそう考えられていた。

しかしながら、これほど不確実なことはなかった。先見性に富む人物、E・バースはすでに一九四四年に、「重い現実がいつかふたたびその権利を取り戻すだろう。難問が戻ってくるだろう」、と予想していた[320]。重い現実はその権利を取り戻すために時間をかけた。しかしそれを取り戻した。難問も戻ってきた。なるほどまだ輪郭の少しぼやけた、別人の顔だが、しかしかつて以上に毅然たる態度で戻ってきた。だからして、「アルザス問題はあらゆる歴史的偶然性から独立した、恒久的な要素を内包しているのである[321]」。言語問題は確かにアルザス問題の一局面にすぎないが、しかしその中心的局面なのである。一九四五年にはそれを疑うことができた。今ではもはや疑うことはできない。

# 結論

過去三世紀間に、アルザスで生じた政治的変化と言語面でのその帰結は、どの歴史的大転換期にも、アルザス人が公用語、すなわち主たる言語を変えることを余儀なくされたことをはっきりと示している。こうしたすべての変化はフランスとドイツを対立させた戦争の結果生じたものである。一六四八年以前はドイツであったアルザスから、交互に、三十年戦争でフランスに、一八七〇年の戦争でドイツに、一九一四—一八年の戦争でフランスに、一九三九—四〇年の戦争でドイツに、そして最後に一九四五年の連合軍の勝利でフランスになった。どの転換期にも、アルザス人は、以後、勝利者の言語を使用するように勧告された。

なるほど、どの時期にも、アルザス人の日常語、すなわち方言は許されていたが、それはたんに他に策がなかったというだけのことだ。いかなる時にも、アルザスに固有な言語状況の特殊性を公認するほど、それが尊重されたわけではなかった。あの手この手の策略が使われて、アルザス人は言語を持たない、世界でほとんど唯一の民であり、したがって、彼らにその一つが与えられることはもって幸いとすべきことである、と彼らに信じ込ませようとした——成功しなかったわけではないが。もっとも、いかなる中央政府にも、アルザスにおいてはけっして前の時代の文化的・言語的獲得物の保持発展を目的とした政策を実行するだけの覚悟がなかった。それどころか、イギリス人が言うように、ケーキに手をつけてからそれをとっておくのは無理だということを口実にして、ドイツの獲得物にしろ、フランスの獲得物にしろ、少しずつかあるいは一挙に破壊することにこれ努めたのである。十九世紀から、学校制度は、時と場合によって、フランス語またはドイツ語を若い世代の支配的かつ絶対的な言語にするために使われた。二言語使用？　それはせいぜいブルジョワ的・知的少数エリート向けの譲歩だった。民衆、彼らには、本当は一つの言語、すなわち支配国家の言語への権利しかなかったのだ。

どの時代にも、アルザスの言語的遺産からその構成要素の何がしかを除去しようとするフランスまたはドイツの中央政府の試みに対し、抗議するアルザス人がいた。彼らは抗議するだけでは満足せず、おのが文化と言語の独自性を考慮した特別な地位の認知を中央政府から得ようとした。しかし、権力の重い手は、ドイツ語またはフランス語、さらには方言をも犠牲に供することが国家……そしてアルザス人自身の高度の利益につながると主張して、つねに彼らの正当なる要求を退けてきた。

人々が往々にして忘れることは、各々の新時代の始まりが、同時に、アルザス獲得を目的の一つにした戦争の終わりを画していたことである。アルザス人にとっては、独自の文化的・言語的実在として存続しようとする前に、まず生きること（時には生き返ること）が問題だった。彼らの務めを複雑にしたものは、毎回、彼らの大多数が戦争時には敗者の側に、平和時には勝者の側に与《くみ》していたことである。すなわち、どの転換期にも、政治的環境は多くの恨みや憎しみに満ちており、それがどんなに合法的なものであれ、言語的要求などには、とても応じられる態勢ではなかったのだ。事実、「望郷病者」とか「懐古主義者」とかいう非難を受けずに、勝者に対し、彼らが打ち負かしたばかりの相手の言語をアルザスで存続させることを要求するなど、心理的にはほとんど不可能であって、それは、アルザス的文脈からすれば、武器の判決を認めようとしない、つまりは、悪しき愛国者である、とアルザス人を疑うことになる。こうした絶えざる嫌疑は、アルザス人よりも強者が示す同化への威嚇に対して、アルザス人の抵抗力を弱めずにはいなかった。

また歴史の流れに逆らうことになりはしないかという不安もあった。歴史の車輪は回っているのだ、とは必ずやひとの指摘するところだった。なるほどそれは回り続けている。しかし、アルザス人の歴史の車輪は時にはある方向へ、また時には別の方向へ回るという特性を有する。いつも最後は歴史に流されて……。個人または集団としてのドラマはなかったのか？　おのが歴史を通してずっと、けっして自由な発言権を持たなかったアルザス人の多くが本当に考えもしくは望んでいたかもしれないことをいったい誰に言えようか？　おそらくこれは空しい質問だ。だが、彼らは最終的には「自己」に対する絶えざる侵害になることが明らかになったものをつねにまったく熱狂的に受け入れてきたのだ、と誰があえて主張するだろうか？　ともかく、（もちろん一九四〇年を除いてだが）いったんカーブを曲がって、均衡が戻ると、アルザス人はその大半がこれを最後にして、以後は平和に暮らし、かつ働かせてほしいものだといつも望んでいたのだ。それは、彼ら自身の仲間と新しい隣人と平和に暮らすこと、すなわち、彼らの現実の姿と、各々の転換期に、かくあれかしと望まれた姿のあいだで選択する必要もなく、ともにあることなのである。

わが同胞クロード・ヴィジェが次のごとく指摘する時、確かに彼は過《あやま》たなかった。「どんな御旗の下であれ、わたしの祖父母の代にも、わたしの青春時代にも、アルザス人は精神的・言語的・文化的収奪の犠牲者にしてかつ共犯者であった。アルザス人は、互いに排斥し合ったうえに、彼らを無化しようとする二つの精神世界の狭間で、圧殺されるがままだった。おのが固有な実体とそれを表現する手立てを奪われて、彼らは自己の存在否定に悩まされ続けてきた。実際、彼らには選択の余地などなかったのだ……。ラインの両岸から、個性的存在、独自の内的生活とその真率なる表現に対する彼らの権利は、拒絶された。二〇〇年の後、現実との断絶は完璧だ。わが同胞たるアルザス人よ、我々は生まれながらにして搾取されているのだ。確かに、誰でもそうだが、それでも我々は少しはましな方なのだ！　それが我々の慰めであり、また唯一の誇りある立場なのだ[322]……。」

　これは、波瀾万丈にして、しばしば悲劇的であった三〇〇年間の歴史の後の一九四五年、過去にはあれほど誇りとしていたおのが方言と自己自身を恥じるようになった民族にとっては、苦渋に満ちた発言であり……また哀れな慰めであった。しかも、一九四五年には、あたかもアルザス人が最後の戦いに敗れ去り、またそれ以後は、何ものも、もはや彼らの個性の取り返しのつかない凋落を止めることができないかのごとく、万事が推移した。衝撃はきわめて激しく、アルザス人が自己自身をふたたび意識するようになるには、四分の一世紀近くもかかった。そのあいだにも、まさしくアルザス的な価値観の風化は大きく広がり、勝負はすでに決定的な敗北を喫したのではないかと疑いたくなるほどであった。

　なるほどもはや今日では、言語的・文化的問題が、もう五〇年も三〇年も昔と同じように提起されることはない。しかし、基本的問題、すなわちアルザス人の言語的・文化的主体性が権力のいかんにかかわらず、尊重されるかどうかという問題は依然として現実性を持つのである。よし、アルザス人が決定的に自己を確立する心意気を持つとしよう、そうなれば、彼らの大きな文化的・言語的財産は彼らに新たな出発をさせてくれるだろう。よし、彼らが忍従するとしよう、そうなれば、かけがえのない人間的価値を犠牲に供することは、彼らをして決定的に匿名性の世界に埋没せしめるだろう。我らが世代には断念する権利もなければ、とくに敗北する権利もない、闘争のドラマティックな目的とは、かくのごとしである。

## その後の状況——原著者への書面インタビュー（聴き手は訳者）——

——戦後、アルザスの言語的・文化的状況はどう推移したのですか？

フィリップス氏（以下、Phと記す）——一九四五年、ストラスブール大学区長は小学校でのドイツ語教育を、「新しい事態が生じるまで」停止するという決定を下しました。したがって、アルザスの歴史上はじめて、ドイツ語がアルザスの小学校で教えられなくなったのです。この教育が復活するのは一九五三年にすぎません。

一九七二年、ドイツ語教育視学総監ジョルジュ・オルデリットのお蔭で、ドイツ語「入門」が中級科一年、すなわち、九歳から週二時間、許可されました。

一九八二年から、ストラスブール大学区長ピエール・デイヨンの働きのお蔭で、小学校で九歳から、一日三〇分の授業が行われるようにもなりました。

一九九〇年、上院議員で、オ・ラン県議会名誉議長、アンリ・ゲットシ博士の発議で、「アルザス・ロレーヌの言語・文化高等委員会」が設置されました。この高等委員会は、「アルザスとモーゼルにおける言語と文化の保全・推進を対象とするあらゆる問題に関する根拠を定める」ことをその本質的な目標としています。そしてアルザスと、ロレーヌのドイツ語圏地域のための教育計画が策定・発表されました。

一九九一年、父兄で組織する私的な協会「ＡＢＣＭ」（幼稚園クラスからの二言語使用推進協会）が結成されました。この協会は、フランス語とドイツ語を各々週一三時間ずつ教える幼稚園の開設に成功しています。公立小学校では、週六時間まで可能なドイツ語の時間割を持ったクラスが存在します。たぶん公教育もまた同等の教育（二言語各々週一三時間）をする幼稚園クラスを開くでしょう。またたぶん、これが既存の「ＡＢＣＭ《ツヴァイシュプラーヒヒカイト》」協会のクラスを引き受けることさえあるでしょう。

小学校でのドイツ語教育の問題がまだ解決にはほど遠くても、現存の状況を改善するため注目すべき努力がなされていると言えると思います。

——現在、アルザス語とドイツ語にはどんな関係があるのですか？

Ph——実際は、「アルザス語」と称されるものはドイツ語に属します。それはドイツ語の口語形態です。つまり、アルザスで話されているものとしてのドイツ語です。ただし、これがどこでも同じように話されているのではありません。書記形態は、ドイツ語世界のどことも同じく、近代ドイツ語です。

——二言語使用に対してアルザス人はどんな立場にあり、また現在、彼らはそれをどう考えていますか？

Ph——そう聞かれるたびに、アルザス人はまず学校で、有効な仏独の二言語使用が行われることに対し明快かつ圧倒的に賛成しています。しかし残念ながら、これはめったに考慮されませんでした。今日、九割のアルザス人がアルザスの言語的・文化的未来を保証する解決策が見つかるよう願っていると言えるでしょう。この問題は学校にはもちろん、また、その全体としてのアルザス社会にも関係します。

——ベルリンの壁の崩壊はアルザスのドイツ語の展望に何か直接的な影響を与えましたか？

Ph——直接的な影響？　それはありません。問題はアルザスが十七世紀にフランスになって以来存在しており、それ以来、何も変わっていません。しかし、ベルリンの壁の崩壊がたんにドイツ統一だけでなく、またその後、東欧・中欧で起こった大変化の象徴である限りは、アルザスでドイツ語を修得することが新たな重要性を帯びることは明らかです。実際、ドイツ語は中央ヨーロッパ諸国とのきわめて重要な直接交流言語になりつつあり、また忘れてはなりませんが、ロシア、ウクライナ、白ロシア、アジアにある旧ソ連の新興共和国、とくにカザフスタンなどともそうなりつつあります。

——ヨーロッパの少数民族の観点からすると、アルザスとその言語はどう位置づけられますか？

Ph——「その」言語？　たぶん、二つの形のドイツ語、すなわち、アルザス方言と近代ドイツ語のことですね。アルザスにはヨーロッパのすべての少数民族との共通点があります。一方には、我々ならばフランス語という国語、他方にはアルザス独自のことば、つまりドイツ語があります。そこからアルザスの言語的——二言語使用——かつ文化的問題が生まれるのです。アルザスとヨーロッパの他のほぼすべての少数民族との違いは、三〇〇年前から、二大文化・交流語の競争があり、しかもこの二つが隣接した、ライヴァル同士の二大強国の公用語であったことです。

——フランスの地方語としてのアルザス語の位置はどういうものでしょうか？

Ph——「アルザス語」はフランスの枠内でのみ「地方」語です。実際は、「国際」語なのです。アルザス語とは、本質的には二つの方言、つまり、ほぼアルザス全土のアレマン語と北部のフランク語です。ところで、アレマン語はまたドイツ、オーストリア、スイス、リヒテンシュタイン公国でも話されています。これをフランスでは、「国」語と異なった語であると言うため、「地方」語と呼びます。それだけのことです。しかし、厳密に言語的な観点からは、この呼称には何の意味もありません。

——ヨーロッパ共同体の統合は言語、文化、経済の面でアルザスにどんな展望を開くでしょうか？

Ph――大きな展望が開けます。アルザスはヨーロッパの最も重要な言語的・文化的・経済的十字路の一つに位置しています。半径五〇〇キロメートル以内に、さまざまな商工業の大きな中心地があり、これが結局、ヨーロッパの経済力となっているのです。それは未来のアルザス人にとって、アルザスの仏独二言語使用がきわめて重要だということです。フランス語とドイツ語の修得と、この修得に助けられて英語を正しく知ることが、おそらくヨーロッパで唯一の物理的、知的、つまりは文化的・経済的な機動性をアルザス人に与えるでしょう。

――最後に、あなたの考えでは、どんな条件であれば、今日のアルザスがそんなにも野心的な目標に到達できると思いますか?

Ph――もちろん、多くの条件が一緒にならなくてはなりません。しかしまず第一は政治的な意思の問題です。そしてこの意思が真に明らかになるのは、アルザスがその二つのことば、つまりフランス語とドイツ語の法的な存在を保証する正式な地位を享受する日になってはじめてでしょう。そのような地位は必然でもあり、権利でもあります。必然というのは、いかなる法的存在の認知も受けない言語は生きられない、つまりは、正常に発達できないから。また権利というのは、アルザスがフランスの一地方であり、またこの資格で、もちろんフランス語がフランスの他の地方の場合と同じ位置を占めるのが当然であっても、アルザスはまた古いドイツの地方でもあり、フランスに統合されて三〇〇年たってもなお、つねにドイツの文化的・言語的世界に属しているからです。

わたしの考えでは、この条件でのみ、アルザスの人々が願う仏独二言語使用が一つの現実となり、アルザスがヨーロッパでその固有な役割を完全に果たすことができると思います。

# 原注

出典は巻末「参考文献」参照。〔 〕の部分は訳者注。＊は原文ドイツ語。

## I 隣人のことば

（1） マルタン・アルハイリリヒ、『エラン』、七―八号、一九六九年十一月。

（2） **アルザス方言――**

レイモン・マッツェンは現在の状況を以下のように記述する。「地方・区域・個人などの多様な変化を捨象すると、アルザス方言には、北から南にかけて、おおむね三つのしかもきわめて不均衡な次元の方言域がある。

――第一はライン・フランク語《ライン・フレンキッシュ》で、これはゼルツバッハの北部とヴォージュ山脈の北西部で話されており、プファルツ地方やドイツ語系ロレーヌ地方のものと同一か、または類似した方言である。

――第二は低地アレマン語《ニーダー・アレマーニッシュ》で、これはアルザスの大部分、低地ヴォージュの東縁部からベルフォールの谷まで話されている。

――第三は、高地アレマン語《オーバー・アレマーニッシュ》で、これはズントガウの南東部周辺で話され、スイスの俚語にごく近い方言の変種である。（『アルザスの民俗と伝統、方言領域』、一一一頁）

アルザス北部に定住したフランク族の話したライン・フランク語を生んだのは、それ以前にライン両岸に住んだライン・フランク族の言語、原ライン・フランク語である。この原ライン・フランク語はまた、フランケン、ロレーヌ、ルクセンブルク各方言の起こりでもある。フランク語のもう一つの変種、サリ・フランク族の

言語、サリ・フランク語は、フラマン、ネーデルランド語の祖先である。（アルベール・ドーザ参照、一一九頁）
しかしながら、今日アルザスで話されているフランク、アレマン両方言がフランク族、アレマン族によるアルザス占領時代のものと同じであると思ってはならない。これらの方言は大きく変化した。というのは、一方では、あらゆる言語は世代から世代へ自然に変化するものであり、他方では、それらは明らかに歴史的偶然性を免れることはできなかったからである。

（3）**言語的国境**――
現実には、言語的国境の概念はもはや昔と今では同じ意味を持つものではない。現代では、それは都市とか、その周辺のいくつかの村をも通って移ってゆく。それは、五世紀以来、代々方言が伝承されてきた家庭の内部にさえ浸透する。だが、これはまた別問題である。

（4）**フランク人のガリア侵略**――
ガリアを侵略したのは、サリ・フランク族である。フランス・フランドル、フラマン地方、オランダでは、型どおり占領がなされ、広大な領土が奪取された。しかし、彼らが南進するに従い、その数が次第に減少したので、フランク語はガリア人の話す言語への衝撃力を著しく失った。それでも、大きなフランク族の植民地が、アルトワ、ピカルディ、シャンパーニュ、イル・ドゥ・フランスなどに存在しており、そこでは、各地方の言語に対するフランク語の影響は他よりもはるかに強かった。（A・ドーザ参照、一一九頁）

（5）**ガリア語**――
ガリア人の言語、ガリア語は他にもあるケルト語の一方言である。

（6）**古典ラテン語、俗ラテン語**――
「カエサルの時代、またおそらくそれ以前から、人々は話す時と書く時に別な表現をしていた。なぜなら、古典ラテン語と俗ラテン語の区別を帰すべきは、本質的には書きことばと話しことばの区別に対してだからである。」（ジャン・ブルシエ、三一頁）

「古典」ラテン語とか、「俗」（民衆）ラテン語とか言っても、いずれにしろ同一言語のことだった。なぜなら、「けっして、〝唯一〟のラテン語、と〝唯一〟の民衆ラテン語があったのではないからである。」（フェルディナン・ブリュノ、I、四四頁）

（7）**ガリア語の基層**――

まず指摘しておくべきは、一民族が一朝一夕にして自らの言語から他の言語に移るものではないことである。それは数世代の営為であり、しかもある一定の条件が満たされなくてはならない。ある言語上の変化が、新しい言語に対する元の言語の影響が何らかの形で感知されずに、起こることは稀である。ガリア人は、自らのケルト方言を長く使用して獲得してきた言語的習慣を保持せず、また彼らの語彙の、少なくとも一部をそこに導入することなくして、ラテン語を採用したのではない。

またいかなる生きた言語も、他の言語の干渉なしに、数世紀間静止したままではいられないことも本当である。それは結局は、音韻的・語形的・統辞的・語彙的次元の変化をもたらす多様な影響を免れられない。こうした変化は学校、役所、文学などの民衆層に対する標準化の活動の効果が弱いか、まったく無いかであれば、よりいっそう深く、早くなるのである。ガリア人の話すケルト語がなくても、俗ラテン語はガリアで、多かれ少なかれ根本的な変化を被ったであろう。それに、ケルト語だけに起因するような変化はほとんどないようである。しかしそれでも、ケルト語が存在しなければ、ガリアの口語ラテン語の進展は、いくつかの領域では異なったものになったであろう。

専門家の意見では、ガリアの口語ラテン語に対するケルト語の直接的影響はない。しかしながら、例えば、ケルト人が居住していた至るところで、ラテン語の murus〔壁〕のなかの《u》のように［ou］と発音されるものが、現代フランス語では、mur〔壁〕のなかの《u》のように［y］となっていることが認められる。たとえこうした明確な場合でも、F・ブリュノはケルト語は「出発点」を与えたにすぎないと言うが、それでも、ガリアのラテン語の進展にはケルト語の痕跡が窺える。

また、キャトゥル・ヴァン〔八〇〕という言い方（フランス語系スイスではオクタント）はケルト語の影響に帰せられる。（十七世紀にはまだ、トロワ・ヴァン〔六〇〕、シ・ヴァン〔一二〇〕と言われていた。）事実、類似の構成が今日のケルト語方言に見出せるが、これは、フランス語以外のいかなるロマン語にも見られないものである。ケルト語の足跡はまたフランス語の語彙にも残存している。（F・ブリュノ参照、I、五三―五六頁）

それゆえ、フランスの言語史を語る時、ガリア語あるいはケルト語の基層を考慮するのは当然なのである。正確には、それはどういう意味なのか？

基層《スュブストラ》とは、「ある一定の地域において、元の方言の影響が代替後の新方言の新たな形態において看取されるような状況で、（元の方言とは明らかに異なる）別の方言により、取って替わられた方言《パルレ》」のことである。（ロベール大辞典）

ガリアでは、ケルト語とは明らかに異なる言語、ラテン語に取って替わられたのが、まさにケルト語なのである。そして、このケルト語の影響は代替後の新方言、ラテン語の新たな形態において看取される。したがって、ガリアのラテン語に対するケルト語の影響の重要性が何であれ、事実は、フランスにガリア語あるいはケルト語の基層が存在したのであり、そのいくつかの影響が現代フランス語になお看取されることである。

付言させてもらいたいのは、方言使用のアルザス人にとっては、方言が言語的基層ではないことである。方言使用のアルザスの子供たちが（第六学級に入った）十一歳、ごく最近のある生徒たちの場合は九歳まで、彼らの母語にある言語的資質を活用するのを遅らせられているという事実からすれば、その段階ではまだ、彼らが「その言語的基層」に依っているとは主張できない。そのように言う人々にとっては、時には、現実的な意味のない、言語的に特殊な語の表現だけが問題なのだ。しかしながら、他の人々にあっては、問題へのこうしたアプローチはその実体をあえて公表しようとしない言語政策の偽装の試みにされる。これは後述したい。現実には、十一歳あるいは九歳で、アルザスの方言使用者は、結局自己の真のことばであるものによって、その言語表現を発展させることが許されていたのだ。

（8）**フランク語の上層――**

ゲルマン民族の大侵略の時代、フランク族がガリア人の話すラテン語と接触しだした時、これはガリアの口語ラテン語に特有な変化をすでに被っていた。そこから、このすでに変形したラテン語に付されるガロ・ロマン語あるいはガロ・ロマンス語の名称が生じた。

フランク族も、彼らの言語、フランク語をその日のうちに捨て去ったのではない。ここでもまた、フランク語が完全に消滅するまでには数世代を待たねばならない。

「数世紀の長きにわたって、北フランスは二言語使用であった。とくに支配階級で重要な地位にあった者と自由農民層のごく少数の者がゲルマン方言を話し続けていた。この少数者もやがてはロマン語を話し始めるが、フランク語には九世紀のネウストリアではまだ十分な生命力があり、ここで、イシドールスのテクストの古高ドイツ語訳が作成されたほどであった。ネウストリアのフランク族のローマ化が最終的に完了したのは九〇〇年頃にすぎないようである。」（W・フォン・ヴァルトブルク、六六―六七頁）（ネウストリア、すなわち西フランク王国はメロヴィンガ王朝期のフランスの国家の一つで、北はセーヌ川、南はロワール川、東はブルゴーニュ、西はブルターニュを境界とした。）

フランク語を話さなくなった最初の王はユーグ・カペであり、それは九八七年、つまりフランク族の侵略後、少なくとも五〇〇年を経た年にあたる。それゆえ、フランク族にあっても、言語上の変化は漸進的に起こっている。ガロ・ロマン語を採用しても、彼らはそこに自分たちの言語習慣も、フランク語の単語も同じように導入している。彼らは、ガリアに住んだローマ人のしたこととは反対に、自分たちが植民地化した国の言語を採用したので、ここでは基層ではなく、フランク語の上層が問題となる。

事実、上層《スユペールストラ》とは、「ある民族の言語と彼らの新植民地の言語の影響関係から見て土着の言語が原住民によって保持され、かつまた新参者によって採用される時に、この新参の民族が話す言語」のことである。（ロベール大辞典）新参者はフランク族である。原住民のガロ・ロマン人は自らの言語を保持しているが、それは、少なくとも部分的には、新参者の言語、フランク語の影響を受けている。

例えば、フランク族がある種の［w］の発音法を持つのはこのためである。異質な言語習慣を持つガロ・ロマン人がこの音の生成のもたらす問題を解決するには、［w］を［gw］、次いで［g］とすることによってのみ可能である。フランク語の werra, warjan, warnjan, wisa 等は、結局、フランス語の guerre〔戦争〕, guérir〔治す〕, garnir〔用心する、身を守る〕, guise〔仕方、流儀〕等になる。（F・ブリュノ、I、六九頁）

そして類推から、この［w］の発音はラテン語に広がり、vadum, vastare, vespa のように《v》で始まる語が、フランス語では、gué〔浅瀬〕, gâter〔甘やかす〕, guêpe〔雀蜂〕となるのに対し、vado＝gué はイタリア語とスペイン語に、また vespa と avispa はイタリア語とスペイン語にそれぞれ見出される。（A・ドーザ参照、三五頁）

今日でも、フランス人がドイツ語や英語を学ぶ時、有音の《h》を発音するのにひと苦労することは周知のことだ。この音声をガリアに導入したのはフランク人である。ガロ・ロマン人はそれを知らなかった。それは、実際には、フランク族の勢力がもっとも強かった北ガリアでのみ必要となった。この《h》は、日常的な発音ではしばしばほとんど無音であるが、それでもいくつかのフランス語に見られる。これに関して、フォン・ヴァルトブルクが以下のように述べている。

「フランク族は音韻体系まで変更した。彼らは北部のガロ・ロマン人に新しい子音を与えたのである。ゲルマン人は《h》を持っていたが、ロマン人にはもうその対応物がなかった。他のすべてのロマン語諸国では、《h》を持つゲルマン語はその語頭音を失った。イタリアでも、スペインでも、南フランスでも、ゲルマン語の影響はそれほど強くはなく、土着民の調音習慣とはまったく無縁なこの音声を彼らに課することはなかった。北ガリアだけがこの調音法に従わざるをえなかったが、さらには、レト・ロマン語系口話も、これを当然アレマン族から受けていた。したがって、ゲルマン語の helm は、イタリア語 elmo、プロヴァンス語 elm、スペイ

ン語 elmo となり、フランス語では heaume〔兜《かぶと》〕となった。」（六〇頁）
例はいくらでも挙げられよう。事実は、フランスにはフランク語の上層があり、その影響は現代フランス語になお看取されるということである。

A・ドーザはゲルマン民族の大侵略後のガリアの言語状況を次のように特徴づけている。

「約五〇〇年間、ガリアの支配階級――フランク族の貴族階級――は二言語使用であった。この社会的事実はフランス語の形成に著しい影響を及ぼした。変化のさなかにあって、もはや指針も規範も持たない特有語である俗ラテン語を話しながら、フランク族は不可避的に彼らの表現語句を導入し、かつこの言語の語法を彼ら自身の言語習慣に合わせねばならなかった。こうした傾向は彼らの同化が進むに従って弱まるが、そこからいくつかの特徴が残ることになった。――この影響が、結局はフランス語を特徴づけてしまい、さらにはガリア語の基層と相俟って、隣接ロマン語諸語に対して、フランス語を個別化するにいたったのである。それは、数世紀にわたって、フランス語のある種の傾向の進展を阻みさえしたが、それは後にふたたび現れた。次の時代が漸進的な脱ゲルマン化の証明となる。」（三〇頁）

（9）**ストラスブールの誓約**（八四二年）――

『ストラスブールの誓約』の原文は、シャルルマーニュの孫、歴史家ニタールの写本により今に伝えられている。写本は十世紀のもので、ロマン語《ロマーナ・リングア》とチュートン語《テウディスカ・リングア》の字句から成っている。（原文と仏訳は、フィリップ・ドランジェ編『アルザス史文献集成』にある。七二―七三頁）

ロマン語の誓約は、Pro Deo amur et pro christian poblo…、チュートン語の誓約は In Godes minna ind in thes christianes folches のような表現で始まり、いずれも「神への愛とキリスト教民族のため」を意味する。

ロマン語とは、口語ラテン語と初期フランス語の中間段階の言語である。それはおそらく当時の「フランス王国」でもっとも広く使用された形態であった。

チュートン語は、実際には、当時アルザス北部で話されていたものにおそらくかなり近い方言、ライン・フランク語方言である。この方言はまた、ほぼ同時代のドイツ文学のごく初期の作品の一つである、『キリスト』において、オットフリート・フォン・ヴァイセンブルクのことばにも強い影響を及ぼした。(これに関しては、J・デンティンガー『六〇〇年から一六〇〇年までのアルザスの詩人と思想家』参照、九―二一頁)

## (10)「フランス」と「ゲルマニア」の両王国に言語的統一はなし――

ヴォージュの西ではどこでもロマン語が話され、またヴォージュの東ではどこでもチュートン語が話されていた、と思うのは誤りであろう。前述したごとく、チュートン語とは、実際は、ルイ・ル・ジェルマニックと彼の大半の家臣のことばであるライン・フランク語方言だった。しかし、「ゲルマニア王国」は、明らかにゲルマン語あるいはゲルマン方言を話さない複数の民族、とくにスラヴ民族も擁していた。

同時代の「フランス王国」でも、状況はほとんど違わなかった。『ストラスブールの誓約』のロマン語は、フランク語も知っていた禿頭王と彼の大半の家臣のことばだった。しかし、かつてガリアを形成していた領土で、ニタールの写本によって我々が知っているようなロマン語が、どこでも話されていたのではない。

『ストラスブールの誓約』がロマン語とチュートン語で交わされたのは、「フランス王国」を支配していたフランク族が、その頃すでにロマン語を話していたからであり、また「ゲルマニア王国」を支配していたフランク族はチュートン語を話していたからである。現代語風に言えば、ロマン語は当時の「フランスの権力者」の言語であり、チュートン語は「ドイツの権力者」の言語であったと言えるだろう。

事実、『ストラスブールの誓約』は、長兄ロテールに対する禿頭王シャルルとルイ・ル・ジェルマニックの同盟を固めたものだった。ついにロテールは譲歩し、八四三年、ヴェルダンで帝国の分割条約を締結した。禿頭王シャルルは「西フランキア」(「フランス王国」)、ルイ・ル・ジェルマニックは「東フランキア」(「ゲルマニア王国」)、ロテールは「ロタリンギア」と呼ばれる中央地域を獲得した。この分割は言語的根拠に基づいたものではない。

八七〇年、禿頭王シャルルとルイ・ル・ジェルマニックは「メールセン」(オランダのマーストリヒト近く）条約を結び、ロタリンギア王国の解体に取りかかった。そうすると、もはや「西フランキア」（後のフランス）と「東フランキア」（後のドイツ）しか残らなかった。この新たな分割も言語的根拠に基づいたものではない。分割するに際し、伯爵領、大修道院、他の司教領の価値は考慮された。しかし、二つの「王国」間の分割線が、ロマン語とフランク語間、したがってフランス語とドイツ語になるべきものの間に存在する言語的境界、当時は今日よりもはるかに西部よりだった境界にごく近いものであったことが判明した。この事実は注目に値する。（リュシアン・シトレール『アルザスの歴史』参照、I、八一頁）

（11）**フランシアン語からフランス語へ――**

実際は、「政治的理由から、最後に文学語として他の方言に取って替わったのは、パリで話されていた特別な形態でのイル・ドゥ・フランス地方の方言である」。（J・ブルシエ、二八七頁）

ことばの覇権は、ある国や領土がことばという言語的媒介物を通して、他の国や領土に及ぼす政治的覇権とつねに密接に関係している。王権の確立のお蔭で、イル・ドゥ・フランス地方はごく早くからフランスの重心となった。それは今日でもそうである。フランス国王は征服地へ支配権を拡大するに従って、またその言語、イル・ドゥ・フランスの方言またはフランシアン語の活動領域も拡大した。中央権力（最初は国王、次いで共和国）の圧力に加えて、高度な文学作品のもたらした威信のお蔭で、最終的に今はフランス語と呼んでいるものになったのは、このフランシアン語である。

多くのフランス人は、自分の国がフランス、そして自国の言語がフランス語と呼ばれるようになったのは、ガリアがローマ化した後、フランク族というあのゲルマン民族に征服かつ支配されたからであることを忘れている。（参考。ドイツ語のフランクライヒとは、フランク族の帝国の謂である。）事実、フランシアン語とは、フランク族の言語の影響下で、ガロ・ロマン語が取った形態である。フランシアン語、それはオック語（オック＝はい）に対してオイル語（オイル＝はい）のことを指す。オイル語とオック語の古い分岐線は、ガリアのフランク族占領地域と非占領地域の境界線におおむね対応する。「したがって、南北間に言語的障壁を築いたのはフランク族の侵入である。ロマン語にフランス語という名で知られたこの個別形態を生んだのも、またそのためである。」(W・フォン・ヴァルトブルク、六七頁)

また、この二つの国に、わが国で言うフランス、ドイツという名称が与えられたのはかなり示唆的であると指摘できるのではないか? げんに「フランス」がフランク族の国を、「ドイツ」がアレマン族の国を意味するとしても、それは偶然の結果ではない。フランク族とアレマン族は隣人であり、ある一定期間、多かれ少なかれ同質の領土、すなわちフランキアとアレマニアを占領していた。よくあることだが、そこには意味の拡張があった。そして最終的には、これら二つのゲルマン部族を隔てる分岐線の西側に住む人々すべてを、フランク族であろうとなかろうと、フランク人、フランキア人、フランス人と呼び、またこの分岐線の東側に住む人々すべてを、アレマン族であろうとなかろうと、アレマン人、ドイツ人と呼んだ。非常に興味深いことに、また自分でその名を付したにもかかわらず、「ドイツ人」と見なされることを頑として拒絶するのは(スイスやアルザスの)現代のアレマン人である。これは明らかに彼らの間違いではなかった。

### チュートン語から高地ドイツ語へ——

ドイツ語に関して言うと、進展はたんに異なっているだけでなく、はるかに複雑であった。ドイツでは、いかなる国王も皇帝も、彼らがその権威を確立した領土全体に、〝おのが〟言語を行き渡らせるにはいたらなかった。加えて、オットー大帝による神聖ローマ・ゲルマン帝国の樹立とその境界画定そのものが、ゲルマン世界の重心を東部、それもアルザスから見て北東部、南東部の方へ漸次移していった。この動きはホーエンシュタウフェン王朝の末期になると強まる。したがって、言うならば、ルイ・ル・ジェルマニックの「ゲルマニア」の公用語たるチュートン語、あるいはライン・フランク語の政治的役割と重要性は、大きく減退し、他のゲルマン方言を利することになった。

さまざまな公国、後にはドイツ帝国を形成するさまざまな領土間で言語的交流をより容易にする必要性から、「官庁用語」なるものが生まれ、これは、マルティン・ルターが聖書を翻訳する際に用いる言語に無視すべからざる地位を占めることになる。これに印刷術の発明の結果が加わる。実用的な理由から、この発明のため、ドイツ語系諸国は誰にも共通なドイツ語の一形式を採用するにいたる。かくして、長らく書きことばとしてしか使われないが、結局はその慣用が他のすべてのドイツ語方言を圧倒してゆく、ドイツ語形式が徐々に浮かび上がってきた。それが、まず教養ある階層で、次いで他に秀でて日常語《ウムガングスシュプラーヘ》にもなって話されるのは、ずっと後のことでしかない。我々が高地ドイツ語《ホッホドイチュ》、また時には標準語《ホッホシュプラーヘ》とか文章語《シュリフトシュプラーヘ》とか呼び、そして現代の人々には、ただドイツ語というだけで知られているのは、このドイツ語形態なのである。

フーゴ・モーザーの著作、『ドイツ語史《ドイチエ・シュプラーヘゲシヒテ》』は、ドイツ語の歴史に対する総体的な好俯瞰図を与えてくれる。以下は、高地ドイツ語形式の決定的瞬間における言語的進展を正確に把握させてくれる、そのいくつかの抜粋である。

**＊官庁ドイツ語《カンツライドイチュ》——**

「十三世紀以来、ドイツ語が役所からラテン語を排斥し始めたことには決定的な意義がある……。行政用語としてのドイツ語の使用は以後、西部から広がり、さらに十四世紀の初頭になると、東部へも北部へも浸透してゆく……。十三世紀以来、都市の発展と密接に関連して、大規模な遠隔地交易が帝国内部はおろか、国境を越えた地域にまで発展していった。かくして、通商用語としてのドイツ語は、やがて役所の公式ドイツ語になったのである。」（一三三—一三四頁）

**＊マルティン・ルター——**

「ルターは新高ドイツ語の創造者としてではなく、その文章語の創始者として、ドイツ言語史に登場してきた（この結果には、本質的にまたA・バッハも関係する）。十七—十八世紀においては、彼は翻訳の大家であり、ことばの偉大なる体得者ではあったが、その形式の形成者ではなかった。事実、彼は古い東部中央ドイツの言語的伝承に依拠していた。ルター自身、自分の言語的成果を小なるものと考えていた。彼は、文献学者や言語改革論者としてではなく、神学者、宗教改革者として、ザクセン地方の行政語を採択したのである。彼にとって重要なことに思えたのは、自分の著作がドイツのどこでも読まれ、理解されることなのだ。こうしたことを自覚しないがままに、彼は統一ドイツ語の出発点とも基礎ともなるべき言語形式を創出した。エラスムス・アルベルスとヨーハン・ヴァルターがドイツ語の父としてのルターについて言ったことばは、その意味においてのみ該当する。」（一四五—一四六頁）

「*ルターのことばがアレマン・バイエルン地方で地歩を占めたのは、きわめて後のことでしかなかった。それは、この地方ではルターのことばと民衆語の隔たりが大きく、かつまた人々がかつての文学的伝承に対する誇りをも持っていたからである。この地方の人々には、ドイツ中央の精神的優位に屈服する気はほとんどなかった。とくに南ドイツのカトリック系地域とツヴィングリ派のスイスにおいては、宗教の相違もまた、その阻害要因になっていた。」（一四八頁）

したがって、官庁用語の影響に通商用語の影響が重なり、またマルティン・ルターが「ドイツ語の父」と見なされるのは言語学者としてではなく、自分の聖書と自分が説く改革をできるだけ広く普及しようと気づかう宗教改革者としてである、と指摘することは興味深い。また、宗教的な理由から、ルターのことばが根づくのに最大の困難に出会うのはアレマン（とバイエルン）地方であること、しかもこれらの地方には正当にも誇りとする文学的伝統があったからでもある、と指摘するのもやはり興味深い。

(12) リュシアン・シトレール『歴史の地、アルザス』、四九頁。

(13) ストラスブール司教、聖アルボガスト（六世紀）、聖フロラン（六—七世紀）、ロテール（七世紀）と、アルザス教会設立者、聖ピルマンなどがヴォージュの彼方からやってきた。（A・M・ブルク、二八、三〇、四七頁）多くはフランク族の貴族の家系の出である（聖アルボガストのように）多くの伝道者は、たぶんロマン語とフランク族のことばを話していた。

(14) **アルザスにおけるフランス語系修道僧**——

「クリュニー会の改革」を敢行するためにアルザスへやってきたのは、クリュニー会修道僧である。彼らの助力を乞うていたフェレット伯爵は、民衆に語りかけるには、修道僧が当時のドイツ語を知らなくてはならないと悟った。「しかし、彼ら（クリュニー会の修道僧）は土地のことばを知らなかったので、伯爵はドイツ語の話せるモランの派遣を要請した。この僧はやがてズントガウ一帯で慈善活動を行ったが、彼の説教は多くの人々を引きつけた……。」（L・シトレール、六一頁）

この時代、キリスト教の信仰を伝えるには、本当に人々の心を捉えねばならなかったが、彼らの理解しないことばで語りかけるわけにはいかなかった。ストラスブール司教ベルノルド（十三世紀）は迷わず信者に方言で話しかけた。（P・レヴィ、I、一三三頁）人々はもう民衆のことばが何であるかを知っていた。しかもたんにアルザスにおいてだけではない。例えば、「モントルイーユの出身で、その教区がドイツ語系ロレーヌの大部分にまで広がっていた、トリーア大司教アルベロン（十二世紀）が教区民のことばを知らなかったのは、そのようにしてである。そして彼を引用するという事実だけでも、またはその引用の仕方が、そこから生じる不都合を如実に示していると思われる。逆に、生まれがドイツ人のトゥル司教ピボは、二〇〇年も前に、信徒のことばが理解できるようにと努めた。土地のことばを知らない司教を持つという危険は、カロリンガ朝時代にも大きかったが、ましてや後代になるともっと大きく、それを恐れたアルザスの聖職者は未然に防ぐために奔走したことだろう……」。（P・レヴィ、I、一四三頁）

修道僧だけではなく、在俗聖職者までがフランスに行ってフランス語を学んだのは、おそらくそうした障害を減ずるためであろう。「十三、十四、十五世紀にパリに滞在したアルザスの学生や修道僧の例は数多くある。優秀な者は、いわばそこへ〝職務として〟行かなければならなかった。ストラスブールのフランシスコ会教会参事会は、一二八二年、会員のパリでの勉強をこと細かく規定した。さらに、一四一一年には、いかなるフランシスコ会員も、あらかじめパリで勉強しなければ、〝マギステル〟〔ヨーロッパ中世の大学の学芸学部の最高学位、マギステル・アルツィゥム〕の資格が取れないとまで決定された。」（P・レヴィ、I、一八二—一八三頁）

（15）　**フランス式の教育——**

「何人かの子弟はことばを学ぶために、十一世紀からフランスにやられていた。」（P・レヴィ、I、一四七頁）

「レオン九世はおそらく二つの言語を自在に話した最初のアルザス人の一人であった。彼は二つの民族を結びつけ、アルザスという名を持つあの橋の支柱の一人になった。」（P・レヴィ、I、一四八頁）

アンドレ・マルセル・ブルク神父は、法皇レオン九世が、死に際に、その母語で聖なる父よ、と唱えたと語っている。

「ドイツのどこでもと同じく、アルザスでも、貴族は十二、十三世紀からフランス式の教育を受けたが、とりわけ女性はそうであった。多くの若いアルザスの奥方たちは、ヴォージュの向こうの男または女の教師に育てられたようであった。さらに進むと、人々は子供、とくに男子を外国にやった。後の人生で、機会があれば、二言語を知っていることで彼らが立派な外交官になることもあったからである。だからして、一三三六年、バイエルン王ルートヴィヒは、当時アヴィニョンに居住していた法皇ブノワのもとへ、アルザス人騎士、ルドルフ・フォン・アンドラオ、〝フランス語を上手に話す《リッター・デス・ビスツムス・シュトラースブルク・ヴィツトウム》、ストラスブール司教区騎士《ヴェルヒャー・デイ・シュプラーヘン・アオホ・ヴォール・カンテ》〟を派遣した。もちろんラテン語とフランス語が問題である。実際、ルドルフは法皇との交渉を指揮した。」（P・レヴィ、I、一八三頁）

周知のように、この「フランス式」教育は裕福な家庭にしか手の届かぬものだった。時代とともに、それは文字どおり一つの伝統となり、フランス語の威勢が増すにつれて、発展していった。アルザスがルイ十四世に帰するとき、フランス語を正しく知っている、数少ないアルザス人が見出されるのは、こうした家庭においてである。他の者には、ユグノーがアルザスにやってくると、とくにストラスブールで開設されるフランス系学校で若干フランス語を学ぶ機会があった。

「一六〇七年、役人のなかには、ベックレのようにフランス語に精通している者がいた。一六一九年、ペーター・シュトルクに同じような能力が認められる。お世辞が過ぎていることは認めておこう。それでもフラン

ス語を聴き取り、フランス語の手紙を読める者がいたのだ。」（F・ブリュノ、V、一一七頁）

（16）**ゴットフリート・フォン・シュトラースブルク――**

G・フォン・シュトラースブルクの『トリスタン』に関して、L・シトレールは次のように述べている。「物語は十三世紀初めの貴族社会、その慣習や生き方を見事に描写している。しかし、人々はまた、この〝小説〟がいかにフランス精神に満ちているかにも注目した。それはたんに、数多くのフランス語風表現からだけでなく、まったくフランス的な繊細さ、人生観、軽快さ、バランス感覚からであり、またこれは〝中世ドイツ文学のなかでもっともフランス的な本〟と称された。G・フォン・シュトラースブルクは西方、フランスからきた文化的素材を取り入れ、それに新しい形式を与え、そしてそれを東方諸国に伝えた重要な仲介者の一人であった。」（六六頁）

**アルザスの南方吟遊詩人――**

アルザスの南方吟遊詩人（ラインマール・フォン・ハーゲナウその他）とG・フォン・シュトラースブルクの詳細に関しては、J・デンティンガーのすぐれた紹介を参照のこと。（三一―五六頁）

（17）**フランスの文学作品のドイツ語訳――**

P・レヴィは、十六世紀に『パルツィヴァール』をフランス語からドイツ語に翻訳したアルザスのユダヤ人、サンプソン・ピーネの例を指摘した。そして、S・ピーネがフランス語を知っていたのは、彼が、十三、十四世紀にフランスを避けてアルザスに亡命せざるをえなかった多数のユダヤ人の一人であったからだが、それでもそのことは、彼がフランス語を陶冶することの妨げにはならなかった、と考えた。（I、一八六―一八七頁）

（18）P・レヴィ、I、二一二頁。

ストラスブール市参事会の態度が、町の主体性を保持するという配慮以外のもので決定されることがあっただろうか？　この時代、ストラスブールは言語と文化はドイツであった。事の正否はともかく、市参事会は、そうあり続けるためには、フランス語系「市民」の数を制限すべきであると判断した。なるほど、市民社会への加入希望者はカルヴァン派である。しかしだからといって、ストラスブール市参事会の決定がルター派の町へのカルヴァン派の影響を減ずるための口実にすぎない、と言えるであろうか？　どうもそうは断言できない。なにがしかの神学者が、カルヴァン派がストラスブールで勢力を増すのを苦々しく思っていたのはありうることだ。だがこの理由のために、フランス併合以前のアルザスへの、フランス語の比較的ゆるやかな浸透がルター派のせいだとするのは、確かに誇張した見方である。（F・ブリュノ、V、一一五頁）

（19）**ストラスブールのフランス系学校——**

十七世紀初頭、ストラスブールのフランス系学校はアルザス人だけを引き寄せたのではなかった。そこにはまた、フランス語を学び、実際に使いたいという若いドイツ人もみられた。例えば、ダニエル・マルタンやシュテファン・シュパルトなどが創立したようないくつかの学校はその教育の質のよさで知られていた。D・マルタンはセダン出身のユグノーだが、S・シュパルト、彼の方はドイツ人である。この時代すでに、ストラスブール大学にフランス語の講座があったのか？　D・マルタンが「名高きストラスブール大学のフランス語教授」の資格を要求し、またS・シュパルトが大学に受け入れられたことを自慢しているけれども、そうではなかったようである。（F・ブリュノ、V、一一七と一二一頁）

（20）**世界的に著名なアルザス人——**

ガイラー・フォン・カイザースベルク（一四四五—一五一〇）。ストラスブール大聖堂の高名な説教師。

ヤーコプ・ヴィンプフェリング（一四五〇—一五二八）。大人文学者、ブリュマット出身の家系の末裔。彼には「ゲルマニアの師傅《プレケプトール・ゲルマニア》」という名誉の称号が奉られた。また『アドレサンティア』とくに『ゲルマニア』で有名。

トーマス・ムルナー（一四七五—一五三七）。オーベルネ出身のフランシスコ会修道士。彼はその著『新ゲルマニア《ゲルマニア・ノーヴァ》』で、ヴィンプフェリングに劣らぬ巧みさと力強さで、『ゲルマニア』に反駁した。しかし、彼の諷刺的情熱はとくに、『悪人組合《ディ・シェルメンツンフト》』、『阿呆祓い《ディ・ナレンベシュヴェールング》』、『シュヴィンデルスハイムの粉ひき場または粉ひ《ディ・ミューレ・フォン・シュヴィンデルスハイム・オーダー・》き場の娘グレートのミサ《グレート・ミューレリン・ヤールツァイト》』(シュヴィンデルスハイム、すなわちシュヴィンドラーツハイム、あるいは方言でシュヴィンゲルーゼ)のような作品に披瀝されている。

ゼバスティアン・ブラント(一四五八―一五二一)。おそらく当時のドイツ語表記の最大の作家の一人。一四九四年、傑作『阿呆舟《ダス・ナレンシッフ》』を発表。この作品は彼に世界的名声をもたらし、フランス語、英語、ラテン語にさえ翻訳された。

この点に関し、マルタン・アルハイリヒは、「一四九四年にドイツ語ではじめて出版された『阿呆舟《ナレンシッフ》』は、《Stultifera Navis》の題名でラテン語訳されたからこそ、ヨーロッパのエリート層に広まった。また『阿呆舟』がフランス語や他の多くのことばに何度も翻訳されたのは、このラテン語版からである」、と明言している。(『エラン』、一九六九年十二月)

ベアトゥス・レナヌス(一四八五―一五四七)。ライナウ出身。ドイツ史に関する著作で有名。ロッテルダムのエラスムスの親友。

ヨーハン・フィッシャルト(一五四六―一五九〇)。ストラスブール人。その社会諷刺はひとの知るもっとも痛烈なものの一つ。またラブレーの『ガルガンチュア』のすぐれた翻案者の一人。

十六世紀は正当にも「アルザスの偉大なる世紀」と呼ばれるに値する。アンリ・シュヴァムが的確に指摘するように、この時代が「その反響と栄光」を負うのは本質的に諷刺にである。(六〇頁)

(21) **ストラスブールで――**

**印刷術**

「一四六六年、最初のドイツ語聖書が印刷されたのは、ストラスブールのメンテルのところである。」(P・レヴィ、I、二二一頁)P・レヴィは続けて言う。印刷術は、「それまで話しことばと書きことばのあいだに存在していた統一性を打ち破り、前者をして、説教や教育、その他の儀式ばった状況のような晴れがましい場合には相応しくない、二次的な手段にしてしまった。しかし同時に、それは他のことばとも重なるこの書きこ

とばを共通ドイツ語に結びつけた」。(I、二二五頁)

**マルティン・ルターの聖書**

「ルターの聖書の言葉は、プロテスタントにとってはある聖なるものを有していた。初期の信者たるストラスブール人や他のアルザス人は、それを理解しようと進んで努力した。慣用的でない語の理解を助けるため、いくつかのストラスブール版聖書には注釈が加えてあったが、それが何度も読まれると、やがてルターのことばは人口に膾炙するところとなった。反対者自身も、改革者のことばの影響を免れることはできなかった。相手を打倒するには、有効範囲の狭い方言を使うだけでは不十分だった。彼の教えを読むすべての人々の心に達するには、同一の言語を話さねばならなかった。ムルナーがその証拠である。人々がまさしくルターと闘いながら、彼の思想の最良の媒介物である彼のことばに道を切り開いたのは、歴史のこうした意外な結果の一つである。」(P・レヴィ、I、二二〇頁)

**ドイツ語のミサ**

「初めの頃、ドイツ語のミサ式はちょっと離れた、大聖堂の祭室のようなところで行われていた。〝地下納骨堂で聖歌隊の合唱が流れると、人々は二列に並んで階段を降りていった。上では、昔ながらにラテン語のミサがとり行われていた。〟しかし、祭室が満員になり、人々の賛同が得られるとたちまち役割が逆転した。急速にあらゆる尊敬をかち得たのはドイツ語のミサであった。作家たちがそれが行われたと断言している。〝一般大衆も同席して、牧師が声高らかに語ることを聞き、理解しようとした。それは、すべての人々にとってたいへん心地よいことであった。〟農民自身も、都会人のドイツ語の勤行を聞こうと町にやってきたのである。」(P・レヴィ、I、二四三—二四四頁)

(22) F・ブリュノが嘆いているかのように、アルザスには、フランス文化にかぶれて、「追従的に」その趣味を社会全体に伝えるべく、「先導役を果たす紳士または淑女」がいる宮廷を背景とした「支配的君主」がいなかった、と嘆かなくてはならないのか?(V、一一五頁)我々はそう思わない。

他のいくつかのドイツ語系諸国の上層ブルジョワ階級が時代の流行に従って、サロンでフランス語を話し、また彼らが、フランスに併合される以前のアルザスの上層ブルジョワ階級よりも少し熱心に、「フランス風の服装をした」こと、それはたぶん本当である。だが、それは流行にすぎず、時がたつにつれ、この流行も他のすべての流行と同じ運命をたどる。

すでに見たように、アルザスは、宮廷人のスノビスムからではなく、しばしば民衆出身の知的アルザス人がフランス文化の洗練に対して感ずる魅力のために、ごく初期からフランス語に心を開いている。それは同じことではない。そうしたアルザス人が、同時に、フランス趣味とは相容れない基本的にドイツ的な性格を故国に保とうと、執着するのはどうしてなのか？

それに、ヴェストファーレン条約以前または以後を考えても、頂点に支配的君主を頂く「アルザスという実体」が存在したからといって、アルザスにおけるフランスの言語と文化の進展が促進されることなど、まったく不確かである。ルイ十四世が、ストラスブール、ミュルーズ、コルマールあるいはアグノーのように、確固たる構造を持ち、その独立を誇りとし、おのが個性を強く意識する社会を相手にした時に出会った激しい抵抗を思えば、「アルザス州」に支配的君主がいたら国王が克服しなければならない障害がどんなものか、分かろうというものである。

## II　国王のことば

(23)　**傷ついた地、アルザス——**

**a　フランスの軍事的介入**

ドゥ・ラ・フォルス元帥の軍隊は一六三三年にアルザスを占領し始める。

フランスでは、統治しているのはルイ十三世（一六〇一―一六四三）であり、権力の手綱を握っているのはリシュリュー枢機卿（一五八五―一六四二）である。

歴史の本にあるように、リシュリューが（きわめてカトリック的な）オーストリア家を失墜させるために、スウェーデン人との同盟を決意したのは、きわめてキリスト教的なフランス国王の名においてである。アルザスは、ここにオーストリア家の広大な領地があったので、ハプスブルク家に戦いを挑むにはうってつけの土地である、と彼には思えた。（今日のオ・ラン県の大部分とバ・ラン県にあるいくつかの所有地がハプスブルク家のものだった。）そのうえ、アルザスの多くの小都市や領地がフランスの保護下に置かれることをひそかに喜んでいた。そのようにして、彼らは数年来、故国を荒らしてきた兵隊の無法から何とかして逃れたいと思った。

### b　残虐な戦争

その残虐行為により惨めにも有名になったのは、とくにスウェーデンの軍隊である。哀れな民衆に課された例の「スウェーデン式飲物《シュヴェーデントゥルンク》」（拷問手段として、むりやり飲み込ませた汚物）は無防備な人々を恐怖に陥れるこの上なく忌まわしい方式であった。これについて、L・シトレールは、『歴史の地、アルザス』で次のように言う。

「スウェーデン兵士はこの哀れな国できわめて非人間的に行動し、村や小さな町を荒らし回って略奪し、住民を拷問、殺害した。一六三三年一月末、こうした残忍行為に激したズントガウ地方の農民はスウェーデン人に抗して蜂起し、四〇〇〇人の徒党を組み、フェレットを奪取し、指令官のフォン・エアラッハを殺し、二つの隊に分かれてバーゼルとベルフォールに向けて進軍した。しかし、フォン・ハルプフ大佐がブロッツハイムの近くで彼らの一部を襲撃し、そして彼らは恐るべき殺戮行為を受けて虐殺された。その一方でライン伯が他の一隊を攻撃し、全滅させた。」（一五九頁）

ストラスブール市参事会の方は、一六三九年にルイ十三世に以下のように書き送った。

「この血まみれの悲劇が我らの哀れな祖国を舞台に演じられて以来、双方の兵隊から我々が被った無礼と不快は筆舌に尽くし難く、それに耐えるべき力もないほどの極度の限界に達しました。」(Ph・ドランジェ『アルザス史』、二八三―二八四頁)

(24) **アルザスの政治的統一の実現――**

フランスでは、ヴェストファーレン条約調印後、権力はリシュリューが後継者として指名したマザラン枢機卿(一六〇二―一六六一)の手にあった。(イタリア生まれで、本名ジュリオ・マザリーニである彼は、一六三九年フランスに帰化した。)アルザスのフランス王国への統合過程が、「皇帝陛下」と「国王陛下」間の条約締結によって始まった時、ルイ十四世は僅か十歳であった。彼は、一六六一年のマザランの死後にしか個人的権力を行使できないだろう。その時には、すでにしてマザランの腹心となっていたコルベール(一六一九―一六八三)がルイの主要閣僚となるだろう。

**a 細分化された不統一なアルザス**

一六四八年には、アルザス公国とか、あるいは神聖ローマ皇帝が正式にフランス国王に割譲したライン両県によって構成される政治的実体のようなものは、存在しなかったという事実を、いくら強調してもしすぎることはない。この時代のアルザスには、七世紀に聖女オディールの父エティションが統治した旧アルザス公国とは何の共通点もなかった。アルザスはもはやきわめて不規則な輪郭を持ち、時として相互に入り組んだ領土の集合体にすぎない。それらは、その自由と独立に激しく執着する小国家(方伯領、代官領、伯爵領、荘園)と小都市である。(Ph・ドランジェ、前掲書のアルザスの地図参照、二六四頁)

なるほどこうした領土は神聖ローマ帝国に統合されている。しかし、この帝国はかなり雑多な集合体である。広汎な自治権を享受しているので、帝国に属する諸国や領地は何らかの国民意識に動かされることはほとんどない。またさまざまなアルザス領土の住民には、お互いに運命共同体を形成する感覚もない。したがって、アルザスの大部分がフランス国王の支配下に入る時、「地方あるいはアルザス的意識」はなかった。

宗教改革も、こうしたすべての小国家と自由都市間の関係をより緊密なものにすることには寄与しなかった。まったく逆である。「この君主にして《クイウス・レギオ》、この宗教あり《エイウス・レリギオ》」の原理によれば、ある者は新教に移り、他の者は旧教に留まるかあるいはふたたび旧教徒になる。三十年戦争が勃発すると、それは、アルザスにとって大損害となる、取り返しのつかない、敵対する二陣営への分裂であった。

### b　ヴェストファーレン条約

交渉は、ヴェストファーレンの二つの町、ミュンスターとオスナブリュックで行われた。アルザスに関する条約は、一六四八年十月二十四日、ミュンスターで調印された。以下はその抜粋である。

「一六四八年十月二十四日、ヴェストファーレンのミュンスターで、皇帝陛下と国王陛下の全権大使と、神聖ローマ帝国の選挙侯、諸侯、各州の他の全権代表により署名された平和条約。

**第一条**

キリスト教的、普遍的、恒久的平和と、神聖ローマ皇帝陛下とフランス国王陛下の真にして誠なる友愛が存すること……。

**第七三条**

第三に、皇帝は自らの名と全オーストリア王家の名において、かつまた帝国は、ブリザッハの町、高地・低地アルザスの方伯領、ズントガウ地方、アルザスの帝国十都市の代官領に関して、これまで皇帝ならびに帝国とオーストリア家に帰属していた、すべての権利、所有権、領地、財産、裁判権を譲渡する……。

**第八七条**

フランス国王は、たんにストラスブールとバーゼルの司教とストラスブールの町のみならず、両アルザスで神聖ローマ帝国に直属していた他の小国家や修道会……同じく、これまで享受してきた神聖ローマ帝国に対する直参特権のあの自由のもとに、アグノーの代官所を承認する前記帝国十都市を残す義務があり、これに対し以後はいかなる国王権力も主張できないものとする。しかし、フランス国王は、これまでオーストリア家のもので、かつこの講和条約によりフランス王家に譲渡された何らかの権利だけを領有するに留まるとはいえ、本宣言は、上記に付与されたフランス国王の最高領主権から何ものかが減ぜられることを意図するものではまったくない。」(Ph・ドランジェ『アルザス史資料集成』、二六二―二六五頁)

フランス国王は、この条約で彼に属さないことが明白にしてある領土、都市に対し、「いかなる国王権力」もけっして「主張しない」ことを約束する、と特記されていることは注目すべきである。ストラスブールが自由都市の地位の保持に成功し、そして帝国十都市（アグノー、コルマール、セレスタ、ヴィサンブール、ランダオ、オーベレンハイム、ロースハイム、ミュンスター、カイザースベルク、テュルクハイム）が、「神聖ローマ帝国に対する直参特権の自由」を享受できたのは、それは大部分、ストラスブールとデカポールの都市の立場を断固として擁護した、ストラスブールのオットー博士とコルマールのバルタザール・シュナイダーの功績であった。

c　帝国十都市の抵抗

ミュンスターの平和条約はデカポールの都市を不快な状況に置いた。それは確かに神聖ローマ帝国に属したが、しかし同時に、フランス国王の至上権も認めることを余儀なくされている。ルイ十四世はこの曖昧さをなくすべきであるとし、そのためには十都市をフランス王国へ完全併合する以外に解決策はないと確信した。

運命をかわすため、十都市はまず、一六六二年、国王に忠誠を誓うことで、その基本的な要求に従おうとした。しかし同時に、神聖ローマ皇帝に対し、彼らは強制されただけであると通知した。自分たちの地位が次第に不安定になることが分かると、彼らは、一〇年後、神聖ローマ帝国に対する「直参特権の自由」を公式に主張するために、最後の試みをする。彼らは、強大なフランス国王に対し、ミュンスター条約は彼らへの「いかなる国王権力」も彼に付与していないことを喚起した。おそらくたんなる体面上の抵抗であろう。なぜなら、ルイ十四世がそのようなことに心動かされると、デカポールの都市が本当に考えていたとは信じ難いからである。

一六七二年から、フランス国王と帝国都市の関係は、ルイ十四世が武力に訴えることを決意するほど悪化した。

「王自ら、帝国都市、とくに抵抗の中心であるコルマールの反対を断つために、数千人を率いてアルザスに乗り込んできた。」（L・シトレール、一六九頁）コルマールは一六七三年八月二十日に降伏した。そして、「一六七三年八月二十三日から、ルーヴォワはまたセレスタの城塞、数週間後には、アグノー、ヴィサンブール、ミュンスター、オーベルネ、ロースハイムの城塞も次々と破壊させた。アルザスの旧帝国都市はそれで万事休すであった。」（L・シトレール、一六九頁）テュルクハイムを奪ったのはテュレンヌ元帥だが、住民はひどい目に合わされた。それが言いうる最小限のことである。戦争がふたたびアルザスで猛威を振るった。ルーヴォワは「都市の要塞と都市そのもの、とくに北アルザスの都市を破壊する」命令を出したことで、彼は彼なりに有名になった。（L・シトレール、一七〇頁）アグノーでは、教会と修道院だけが残されたが、これはたぶんキリスト教への信心からであろう。次に、同じ運命を被るのはヴィサンブールの番であった。サヴェルヌとブックスヴィレールはうまく切り抜けた。城壁と要塞門の取壊しだけですんだのである。

平和は一六七九年のナイメーヘン条約の調印後にしか戻らなかった。ルイ十四世は都市の服従を要求した。破壊されて、廃墟と化した各都市はそれを甘受した。これらすべての征服を合法化するために、国王は「併合会議」を設けた。この会議は、調印間もない条約にまだ正式には従っていない、アルザスの全領地をフランス王国に併合することを使命としていた。結局、一六八〇年、（ランダオを含めた）全アルザスが、ストラスブールとミュルーズを例外として、フランス王国に属した。（ミュルーズは一五一五年以来ヘルヴェシア連邦に属しており、一七九八年にしかフランスにならない。）（この頃のことについては、L・シトレール『歴史の地、アルザス』一六四—一七一頁と、一五六頁のヴェストファーレン条約によりフランスが獲得したアルザス領土図参照）

### d　ストラスブールの開城

いったんアルザスがルイ十四世の手に落ちると、ストラスブールも自分を待ち受ける運命について幻想を抱くことはもはやできなかった。モンクラール将軍は三万人の兵を集結させた。ルーヴォワは降伏しなければ町を破壊すると脅した。一六八一年九月三十日、ストラスブール市長はイルキルシュ＝グラッフェンシュターデンで降伏文書に署名した。一六八一年十月二十三日、フランス国王は町に麗々しく入城し、フレデリック・オッフェによれば、当時ストラスブールには二世帯の旧教徒しかいなかったのに（三九頁）、国王が旧教徒に返還させた大聖堂でのテ・デウムに出席した。それでも、いくつかの旧教修道院はストラスブールの地そのものでうまく存続していた。

「降伏文書」にはストラスブール市長の提案と、ルーヴォワがそれに加えた「修正」が含まれている。以下は最初の二項目である。

「一、ストラスブール市は、ストラスブール司教殿、フレッケンシュタイン領主にしてハーナウ伯爵および低地アルザス貴族諸侯の例にかんがみ、国王陛下を最高君主にして庇護者と見なすものである。

国王は町とそのすべての付属物を王国の保護下に受け入れるものとする。

二、国王陛下は、ナイメーヘン条約に補完されるヴェストファーレン条約に従い、ストラスブール市の政治的・宗教的なすべての旧来の特権・権利・地位・慣習を追認されたい。

承認」

（降伏文書の全文は前掲『アルザス史資料集成』にある。二六六―二六八頁）

この協定の交渉をしたストラスブール市長は、革命期の市長ディートリヒの曽祖父、ドミニック・ディートリヒに他ならない。もっとも、ドミニック・ディートリヒは報われなかった。彼はストラスブールから追放され、ゲレ（クルーズ県）に居住し、死ぬ間際になって帰ることになる。（ルートヴィヒ・シュパッハ、三〇頁）

### e　アルザス民衆と生じた変化

以下は、当時のアルザスに広がっていた一般的雰囲気をかなりよく伝えているF・オッフェの意見である。

「一部の歴史家の主張とは裏腹に、一六四八年のフランスへの併合は、アルザスの民衆全体からすれば、幸運な出来事といえるどころではなかった。一六八一年、ストラスブールが降伏せざるをえなくなった時も、事情は同じであった。当時、この町でくり広げられた祭典と饗宴には、重大かつ深刻な不安が潜んでいた。どうしてそのような不安が生じないことがあろうか？　すでにナントの勅令の破棄を目論んでいたルイ十四世が、プロテスタントに対し、宗教再生への最初の訴えが鳴り響いていたあの大聖堂を、カトリックの信仰に返すことを強制しなかったというのか？

別の懸念がこの国のあちこちに現れた。コルマールと十都市連盟の十の自由都市は、神聖ローマ帝国が保証していた自治権を心配し始めていた。至るところで、この地方の制度と伝統に関する不安が生じてきた。人々はフランスの税官吏も恐れていたが、今やその手が重くのしかかってくることが分かったのである。」（三九頁）

また以下は、ダニエル＝ロップスが言うことである。

「自由都市ストラスブールの併合（九月二十八日）は、たとえどんなに正当化されても、この町は三度にわたってフランスの敵軍に通過を許していたので、この合併は一致して許し難い行為と見なされていた。法皇（イノセント十一世）はそれに仰天した。またこの事件が、当時スピノーラの練っていた計画、つまりプロテスタントのローマ教会への併合計画の失敗の決定的原因となった可能性もある。ヨーロッパ全体がフランスの独裁的世界支配が確立されるのを恐れつつ、不安におののいていた。」（二六三頁）

### f　アルザス州

実を言うと、アルザス全体（ミュルーズを省いて、プファルツ地方のランダオを加えたもの）に対するフランス国王の至上権が最終的に確立される前に、まだ三つの条約（オランダでの一六九七年のレイスヴェイク、一七一三年のユトレヒト、ドイツでの一七一四年のラシュタット）が必要である。その時にはもはやフランス王国のなかの「アルザス州」の存在に、誰も異議を唱えることはできない。アルザスの政治的統一は、アルザスの都市や領土が一方でフランス国王の絶対権力を認め、他方で彼らのすべての権利を強力な中央集権国家に従属させることを余儀なくされている限りでは、実現されている。ルイ十四世が実際はアルザスの政治的統一の作り手だといえるのは、この意味においてである。

そのような変化がアルザス人に望まれたものではなく、ましてや熱狂的に迎えられたものでもないのは、それは、神聖ローマ帝国が帝国内での事実上の独立を示す権利や特権（例えば、ストラスブールは貨幣を鋳造し、大使を有していた）を彼らに保証していたからである。ルイ十四世がまったく別な至上権の考えを持っていたことを想起したところで、無駄である。だから、なぜアルザスに多くのためらいがあったか分かるであろう。しかも、彼らにとって、ルイ十四世は外国人であったからなおさらそうである。それに、ルイ十四世自身にとって、アルザスはまた「外国式の」州でしかなかった。

### g　言語的次元の直接的な不安はない

アルザスへフランス軍を派遣する時から、リシュリューがこの国を狙っていたのではないかという疑問が時々、生じる。彼にその狙いがあったかどうかはともかく、それは確かに言語上の論拠を理由にしたものではなかった。リシュリューは、アルザスの領土は神聖ローマ帝国に属していて、そこの住民がフランス人でないことを完全に承知していた。

この時代にも、他のいかなる時代にも、誰も、政治的に狙っていた国あるいは領土で話されている言語のことなど気にしないものだ。同一言語を話していれば、しめた！であり、そうでなければ、残念！というわけである。一方に君主（王あるいは皇帝）がいて、他方に下臣がいる。それだけのことだ。君主がその個人的野心または国益から、ある国の占領とか征服が必要であると考える時、住民が自分と同一言語を話しているかどうか、あらかじめ調査にかかるのではない。克服すべき障害があるとしても、それは言語ではなく、渇望する国や領土のその時の軍事力である。事実、勝利は一般に軍事的優位を有する者の手に帰する。一見して、それが十分でないようであれば、人々は同盟者を募るだろう。彼らが君主と同一言語を話している（あるいは同一の宗教を信仰している）かどうかなど、尋ねたりもしない。軍事的征服が成功すれば、新しい下臣は新しい主君をもつことになる。最初の頃は、彼らが主君のことばを話す必要はない。彼らが忠誠と服従を主君に誓えば十分である。それだけだ。あとのことはひとりでに、「自然の成り行き」でやってくる。

それゆえ、アルザスはドイツ語系であるけれども、フランスになる。誰もこの明白な事実を否定しようとはしない。三十年戦争と、それに続く戦争（オランダ戦争、スペイン継承戦争）はフランスと神聖ローマ帝国間に次のような力関係をうち立てた。

それは、フランス国王をして、最初はアルザスの一部を占領させ、次いでアルザス領土のほとんど全部に対する直接または間接的な至上権を獲得させ、そして最後にこの地方全体に対する支配を確保させるものだった。民衆がフランス人であるか否か、フランス人になろうとするか否かという問題は、いかなる時にも、フランス国王や、その名においてアルザス領土を要求する者の考慮のなかには入ってこなかった。

P・レヴィが、「三十年戦争末期の頃のフランス政治は明らかに、神聖ローマ帝国の西部諸州の言語状況などいっさい配慮しなかった」、と指摘するのは正当である。「それはもはやアンリ四世の時代のように、領土拡張の願望をフランス語系諸国だけに限定しなかった。さもなければ、それはアルザスの方に向かう代わりに、ロレーヌ地方を狙い続けたであろう。」（I、二八六―二八七）

(25) **フランスに征服された時のアルザスのドイツ的性格**――

一六五七年、マザランは、エンジスハイムを本拠地として、一種の最高裁判所のようなアルザス王立評定所を設置した。なぜエンジスハイムか？　それは、この町がアルザスにおけるオーストリア家領地の、いわば首都だったからである。この時点では、ストラスブールも、ミュルーズも、コルマールもフランス王国には属していないことを想起しておこう。この評定所設置の勅令はその構成について次のような詳細な指示を与えている。それには「長官一名……フランス語に堪能なドイツ人の法学博士・評定官一名……またフランス語に堪能なドイツ人次席検事一名、評決権はないが、書記官一名、ラテン語、フランス語、ドイツ語の通訳事務官六名、筆頭執行官一名……」が含まれることになる。(F・ブリュノ、V、九四頁) この「ドイツ人の法学博士・評定官」や「ドイツ人次席検事」のポストを誰に当てがうつもりなのか? もちろん、プロイセン人でもバイエルン人でもなく、フランス語を知っているアルザス人にである。

これら「ドイツ民族の」住民は何語を話すのか? 一六九七年付の『アルザス州回想録』において、州総督ドゥ・ラ・グランジュは明確である。「この州の共通語はドイツ語である。」(P・レヴィ、二八四頁) 州総督はアルザスのことばがアルザス語であるとは言っていない。ドイツ語である、と彼は明言している。彼は住民の話すドイツ語方言と彼らが用いる書きことば形態を区別しない。なぜそうするのか? 彼は事実を観察し、そこから論理的結論を引き出した。当時、自明の事柄を証するのに深い研究をする必要は一つもなかった。いずれにせよ、この時代は、すべてのドイツ語系諸国で、人々は方言を話し、高地ドイツ語を書いていた。したがって、アルザスの状況は何も奇妙かつ異常なものではなかった。高地ドイツ語の口語形態はずっと後になってしか普及しない。

P・レヴィは、「この時代のフランスの旅行者や作家はアルザスのことを言っているつもりでも、しばしばドイツのことを話しており、しかもわが地方がもうずっと前から神聖ローマ帝国に属していない時でもそうであった」、と付け加えている。(I、二八四―二八五頁)

だから、この時代のどの観察者も一つの点に関しては一致している。すなわち、その慣習、風俗、とくにことばの面で、アルザスは彼らにとってきわめてドイツ的で、まるでドイツ本国にいるかのようだった。「少し上品な」人物だけがフランス語を知っているという。もっとも、ラインの対岸でもそうであったが。

(26) **アルザスへの再入植**――

L・シトレールによれば、「アルザス史の最大の災厄であった」(一八二頁) 三十年戦争中、アルザス人口の三分の二が死亡したり、国を捨てたりしたと考えられている。

フランス政府は、ドイツ語系諸国民に訴えながら、放置され、荒廃した土地にふたたび人を住まわせようとして大変な努力を払った。政府は、それが残っていたアルザス住民と新参の者を急速かつ調和を保って統合させる、唯一の手段であると理解した。かくして、スイス人、バーデン人、シュヴァーベン人、オーストリア人（フォーアアルルベルク〔オーストリア最南端の州〕やチロル地方の）などが、アルザスのさまざまな地方に住みついた。フランス語系ロレーヌ人はヴォージュ渓谷に定着した。（詳細はL・シトレール、一八二一—一八四頁）

したがって、フランス語系住民の入植によりアルザスをフランス化する試みは、フランス当局によってはいっさいなされなかった。逆に、講じられた措置はアルザスにドイツ的性格を保持させる傾向にあった。それゆえ、言語的国境は、再入植の結果、平原部の方に若干移動したヴォージュ渓谷地域を除いて、ほとんど変化を受けなかった。

(27) P・レヴィ、I、二八六頁。

ルイ十四世の著名な大蔵大臣の弟で、一六五五—一六六三年にアルザス総督を務めたシャルル・コルベール・ドゥ・クロワッシーは注目すべき例外である。彼はアルザスに着任早々からドイツ語の勉強を始めた。彼はそこにアルザス人を理解する最良の手段を見た。それは言及に値するきわめて稀な事実である。

(28) **アルザス王立評定所の三つのことば**——

アルザス王立評定所は全構成員にフランス語の十分な知識を要求した。しかし、「ラテン語、フランス語、ドイツ語の通訳事務官六名」の存在が、ドイツ語も討議では認められていたことをはっきりと示している。

(29) P・レヴィ、I、二九二頁。

(30) F・ブリュノ、V、一一三頁。

(31) **まず宗教的統一**——

指摘しておくべきは、十七世紀のアルザスでは、フランスのカルヴァン派がアルザスにきて以来なされていたように、フランス語で行われていたカルヴァンの礼拝式を除いて、宗教的儀式はドイツ語で挙行されていたことである（カトリックでさえドイツ語に席を留保していた）。説教は、大多数の信者が理解することば、すなわちドイツ語で行われた。フランス語での宗教儀式の数は、フランス語系の信者数が増える範囲内でしか増えなかった。

ストラスブールがフランス化される前でさえ、市参事会は改革派のフランス語の祭式をヴォルフィスハイムに移転させたが、それはその祭式がフランス語で行われるからではなく、その宗派が改革派であり、またそのために、彼らにとって、ルター派信仰の脅威になるように思えたからである。一度この「危険」が去ると、ルター派教徒にフランス語で、信仰する許可が与えられても、何ものも反対はしなくなる。（P・レヴィ、I、三一七―三一八頁）ストラスブール市参事会はまず宗教を、次にやっとことばの心配をするのだ。

「フランス国王」も別な風に行動するのではない。それは、一六八五年のナントの勅令の破棄後、とくに明白になったが、周知のごとく、この勅令はアルザスには適用されなかったので、多数のユグノーをして、わが地方に定住せしめることになった。二人の牧師（スイス人）が追放され、ヴォルフィスハイムで三人目の牧師（ドイツ人）が罷免されたのは、たんに彼らがフランス語で説教したからである。王国政府によれば、彼らの思想がフランス語系カトリックの移住民を毒するかもしれないという。総督のドゥ・ラ・グランジュは改革派がヴォルフィスハイムで彼らの宗教を実践することを許した。だから、牧師は、「福音書の使いがフランス語を知らないこと、また上記の町に住む将校、兵士、他の市民と、いわゆる改革派の宗教との交渉がないことを条件に」、町に居住することができた。（P・レヴィ、I、三一九頁）

だからまず、プロテスタントの説教がフランス語系のカトリックに届かないようにするのが肝要であった。しかし同時に、ルイ十四世はドイツ語系住民にカトリック教を広めようとした。そしてこの運動が効を奏するように、王はフルダの神学校で養成されたドイツ人司祭に頼るのをためらわなかった。それどころか、フランス語で「カトリック教を説く」必要があるところには、王は内地《フランス》から司祭と教師を呼び寄せるのである。

こうした事例は、もしルイ十四世がカトリック教とフランス語のいずれかを選択せざるをえなくなれば、王が選択するのはカトリック教であることを示している。だから彼の宗教的統一への配慮は言語的次元の関心に先行する。しかしながら、カトリック教徒だけが関係し、いかなるプロテスタントの影響も恐れる必要がない時には、言語的な関心がまったくないというのではないようだ。一六五七年から、エンジスハイムのコレージュでフランス・イエズス会がドイツ・イエズス会に取って替わったのは、このためである。またルイ十四世がコルマールに創設したカトリック系コレージュは、ドイツ語系イエズス会ではなく、フランス語系イエズス会に委ねられた。おそらくアルザスで実施された宗教政策のため、国王はフランス語系プロテスタントよりもドイツ語系カトリックを好むようになったのであろう。しかし、カトリック信仰が問題でないときは、彼はドイツ語系カトリックよりもフランス語系カトリックを選んだ。

(32) P・レヴィ、I、三〇四頁。

(33) 学校——

a 初等教育

「とくに小学校は、旧制度のあいだずっと、方法も言語も、本質的にドイツ語のままであった。大多数の学校では、フランス語の音声が響くことはけっしてなかった。ローマ字で書くことさえ教わらなかった。農民やプチ・ブルがする、出生や結婚登録簿の署名はみなゴシック文字であった。」(P・レヴィ、I、三六七頁)

「教師の哀れな物質的・社会的地位と、彼らが示す職業的・道徳的責任感覚の少なさを見ると、母語自体の教育が彼らから期待できるものはほとんどなかったことが分かる。いわんや、フランス・アルザスにおける何らかのフランス語教育を彼らから期待できるものではない。十七世紀のこうしたアルザスの教育者の大部分はドイツから来ていた……。」(P・レヴィ、I、三〇四—三〇五頁)

b 中等教育

大半の中等学校では、ラテン語がつねに特権的な位置を占めている。

「リックヴィールでは、古典学級の生徒がラテン語を話せるようにするため、ドイツ語学級の生徒と付き合

うことが、彼らには禁止されていた。」（P・レヴィ、I、三〇五頁）
フランス語を学習計画にのせた最初の学校の一つは、ブックスヴィレールのギムナジウムである。それにまたこの教育は、〝ダルムシュタット生まれの、J・H・ヴィンツェンハイマー〟なるドイツ人牧師によって施されていたが、彼はこの仕事のために特別な報酬を受けていた。（P・レヴィ、I、三〇六頁）

**c　フランスの他のところの状況**

しかしながら、フランス語教育がアルザスの歴代総督により一貫して無視されたとか、ルイ十四世が宗教的統一を懸念するあまり、アルザスのフランス語教育にまったく無関心にさえなった、と思うことは誤りであろう。

フランスの他の地方でも、フランス語教育は普及するどころではなく、ラテン語が優位を占めていた。「国王のことば」はこの時代の大半のフランス人のことばではない、といくらくり返してもしすぎることはない。王国の大部分で、人々はこのラテン語という「俚語《パトワ》」だけを話し、理解するが、この語はブルトン語、フラマン語、バスク語、オクシタン語などを示すには、まったく不適切である。「多くのところで、教育は学校でも教会でも、俚語《パトワ》でなされている。」（F・ブリュノ、V、三八頁）

それに、学校へ行くフランスの子供が字を読むことを学ぶのは……ラテン語でだ！　F・ブリュノは言う、「読めるということは、まずラテン語で読めるということである。誰でもそこから始めた。この方法は今日にいたるまであちこちで存続していた。それはおよそ一六五〇年頃まではあまねく実践されていた……」。（V、三九頁）またW・フォン・ヴァルトブルクは次のように伝える。「学校ではフランス語は初学年にしか認められず、その後は追放されてしまった。子供たちは遊ぶ時でさえラテン語を話さねばならなかった……。モンテーニュが育てられた方法を思い出せばよい。彼の父はドイツ人の家庭教師を呼び寄せ、乳母の腕から離れたばかりの息子を預けた。この家庭教師はフランス語を知らず、幼いモンテーニュにラテン語でしか語りかけなかった。父、母、召使いなど家中の者が、ミシェル坊やと〝しゃべれる〟ように、いくつかのラテン語を覚えなくてはならなかった。村の農夫でさえ、城で教えられたラテン語を言わされた。モンテーニュは、六歳の時にはラテン語しか分からなかったと語っている。多くの父親が同じように息子を育てようと熱望した。」（一四七頁）

こうした状況を考えれば、ルイ十四世治下でも、一般に旧制度下でも、アルザスでは学校が、数世紀ものあいだ、ドイツ文化の登場にめざましい貢献をした優秀な子孫を持つドイツ語系住民に、フランス語を浸透させるのに成功しなかったからといって、本当に驚かなくてはならないのか？

（34）**教会**――

カトリック教徒はおそらく、「ローマ教会の長女」たるフランスに対し共感を示すための特別な理由があった。そのために、彼らは概して他の者よりも、「国王のことば」に敏感である。しかし、民衆と接する下級聖職者には、信者の理解しないことばを使う効用など分からない。そのうえ、P・レヴィが指摘するように、ある者が一世紀後に「ヴォルテールのことば」と呼ぶものの浸透に抗弁する理由は、カトリック教徒にあっても欠けてはいない。例えば、サヴェルヌで、フランス語系移民の圧力で、荘厳ミサのドイツ語説教が「廃止」されようとした時、サヴェルヌ市参事会は司教に対し、「住民の母語であるドイツ語の説教が荘厳ミサのあいだずっと説かれたのは、数年前からではなく、大昔から、おそらく教区など定まっていなかった時代からである」、と主張して抗議した。（P・レヴィ、I、三六一―三六二頁）時々、カトリック教徒はアルザスへフランス語を無条件に普及するための国王の最良の手先である、と言外にほのめかされるが、それはいささか誇張である。誇張しすぎでさえある。それはなるほど大部分の社会階層と、一般に上級聖職者にとっては事実であった。しかし、司祭は信者の近くにおり、プロテスタントと同様、民衆のことばに愛着を持っていた。

プロテスタントの状況は、アルザスがルイ十四世の支配下に落ちてから、それもとくにナントの勅令の破棄後、この措置がアルザスに関係しないとはいえ、明らかに特別困難なものになった。カトリック国フランスと政治的に結合した結果、アルザスのルター派はドイツ・プロテスタントと接触し、彼らとの「思想的・言語的共同体として」生きざるをえなかった。そのうえ、ルイ十四世の宗教政策とそれが言語面にもたらした帰結は、アルザスのフランス語系ルター派だけ、つまりバン・ドゥ・ラ・ロシュ地方の人々に対し、ほとんど解決不能な問題を生じさせた。もはやフランス語系の説教師が得られないので、アルザス・プロテスタント教会の指導者は、渓谷の住民すべてにドイツ語の習得を勧める以外にもう解決方法が見出せなくなったのである。（P・レヴィ・I、三六三頁）

だから、カトリック教会にしろ、プロテスタント教会にしろ、フランス語のためにドイツ語を放棄する時期はまだ到来していなかった。なるほどフランス語も教会に席を有し、そしてこの席も次第に大きくなりつつあるが、しかしまだそれを信者に課するまでにはいたっていない。そうなるには、二十世紀の後半を待たねばならないであろう。

（35） **アルザス人とフランス語の使用——**

すでにこの時代、都市部と農村部で、状況が同じであるというわけにはいかなかった。農村部では、なぜか分からないが人々はフランス語を学ぼうと努めた。今みたように、小学校ではつねにドイツ語であった。しかも誰もそれに不満を唱えず、むしろまったく逆であった。

都市部では、フランス語が進展したが、それはブルジョワ階級だけで、しかもきわめて不均等であった。元大学区長ポール・イムブス氏は以下のように状況を述べている。

「アルザスにおけるこの一世紀半のフランス支配時代の終わりに、フランス語がブルジョワ階級内部の社会的弁別化の一因になったことは、やはり本当である。概して、フランス語を日常的に用いるのは上層ブルジョワ階級に特有なものである。知識だけは十分あるというのは中流ブルジョワ階級と知的階層の場合を指す。ほとんどまったく知らないというのはプチ・ブル階級の特徴である。共和暦一〇年に、〝ある程度裕福な暮らしをしている人々はみなフランス語に慣れている〟と表明する知事ローモンの勧告書は、そのように解釈せねばならないようである。」（『アルザスのブルジョワジー』、三一〇頁）

もちろん、フランス革命前夜でも、多くの観察者が指摘したこの「ドイツ的性格」を都市から消し去るには、それでは足りない。かくしてゲーテは、ストラスブール滞在の折（一七七〇―一七七二年）、そこではドイツ語がつねに支配的言語であり、またストラスブール人は依然として彼らの方言に強い愛着を持っていることを確認したのである。*「ドイツ的性格が目立っていた。ストラスブールでは、我々親しい者同士はほとんどフランス語を話さなかった」、と彼は書いている。（P・レヴィ、I、三三二頁）

それに、一七八九年のある旅行記は、「コルマールはドイツの町であり、ここの人々はひと言もフランス語を理解しない」、と伝えている。またヴォルテールは、この町を「半ばドイツ的で、半ばフランス的で、まったくわけが分からない」、とまで形容した。（P・レヴィ、I、三三九頁）

イギリス人アーサー・ヤング、彼は、大革命の少し前にフランスに何度も旅行したが、サヴェルヌについて次のように言う。「サヴェルヌにいると、わたしは十中八九ドイツにいるものと思った。最後の二日間、すべてが変化しようとしていた。しかしここでは、フランス語を話す者は一〇〇人中一人もいない……。大きな町から出ればたちどころに、この国ではすべてがドイツ的になる。」（『ダス・エルザス』、IV、五〇八頁）

したがって、都市部でさえ、大半の住民はたんにいつも方言と標準ドイツ語を使うだけでなく、フランス語を知らないのである。

「反抗者」

スペイン系だが、一六〇一年にケール近くのヴィルシュテット（当時ハーナウ＝リヒテンベルク伯爵領に属していた）で生まれたハンス・ミヒァエル・モッシュロッシュは、『ジッテンヴァルトの不思議にして真なる幻想』のなかで、フランス語とフランス的態度にある種の敵意をのぞかせている。「作者は男や女が着ている変な服装や、〝金や銀を吸い尽くす穴《ズィルバー・ウント・ゴルトロッホ》〟フランスに出かける者、また雑多でそれと分からなくなったドイツ語の変形を揶揄している。」（F・ブリュノ、V、一二五頁）

モッシュロッシュは、時々、フランス語のためにドイツ語を見捨てたようにみえる人々を、愛する祖国を裏切ったと非難するまでに及んだ。「＊そのような風変わりなことばが母語よりも優先されたり、また母語に混入されたりしていると、まともな人間には、どんな会話がなされているのか、かいもく見当がつかない。それは背信的なことであり、簡単には容認し難いものである。」（P・レヴィ、I、二九三頁）

また、もっとはっきりした反感がブルジョワ社会そのものに起こることがあった。ハンス＝フリードリヒ・アウフシュラーガーは、その『ストラスブールの老教授の回想』のなかで、「ひとはフランス人を軽蔑的に〝異人《ヴェルシュ》〟と呼び、時には憎悪さえする。娘がフランス人の将校や兵士と話したりすると、その評判を落とすことになる」、と記している。（P・レヴィ、I、三三一頁）

長く「反抗者」がいたことは、一七〇八年六月十八日、匿名でしかもかなりユニークな綴りで書かれた通報が当局に出されたことからも分かる……。「ドイツ系市民は、我々が敵に対して不利になると、喜びを示し、またフランス人将校や兵士には軽蔑や冷淡さを、ドイツ人の戦争捕虜には尊敬と好意を示して、帝国への熱情を公然とひけらしている。」（F・ブリュノ、V、一二六―一二七頁）

「ドイツ語擁護」

H・M・モッシュロッシュはこれに積極的に参加する。彼は、母語に対し軽蔑しか持たない人々を次第に激しく攻撃し、子供にフランス語の名前をつけ始めたアルザス人の親に厳しい非難を向けるようになった。

ドイツ語の陶冶を目的とする文学サークルが実際に増えだした。「母語の存続とその純粋な教化に努めること」がストラスブールのあるサークルのモットーであった。それはこうしたサークルの関心をよく表している。（P・レヴィ、I、三二五頁）

（36）**公用語としてのフランス語の導入――**

もし人々が、一方で、フランスの他の地方の言語状況を、また他方で、すでに一〇〇年以上も前から王国中に適用されている措置を考慮しないと、王国政府がアルザスで採った言語的次元の決定の意味と有効性が理解できないであろう。

## a　ヴィレール＝コトレの勅令

「一五三九年八月十五日、裁判の改革に関するヴィレール＝コトレの勅令が出た。それは、第一一〇条と第一一一条において、すべての裁判行為や活動が以後フランス語で行われることを規定していた。」以下はその本質的条文である。

「上記決定の理解について疑義が生じないように、それがきわめて明確になされかつ記録され、またいかなる曖昧さとか不確実さもなく、解釈に疑念を生むようなことがないこととし、これを定めるものとする。

上記判決中にあるラテン語字句の理解について、そのようなことがしばしば起こったために、今から前もって以下のごときものとする。すべての判決は、他のすべての訴訟手続きも含めて、それがフランス最高裁判所のものであれ、他の下位および下級裁判所のものであれ、また登記簿、証人尋問、契約書、親任状、判決、遺言状、何らかの令状、あるいはそれに属するものであれ何であれ、当事者に対しては、母なるフランス語のみで宣告され、記録され、交付されなくてはならない。」（F・ブリュノ、Ⅱ、三〇頁）

この条文は若干の考察を要する。ここには、フランス国民の大多数がフランス語を話せず、よく理解できないかあるいはまったく理解できないのに、それが、「母なるフランス語」として呈示されている。すでにして、「母なる」ことば、つまり旧イル・ドゥ・フランス方言しか認めないとする王国政府の意図が窺えよう。他のすべての方言あるいはことばには「俚語《パトワ》」の名が付された。母の膝の上で国王のことばの変種とか別種のことばを学ぶ王の下臣がいることなど、どうでもよかったのだ。フランス語はたぶんまだ彼らの「母なることば」ではなかった。ひとはまずそのように思い込ませるだろう。そうすれば、彼らはもっと簡単にそれを採り入れるだろう。

他方、フランソワ一世が法制面におけるラテン語から「フランス語」への交替を正当化するのに、あらゆる「曖昧さとか不確実さ」をなくするという必要性をもってしたのを確認するのは、甚だ興味深い。それは、フランス語を知っている人々にとっては、たぶん真実であったが、他の者、すなわち大半の者にとっては、曖昧さが残ったのである。実際、F・ブリュノがいみじくも指摘したように、国王は、この勅令により、ことばの曖昧さだけを考えていたのではない。国王の御心から、人々は、「司法、行政、王国の統一を促進することになる言語の統一は国益の要請するところである」と理解していた。またF・ブリュノは、「決定的な一歩が踏み出された。つまり、ことばは〝一人立ち〟しており、国家語が存在していたのである」と結論づけた。しかし、この国家語は全市民のことばというにはほど遠いものだった。

**b　一六八五年一月三十日、ヴェルサイユでなされた御前会議の決定**

ストラスブール市長と国王執政官オブレヒトにかの有名な論争を生じさせた、この御前会議の決定は、王国政府がアルザスにおけるフランス語使用に対して、より断固たる姿勢を示すように義務づけるものであった。「どんな性質のものであれ」、あらゆる「公文書、契約書やその写しは……フランス語で書かれるべき」ことを喚起した後、御前会議は、「上記公文書、契約書、訴訟書類の無効と五〇〇リーブルの罰金刑の下に」、ドイツ語の使用を禁止した。（F・ブリュノ、V、九五頁）だが、ドイツ語の禁止も、重い罰金の脅しも現実を変えることはできない。一〇〇〇年以上も前からドイツ語である地方を統括するには、ドイツ語に一歩譲らなくてはならない。いかなる勅令も決定も、この事態を変えることはできなかった。

それが、現実には、基本的に何も変わらなかった理由である。問題の決定に関するアルザス法令集の編者の加えた注釈がそれを十分に証明する。これは明快である。「アルザス住民にフランス式の服装をするように命じた、一六八五年六月二十五日付の、総督ドゥ・ラ・グランジュ氏の法令同様、一般に実施されなかった。」（Ph・ドランジェ、『アルザス史資料集成』、二八八頁）

**c　「フランス語の導入と使用に対するストラスブール市長の意見書、および国王執政官オブレヒト氏の返書」**が文書の題名だが、これこそストラスブール市長と国王執政官オブレヒトの各々の立場を明示するものである。（国王執政官は行政官職の頂点に立ち、何よりも国王とストラスブール市長の関係を安定させることを責務とした高級官僚である。それは、いわばこの時代の知事であった。）この意見書の全文はF・ブリュノ、

V、九六―九九頁とP・レヴィ、I、二九五―二九八頁に見られる。以下が参考にした抜粋である。

一、

ストラスブール市長――「国王は、開城条約により、町のすべての特権、地位、権利を守ることを約束した。ことばの慣用は一つの権利である。」

オブレヒト氏――「ことばの慣用が一つの権利であることは事実だ。しかし、それは国王に留保された至上権である。」

四、

ストラスブール市長――「市当局は、ほとんど全員の公証人、代訴人、弁護士、判事、また大部分の行政官も免職せざるをえないであろうが、それは、紳士たる者への多大の損失、損害なしには実行不可能であろう。」

オブレヒト氏――「紳士たる者がその主君のことばを学ぶのを厭うことはない。だからそれまでは、職責を全うするために、彼らは通訳や書記の補助を受けてもよいのである。」

十一、

ストラスブール市長――「臣民の情はたんに君主のことばだけではなく、忠誠心と服従にも存する。しかしながら、二つともがよく相和して存続するので、ストラスブール市民は可能な限り主君のことばを学ぶし、またこの目的のために子弟をフランスにやり、彼らに同じことをさせるであろう。だが、それらすべてには時間がかかる。市はフランス語の学校と説教集を作った。」

オブレヒト氏――「一つか二つのフランス語学校とたった一つのフランス語説教集があるだけだ。その数を増やし、そして、たんに役人と共謀して、町の命令に反した職務を果たすカルヴァン派の代わりに、カトリックの学校の教師をおくのがよろしかろう。」

(37) **陛下に対する敬愛のしるし、国王のことば――**

以下は、こうした設問の仕方の帰結に関するP・レヴィの見解である。

「政治的統一のなかの言語的統一、これはフランスのことばの歴史には従来なかった観念である。それはもう二度となくならないだろう。体制は変化しても、この論拠は次第に強化、拡大されて、誰にも採り上げられることになる。それは時にはフランス人、時にはドイツ人に役立つ。フランス体制下なら、方言に忠実なるアルザス人、またドイツ時代なら、〝標準ドイツ語〟を排斥するあの別なアルザス人が各々に反論するであろう。」（I、二八八頁）

（38）**言語によるアルザスのフランス化——**

a　コルベールは、一六六六年以来、初期のアルザス総督の一人たる弟のシャルル・コルベール・ドゥ・クロワッシーに次にように書いている。

「ミュンスター条約によって国王に譲渡された国の人々をわが国の風俗、習慣に慣れさせることが重要なので、子供たちがフランス語を学ぶようにし、フランス語がドイツ語と同じくらいに平俗になり、そして時がたつにつれ、フランス語がドイツ語の使用を廃止まではしなくても、少なくともこの地方の住民の世論において優先権をもつようにでもなれば、これほど役立つことは他にないであろう。」（P・レヴィ、I、二八九頁）

b　総督秘書官の作成した『アルザス覚書』には次のようにある。

「ドイツ語を離れてフランス語に専念するようになれば、彼らは、フランス国民に対して持つ偏見や疎遠感をもっと容易に捨て去るだろう。なぜなら、この国民は君主に強い愛着を持つようにみえても、大半のアルザス住民はなお心に黒鷲章を刻み込んでおり、また生まれつき彼らに備わる自立心と偽りの偏見をかろうじて捨てるにすぎない、ことは周知の事実だからである。」（P・レヴィ、I、三四八—三四九頁）

c　『アルザス州回想録』のなかで、総督アンジェールヴィリエ男爵は、「たとえドイツ語の使用を根絶し、それをフランス語に替える決定をしても」、フランス語の使用を優先させることにはけっして成功しないことを確信したと言っている。（P・レヴィ、I、三四九頁）

d　国王執政官ジェラール（ドゥ・マズヴォ）は表明する。「言語を均一化することは生まれが異なっていても、ともに融和させることが国益にかなう民族同士を共存させるのに、どれだけ資するかはひとの知るところだ。」（P・レヴィ、I、三四九頁）

（39）**不完全なフランス語知識——**

当時、バ・ラン県選出代議士であったオーベルラン牧師は、共和暦三年、立憲議会に感謝状を書いている。だから、この手紙は革命時代のものだが、これは旧制度末期にフランス語が多くの知的アルザス人に提起した問題を明らかにしている。彼は次にように書く。

「わたしはこの望外の名誉に驚き入っております。それにまた、深甚なる感謝の念に痛み入り、それをどう申し上げてよいのかわかりません。

わたしの母語はドイツ語でも、多くの本を読むことにより、わが渓谷に住む者としては十分なフランス語を知っていますが、生まれながらのフランス人に対すると、立往生してしまうので、わたしの当惑はますます大きくなります。」（F・ブリュノ、IX、二三八頁）

ある日、ブックスヴィレール出身の著名な学者クリストフ・ギヨーム・コッホに起こった出来事を語る面白い挿話が示すように、まだ人々がアルザス訛り……を捨て去るにはいたっていないと言っても詮ないことである。彼は碑文・文学アカデミーに論文を提出し、日出ずる国について話すことになった。そして絶えず「ジャポン」（日本）の代わりに「シャポン」と発音した。院長が彼をさえぎって、「コック君、シャポンではなく、ジャポンと言うんですよ」、と言った。わが同胞はこれに対して、「院長殿、コック君ではなくて、コッホ君と言って下さい」、と反駁した。（P・レヴィ、I、三三四頁）

（40）**二言語使用、その新たな問題——**

一七八二年、ジャン・ローラン・ブレシッグは『ストラスブール学術文化通信《シュトラースブルギッシエ・ゲレールテ・ウント・クンスト・ナーハリヒテン》』を創刊した。国王執政官ジェラールはその目的を次のように定めた。

「その主たる目的は、独仏両国の関係を強化拡充するため、フランスの文芸作品をドイツに伝えることであり、ストラスブールはいわばその接合点である。」（P・レヴィ、I、三八六頁）

二つの言語を使用することは一つの危険を呈する、と考えられている。フランス語もドイツ語も知らなくなる恐れがあり、J・L・ブレシッグはアルザス人に次のような非難を向ける。

「君たちは、空がなんて白いのだろう！と言ったり、書いたりする。ザクセンに行くと我々はドイツ語ができないし、パリに行くとフランス語ができない。我々はつねに両性具有者に加えられ、またつねに両生類であり、コウモリでいるつもりなのか？」（P・レヴィ、I、三四七頁）なるほど重大な問題だが、いまだその解決法は一つも見つからない。

（41）F・ブリュノ、V、一〇三頁。

（42）P・レヴィ、I、三九一頁。

## Ⅲ　国家のことば

（43）ストラスブールの有名な政論記者で、後にストラスブール・ジャコバン協会員になったアンドレ・ユルリッシュは、一七九〇年七月六日、憲法友の会の会議の際、それを明確に表明している。彼は、旧制度の定めた条件でのフランス語の使用を、「生活や、故国のことばに関する意識にまで及ぼされた専制政治の当然の結果」と見なし、友人の革命家たちに、「フランス語のほとんど普及していない地方に、このことばがこれまで及ぼしてきたこの覇権とこの種の貴族性を緩和する」ように求めた。（P・レヴィ、Ⅱ、九頁）

（44）**行政上の二言語使用計画**（一七九〇年）――

行政上の二言語使用計画の作成者は、「この地方の大半の住民はドイツ人から成っており」（まだ「ドイツ人」と「アルザス人」は区別されていない）、また「都市の庶民」と「大多数の農村住民」はフランス語を知らないという確認から出発している。だから、「大多数の市民の公式文書はこの国のことば、ドイツ語……で作成される」ことになる。そういう事情であるからして、彼は、「官吏」や「裁判官」がこのことばを知るよう要求した。そしてその理由を説明している。

全市民に、フランス語であれ、ドイツ語であれ、「自分の日常的言語」で意見を述べたり、弁明したりする権利がある。彼らが通訳とか翻訳者の仲介を強いられるようなことがあってはならない。それは、「翻訳の不正確さや不誠実さ」がしばしば「言語道断な不正」を引き起こしただけに、なおさらそうである。そのうえ裁判所でのこうしたやり方は、「民衆や、市民のなかでもっとも貧しくて弱く、数の多い階層を直撃する」。計画の作成者はそのような状況がもはや許されるべきではないと考えた。

事実、彼は次のように喚起する。「純粋に君主的な政府の方針にぴったりと合致するようなものは、現在導入されているような、自然の法則から汲まれた自由な制度の精神とは、まったく相反するものだ。」したがって、彼は、絶対君主の統治下では全面的に正当化されうる言語的権威主義も、人民が自由かつ主権者となった体制ではもはや存続されるべきではないと見なした。そしてさらに言う。国王が、人民のためにあり、人民が国王のためにあるのではないことが真実だとすれば、ましてや、裁判官が人民のためにあり、人民が裁判官のためにあるのではないことは真実である。それゆえ、人民のことばを知るのが裁判官のなすところであり、裁判官のことばを知るのは人民のなすところではない。

行政上の二言語使用計画はまた、ドイツ語に対する勇気ある弁護でもある。作成者はまず「アルザスの地理的位置」を強調するが、それが「アルザスをして、ドイツと通常的かつ緊要なる……通商関係を保たせる」。だから、アルザスでドイツ語が禁止されないように留意することは、フランス全体の国益につながる。「もっとも豊かなことばの一つ、またあえて言えば、ヨーロッパでもっとも普及し、かつ高貴にして母なることば、ドイツ語が国内において保持され、そして国民が、ドイツや外国の文学を、ドイツ国内のゲッティンゲンや他の所に探究しに行くよりも、アルザスにそれを求めにくることが、国家にとっては重要でさえある。」加えて作成者は、革命派に対し、人民のことばの使用の権利は神聖な権利であることを敢然として喚起した。そして、「人間の尊厳」を称揚し、「世界中の全国家のモデル」として役立つべく、彼らが準備しつつある新憲法が、アルザス人にとって、「災厄の種」になり、「下劣で粗野な奴隷状態という痛ましい将来」を提供するのではないかと考えた。

この作成者の考えによると、アルザス人民のことばへの権利を法で正式に認めないことは、「クインティリウス・ウアルス将軍をその三つの軍団とともに絞め殺し、ローマ人のドイツ支配を終わらせたあの専制政治と同種のもの」である。そして彼は、革命政府がアルザスで実施しようと企画した言語政策を、オーストリア皇帝ヨーゼフ二世がハンガリーで行った政策に対置して終わる。皇帝はハンガリー人にドイツ語を課すことを目的とした法律を迷わず破棄した。したがって、オーストリア皇帝は、フランスの「人民政府」よりもリベラルで、また言語的少数者の権利をもっと尊重する態度を示した。(全文はF・ブリュノ、IX、八〇―八二頁参照)

「当然ながら、アルザス人は打たれる前に不平を唱えた」、とF・ブリュノは指摘している。この国に明晰なる精神がけっして欠けていたのではない。それに、自己の言語と文化を守るのに、「打たれる」のを待つようでは、勝負はすでに決したか、それと同然であることは、歴史の証明するところである。

(45) ストラスブールにおける公的取引の交渉の際のドイツ語廃止に関する**市民対話**は一七九〇年八月《ビュルガー・ゲシュプレーヒ・ユーバー・ディ・アプシャフング・デア・ドイチェン・シュプラーヘ・バイ・デア・フェアハンドルング・デア・エフエントリヘン・ゲシエフテ・イン・シュトラースブルク、ゲハル》二十三日に開催《テン・デン・二三・アウクスト・一七九〇》された。

匿名だが、フランス革命初期の言語問題に対するアルザス人の態度を、おそらく忠実に反映する文書が問題である。作者は五人の人物を登場させ、各々に一つずつの傾向を演じさせる。

鍛冶屋のシュタルク親方は「母なるドイツ語存続」の無条件の支持者である。もうドイツ語を使う権利がないって、「そりゃまるで出鱈目だ」、と彼は言う。「誰でもくちばしのはえ方ぐあいで話すものだ《ヴィ・エム・デ・シュナーヴェル・ゲバクセ・イッシュ》、ドイツ人はドイツ語を、フランス人《ヴェルシュ》はフランス語を！」彼によれば、僅かのフランス人が多くの住民に命令することなど考えられないのである。もう前のような自由さえもないのか？「そりゃあ大変なことだ！」

仕立屋のシュバッハ親方はシュタルクと同じ考えだが、あえてそれを口にしない。「俺たちは今はフランス人だし、国家に忠誠を誓ったんだから、それも諦めなくてはならんのだ。」「それ」とはドイツ語である。彼はなんでも諦めようとするアルザス人の典型だ。「俺たちはとにかくフランス人だから《ミアー・ジン・ハルト・フランツェーシュ》！」

カニットヴェールスタン氏はフランスのかつら師である。移民フランス人の彼は、フランス語の全面的導入に賛成している。しかし、彼はドイツ語を若干知っており、アルザスの人々と仲がよい。「どうして」、と彼はシュタルクに指摘する。「あなたは国家に忠誠を誓ったのです？……ここにはフランスとまったく同じ役所がある……フランスのどの役所でもフランス語しか使わないことは、あなたもご存知だ。それなのに、ここの役所でも同じようにしたくはないのですか？」これは、アルザスでフランス語以外のことばが話されるのを認めようとせず、また今もアルザス語を話すアルザス人に、「あなた、ここはフランスではなかったんですか？」と尋ねる、愛国的な「内地のフランス人」の典型だ。

靴屋で半フランス人《ハルプフランツォース》のマロッカン親方はドイツ語を知っていても、それを知らないふりをするアルザス人を象徴する。彼の言葉遣いは確かに貧相な「アルザス訛りのフランス語」だが、構うことはない！彼はドイツ語が大嫌いだからフランス語を話す。「わしははっきり言うが、ドイツ語はわしの心に焼きついちゃいねえ、まったくでえーきらいだ。ほら、よう、仲間がストラスブール風ドイツ語を話すのを聞くと、もうがまんがなんねえし、とにかくどっか遠いところへ走って行きたくなるんだ。」

樽屋の親方の息子の若い法律家、彼は独仏二言語使用の信奉者である。「我らストラスブール人にとって、二つのことば、ドイツ語もフランス語も等しく必要不可欠です。またわが故国の固有なことばで、きっとこれからもずっとそうであるドイツ語が、まったく虐げられ、経済上の公的論議から追放されることを意図するなど、無謀な企てであることは、今に分かるでしょう。」そして彼はアルザスに居を定めようとする裁判官や行

政官に対し、二言語の完璧な知識を要求している。(F・ブリュノ、IX、八三—八七頁、P・レヴィ、II、六一頁)

(46) **グレゴワール神父の報告書——**

ロレーヌ地方のアンベルメニールの主任司祭で、聖職者市民法賛成派のブロワ司教たるグレゴワール神父は、大革命下で傑出した役割を果たした。公教育委員会への報告書で、彼は国家語の立場を熱烈に弁護している。彼は言う。フランス語がまだ絶対君主のことばであった時代、ヨーロッパの「専制君主や宮廷」はそれを熱狂的に受け入れたが、それが、すべての人民に「自由への道を開きながら彼らの権利」を示すフランス共和国のことばになった今、どのような熱狂でこれが受け入れられるか、分かろうというものだ、と。

グレゴワール神父は、フランス語がヨーロッパでは「古典」になったと指摘する。彼は、すでに「政治的交渉」で認められ、ヨーロッパの数カ国、カナダ、ミシシッピー川河畔で使用されていることばが、フランス人自身に知られないはずはないと考える。ところで、と彼は主張する。「フランス語だけが話されているのは、内地《フランス》の約一五県にすぎない……。誇張なしに、次のことが断言できよう。少なくとも六〇〇万のフランス人が、とくに農村部では、国家語を知らないこと。同程度の数の者が持続的に会話をすることがほとんどできないこと。最終的には、それを正しく話す者の数は三〇〇万人を越えないし、またたぶんそれを正確に書ける者の数ははるかに少ないことである。」「言語については」、フランスはまだ「バベルの塔の域」にある、と彼は付け加えた。

彼が、「方言の雑多性」を「啓蒙思想の普及の障害」として告発するとしても、グレゴワール神父はそれを軽蔑しているのではない。それは「研究領域」として留まらなくてはならない。そこからは、「我々には欠けている情熱的な表現、素朴な言い回し」を汲み取ることさえできる。しかし方言は封建性の名残りである、だからその理由のため、方言は日常生活から消えるべきである、と彼は思った。

グレゴワール神父は、「諸民族を一つの普遍的言語に帰すること」はおそらく不可能だと認めているが、少なくともフランス国民の言語を「統一する」ことはできると考える。事実、そのような企ては、「一にして不可分の共和国にあって、自由のことばだけの恒久的使用をできる限り早く確立することに腐心している、フランス人民に相応しい」ものである。

グレゴワール神父は企ての困難さを認めないのではない。それでも彼は、「俚語」を話す人々にフランス語を課そうとして、強硬な手段に訴えることはまったくない。それどころか、「やさしい声で説得すれば、そうした封建的な俚語の消える日が早まる」、と確信していた。初期の頃、彼は、全階層の官吏がフランス語を知り、行政文書作成の際、それを使用するよう要求した。しかし彼は、「農村部にあまねく」広めねばならない国家語で書かれた書物、とくに「単純明快な知識を含む大量の愛国的パンフレット」の重要性を忘れてはいない。彼は一連の実際的な措置をまるごと提案するが、そのいくつかは多くの文通の相手から示唆を受けたものだった。

それらのうちの一つは、独創性を欠いていないがゆえに言及に値する。「スイスのいくつかの州では、結婚を望む者は軍服、銃、剣を所持していることをあらかじめ証明せねばならない」という事実から発して、グレゴワール神父は、フランスでは、なぜ未来の夫たちが「国家語を読み、書き、話せることを証明させられなくてすむのか」、と自問している。だが彼は、フランス語を知らない未来の夫たちが、結婚する前にまずフランス語を学びに行けと要求されたら、彼らがどうしたかまでは、言っていない。

グレゴワール神父の報告書と、彼がフランスのあちこちから受け取った多数の手紙から、国内にフランス語を教え、広めたいとする意志が実際に存在したことが分かる。それは、人々がそこにすぐれて国家統一を実現する手立てを見ていたからであり、また「この美しい言語」は「他のすべての言語を葬り去る」に値したからである。(F・ブリュノ、Ⅸ、二〇五―二一三頁)

(47) P・レヴィ、Ⅱ、一五頁。

タレイランもフランスで話されている多くの方言《イディオム》を激しく攻撃する。「……封建性の最後の名残りたる、この堕落した多数の方言は消え去るべきである。それがものの道理というものです」、と彼は国民議会で叫んだ。（F・ブリュノ、IX、一三―一四頁）

(48) F・ブリュノは、アルザスでは「ドイツ語の方言」が話されており、また教養のある人々は「文学ドイツ語」を読み書きできることを指摘した後、次のように明言する。「文民当局は、二つのことばで民衆に語りかけていた。教会当局もこれにならっていた。非宣誓僧にして、立憲党員のブレンデルやローアン公も、必要な習慣には忠実であった。」（IX、四六―四七頁）

(49) 聖職者市民法の可決（一七九〇年七月十二日）、多数の貴族の亡命、ルイ十六世の逃亡未遂（一七九一年六月二十一日）、フランスの対オーストリア宣戦布告（一七九二年四月二十日）と続く混乱は、国内に不穏な雰囲気を生じさせた。それは革命派を激昂させ、政治状況の腐敗の責任者と彼らが見なした人々に対し、徹底的な措置を取らしめた。

(50) 要するにバレールは、「独裁者は民衆を孤立させ、国々を隔てておく必要があった……彼は方言の多様性を存続させていた……」と言明している。（P・レヴィ、II、八頁）

(51) フランス革命の深い意図は、言語についても同じく、「貴族階級の低落よりもはるかに、第三身分の上昇にあった」。（W・フォン・ヴァルトブルク、二一二頁）

(52) P・レヴィ、II、八頁。

(53) P・レヴィ、II、八頁。

おそらくそのとおりである。しかし、この法則が国全体で理解されるには、そのことを確認し、この「真実」をフランス語で宣するだけでは不十分である。F・ブリュノはとくに示唆的な文書を引用しているが、それは、「フランス市民のドイツ人に対して」、「人間の権利を説明し、それを自由と平等の大義に基づいて明らかにしよう」とすれば、アルザスではまさにドイツ語に頼らねばならないことを示していた。（IX、一七一―一七二頁）

(54)「国家語に対するこのきわめて熱っぽい誇りは、有産ブルジョワ階級の起こした大革命が、言語の民主化という意味では大きな影響力を持たなかったことの説明になる。」(C・デュヌトン、六三頁)

(55) P・レヴィ、Ⅱ、八頁。

(56) 他の者もそう考えた。かくして、ある熱烈な革命家は、「海浜フランドル地方の人民が大革命の域に達していなくても、そこでなおひそかに陶冶されていることばは攻撃すべきである」、と見なした。(F・ブリュノ、Ⅸ、一七六頁)

(57) しかしグレゴワール神父は、「南仏人の話す方言は本当の立派な言語である」、と認めている。(F・ブリュノ、Ⅸ、二〇九頁)

(58) しかしながら、アンドレ・シェニエの弟、M・J・シェニエが『出発の歌』のなかの歌詞で不滅化した、フランス革命の寵児ヴィアラが王党派の銃弾の下に倒れる前に叫ぶのは、「俚語」である。「やつらは僕を打ち損じなかった。でもそんなことはどうでもいい、ぼくは自由のために死ぬのだから。」(F・ブリュノ、Ⅸ、二五八頁)

(59) ジョゼフ・シャルドロネの『ブルターニュの歴史』の第一七章はこの点に関してとくに雄弁である。抑圧(死刑台、流刑船)はたんに特権者だけでなく、「都市や農村部の民衆」をも襲った。絶対数では、最大の犠牲者を数えるのは民衆である。(一六〇頁)

(60) P・レヴィ、Ⅱ、一〇頁。
F・ブリュノはこれを大幅に引用している。(Ⅸ、一九二—一九四頁)

(61) P・レヴィ、Ⅱ、五六頁。

(62) この表現はリヴァージュ某のものだが、彼は、「超愛国的活動家から検事長クラウス氏への告発の手紙」において、アルザス人を「ドイツ人国民」と形容した。(P・レヴィ、Ⅱ、一一二頁)

(63) P・レヴィ、Ⅱ、六四頁。

（64）P・レヴィ、Ⅱ、三九頁。

（65）P・レヴィ、Ⅱ、五九頁。

（66）ストラスブールの新聞『現《ゲシヒテ》代《・デア・ゲーゲンヴェルティゲン》時報《・ツァイト》』（一七九一年九月十六日）の寄稿者は次のように書く。「外国語の学習に移る前に、まず我らが母語の精神を知ることを学ぶため（正規の教育ではそうあらねばならないが）、ドイツ語の話されているフランス領の地方では、ドイツ語の基本的規則を教えることが望ましい。」（P・レヴィ、Ⅱ、四九頁）一七九一年でもこんなだった！

（67）これはオ・ラン県ホルツヴィールでのことである。（P・レヴィ、Ⅱ、四六頁）

（68）「ストラスブールでは、市当局のさまざまな訴えの結果、フランス語を教育できる者はかろうじて五人現れた。同じ頃、バ・ラン県全体では、法の要求するような、全国レヴェルと認定される教師はたぶん二九人以上はいなかった。オ・ラン県でも、フランス系の学校への志願者は三〇―四〇人しかいなかった。」（P・レヴィ、Ⅱ、五一―五二頁）

教員養成学校を開設する考えが広まり始めた。アルザスでは、ドイツの類似した学校で得られた立派な成果が知られていた。それに、「フランス各県別教員養成学校設置計画」が、一七九二年、ヘッセン州出身だが、ストラスブール居住の立憲派司祭ドルシュにより、公教育委員会に提出された。（F・ブリュノ、Ⅸ、二四一頁）

（69）W・フォン・ヴァルトブルク、二一二頁。

（70）ロベール・ラフォンはフランス革命の「言語的統一主義」の帰結を厳しく批判する。彼によれば、大革命は「ことばの帝国主義による疎外……」と「社会的統合による疎外」という二重の疎外を、オック語のエリートたちにもたらした。その結果、彼らは「民衆文化から逃げることにより」エリートになった。

この指摘は、今日、民族的・言語的少数者と呼ばれる者の全エリートに対して有効である。またさまざまな理由から、この二重の疎外がずっと後にしか現れないとしても、これはアルザスのエリートにとってもそうである。R・ラフォンは、「フランス共和国はけっして文化の共和国ではなかった」、ときわめて正当に結論づけている。(一九一頁)

(71)「リボヴィレ地域憲法友の会」は、一七九四年八月二日付の国民公会宛の書簡で、それをいみじくも表明した。「我々は国家語を話してはいないのでしょうか? では、よき共和派となるにはフランス語を話すだけでいいのですか?……また反革命派とされるには、ドイツ語を話せば十分なのですか?……我々はまだ部分的にドイツ語を話しているのだから、あまりよき共和派とはいえないのですか?」(F・ブリュノ、IX、二五六—二五七頁)

(72)P・レヴィ、II、六八頁。この指摘は、多くのアルザス人がもはや一〇〇〇年以上も続く方言の持つ言語的・文化的価値を守る勇気もない今日、言及されるに値するものだが、彼らときたら、眉をしかめる以外の危険は冒さないのだ!

(73)F・ブリュノは、たとえルスヴィルの脅しが効を奏さなかったとしても、「それは住民の記憶のなかに残り、共和国への憎悪を育むことに役立つ」、と指摘している。(IX、一九五頁)

革命政府は安全な人間を配置するが、とくにアルザスではそうである。大部分の主要なポスト、例えば、ストラスブールの市長職やバ・ラン県の司教職は非アルザス人によって占められた。

恐怖政治下のストラスブール市長、ピエール＝フランソワ・モネはサヴォワ人である。彼は本物の独裁者として振る舞い、そのため彼は「アルザスのカティリーナ」と呼ばれるようになった。(エドゥアール・ジッツマン)

バ・ラン県の立憲派司教、フランソワ＝アントワーヌ・ブレンデルはドイツ出身である。シュペサルト(マインツ地方)に生まれた彼は、マティアス・ブラントラーという名の木材商人の息子であった。青年ブラントラーは自分の名前をブレンデルに変えなくてはならないと思った。すでに当時、その方がおそらく響きがよかったのであろう。

また誰もが、あのよこしまなオイローゲ・シュナイダーはオーストリア人だということを知っていた。

## IV　対立する二つのことば

(74)　総督政治下のフランス学校制度の改革はアルザスに大きな希望を抱かせた。文字どおりの陳情書が総督政府に提出された。主要な点は以下の通り。

一、ドイツ語を教科目に加えることを要求する。

二、「あの絶対的単一性という哀れな考え」には反対である。「国境沿いに位置する学校では……教育基本法において、内地の学校と全面的に同一である必要はない。」

三、ストラスブールに、「固有な特徴」をもつ高等教育の学校が開設されることを要望する。そこで「フランス語とドイツ語」を使用すれば、ヨーロッパ中の若者を引き寄せるであろう。また、「忘れてならないことは、ライン河畔の文科系学校で、教育の一部がこの地方のことばで施されることが有益にしてかつ不可欠であることだ」、とあった。

四、アルザス人の愛国心は、彼らの話しことばに依拠するものではない。そして作者は付け加えた。「民衆からその言語を奪うこと、それは同時にその特性を奪うことである。」（F・ブリュノ、IXの一、四三六―四三九頁）

したがって、人々はアルザスにおけるドイツ語の正式認知を要求している。ブリュノはそれこそまさに「錯覚」であると考える。なぜなら彼は、「ジャコバン支配の共和国が連邦主義を容認する以上に、総督政府下の共和国は地方分権主義を容認することはできなかったし、またそのような提案が考慮されるような機会は一つもなかった」、と言っているからである。（IXの一、四三九頁）

今一度、アルザス側では、人々が何を望んでいるかも承知しているし、建設的な具体的提案をするのにも迷うところがないことが確認できる。そうした提案すべては、アルザスのドイツ語の位置に対し、いかなる確たる約束もしない中央政府の断固たる意志を前にして挫折した。政府は、自らとフランスの言語的統一主義のために時が加勢してくれることをよく知っていたのだ。

(75) L・シトレール、『歴史の地、アルザス』、二二八頁。

(76) フランス語はナポレオン一世の母語ではない。彼は、一七七九年に十歳で入学したブリエンヌの軍学校でそれを学んだ。彼はコルシカ訛りをけっしてなくすることはできないが、誰もそれで彼を非難しなかった。

(77) P・レヴィ、II、二二五―二二六頁。

(78) こうした君主の態度は、ルイ十六世のオーストリア人の妻、マリー・アントワネットの態度に対置される。オーバーキルヒ夫人によれば、王妃はストラスブール市長が彼女に向けたドイツ語での歓迎演説を次のように遮ったという。「ドイツ語を話さないでくださいな、今日からはもうフランス語以外は分かりませぬ。」（P・レヴィ、I、三五〇頁）この誇り高き覚悟とても、多くのフランス人の目には、彼女が「オーストリア人女性」であることに変わりはなかった。

(79) 多くの市町村議会では、今でも方言で討論、協議されている。

(80) F・ブリュノ、IXの一、四八九頁。

(81) ある日、ストラスブール周辺のある村長は、「せむし、めくら、狂人、白痴」の調査をする必要があった。そのために、彼は県庁から届いた書類に書き込まねばならなかった。「白痴《クレタン》」の意味が分からず、知事が綴りを間違え、実際は「キリスト教徒《クレティアン》」の数を知りたいのだろうと思って、善良な村長は、白痴の数の該当欄に、「キリスト教徒《クレタン》？　我々はみなそうです」と記入した。

別な時、知事が某市民の「前歴《アンテセダン》」を知りたいと思った際、次のような回答を得た。「志願者の先祖《アンテセダン》はみな死に絶えました。」（P・レヴィ、II、二〇五頁）

(82) P・レヴィ、II、一〇一頁。

(83) P・レヴィ、II、二二七頁。

レオンス・アレ＝クラパレードはセレスタの代議士で、ヴィレの県会議員だった。彼の父はナポレオン一世下で将軍として有名になったが、その前にセレスタの代議士であった。彼はアンドローに引退し、一八四四年に死去した。アレ＝クラパレード伯爵の家系はラングドックの出身だった。(E・ジッツマン)

(84) Ph・ドランジェ編集の『アルザス史資料集成』では、ミュルーズの、とくに繊維産業の労働者の状況のあまり模範とはならないありさまが描かれている。労働者はみじめな給料をもらい、非人間的な状態で暮らしている。製糸工場は八—十二歳の子供まで雇うにいたった……。(三八〇—三八二頁)

革命の種がそこに格好の地を見出したといって驚くことはない。バ・ラン県知事シャナル(一八四九—一八五〇年在職)は、そこに「アルザスのドイツ人を帰化させる」補足的理由を見た。彼によると、「その結果が前回の選挙に現れたような、きわめて破壊的な理論がドイツ語で流布している。あらゆる共産主義的または社会主義的な妄想が我々のもとに到来するのはドイツからである。アルザスをフランス化すること、これが現在の悪病に施すべき第一の良薬である」。(P・レヴィ、II、一五三頁)

(85) P・レヴィ、II、九九頁。

(86) この騒動は一八〇六年、サンタヴォルの小学校で起こった。モーゼル県知事ヴィエノ・ドゥ・ヴォーブランは自分の手柄を次にように語る。「わたしは子供たちが使っている教科書を全部調べました。三分の二がドイツ語でした。そこで即座にそれらを引き裂き、フランス語の他の教科書を買うよう、お金を与えました。そして教員には、まったく不意の時にまた調べにくること、それでもなおドイツ語の初等教科書を使用していれば、解雇すると言明したのです。」(P・レヴィ、II、一〇一頁)

誰もが、ケルガリウやV・ドゥ・ヴォーブランのように自分の任務を考えていたのではない。ルゼ＝マルネジア以外には、ドイツ語に反感を示さなかったバ・ラン県知事、ルイ・セール(在職一八三七—一八四八)とミニュレ（在職一八五五—一八六五）を挙げるべきであろう。「幼少の頃から覚えられ、その後の発展の道具を提供してくれるドイツ語を諦めることは、まったくばかげたことに思われる」、とL・セールは言う。また知事のミニュレは言明する。「アルザスにドイツ語が導入されていないならば、それを導入すべきであろう。」（『ダス・エルザス』、Ⅳ、五一〇頁）

（87）アルザスのリセとコレージュでは、フランス語は一八〇八年以来教育言語である。原則としては、すべての教育施設でそうであるはずだった。だが、徐々にでも、小学校でもそうなるには、ファルー法（一八五〇年成立の教育の自由に関する法律）と初等教育の再編成を待たねばならない。

（88）フランス初期の師範学校《エコール・ノルマル》がストラスブールに創立されて一五〇周年目の際、ストラスブールとオーベルネ・ソリニャックの師範学校の卒業生グループが、ストラスブール大学区長の特別後援の下に、『一五〇歳のエコール・ノルマル』と題した仮綴じ本を公刊した。そこでは、ジャン・ヴェルツがこの師範学校の沿革を述べ（一五—七二頁）、シャルル・エッケールがA・ドゥ・ルゼ＝マルネジア知事の注目すべき横顔を描いている。

J・ヴェルツは、ストラスブールに師範学校を開くという考えが、ルゼ＝マルネジアの心にどのようにして芽ばえたのかを語る。知事は言う、「着任してから、……わたしはすべての不平不満を調べてみようと思った……。こうした不平のなかには、確かに教員の不足に根ざすものがあった。コブレンツで決定的な証明実験をした時、どうして救済策を提案しなかったのか」。知事布告の本文は、二言語で著され、この仮綴じ本のなかにある（五七—五九頁）。ルゼ＝マルネジアは、ストラスブールの師範学校が、「ずっと前から、オーストリア、バイエルン、ザルツブルク地方や我らの近くのバーデンやブライスガウで、多大の満足感を与えてきたものをモデルにして」、創設されることを強く明言した。（五六頁）

Ch・エッケールはA・ドゥ・ルゼ＝マルネジアがジュラ県出身であると伝えている。ナポレオン一世と同年に生まれた彼は、ドイツのゲッティンゲン大学で勉学を修めた。革命政府は彼を「亡命貴族」であったと非難したが、ドイツ滞在中に、ルゼ゠マルネジアがフランス革命の敵と接触したようには思えない。彼がより安楽に感じ、また自分の才能と為政者としての大きな特性を大きく発揮できたのは、帝政下においてである。彼がドイツ語を知っていることから、まずコブレンツに任命され（一八〇六年）、彼はそこで「ライン・モーゼル」県の知事になったが、コブレンツはその県庁所在地であった。一八一〇年、彼はストラスブールに異動した。一八一四年、事故死した。ルゼ゠マルネジアは学校の役割について独自の考えを持っていた。Ch・エッケールによれば、ルゼ゠マルネジアは「演説屋ではなく、教養のある市民、つまりは有用な市民を育てよう」とした。（九六頁）フランスで初の師範学校を創設しながら、彼はアルザスの学校の真の問題、すなわち、将来そこで教えることになる教員の合理的な養成に取り組んだ。

(89) P・レヴィ、Ⅱ、一六五頁。

(90) P・レヴィ、Ⅱ、二九六頁。

(91) P・レヴィ、Ⅱ、一〇六―一〇七頁。

(92) P・レヴィ、Ⅱ、二三一頁。

(93) F・ブリュノは、「コンコルダ協約を承認した教会は独立もしているが、服従もしている。人々がこれに仕えているのは利用するためなのだ」、といみじくも指摘している。知事たちは、聖職者が説教と宗教教育においてフランス語を使うよう許可を得るべく努めた。しかし、彼らは権威的な手段に頼ることには躊躇した。第一帝政はカトリック教会に「帝国教理問答」を課するにいたった。以下が、いくつかの意味深いその抜粋である。

「第七読誦、第四の戒律の続き」

問――キリスト教徒を支配する君主に対するその義務は何か、またとくに、我らが皇帝ナポレオン一世に対する我らの義務は何か？

答――キリスト教徒は彼らを支配する君主に対し、またとくに我らは我らが皇帝、ナポレオン一世に対し、愛、尊敬、服従、忠誠、兵役、帝国と帝位の存続と擁護のために命じられた年貢の義務がある。また我らは、その救済と国家の精神的・現世的繁栄のために熱心に祈らなくてはならぬ。

「なぜ我らは、我らが皇帝に対し、こうしたすべての義務をもつのか?」という問には、何よりも次のごとく答えねばならない。「それは第一に、神は摂理に従って皇帝位を造り、配分したもうが、我らが皇帝を、平和時であれ、戦争時であれ、賜物で満たされ、彼を我らが君主と定め、彼をして神の権能の代行人となし、この世における神の御姿となしたもうたからである……。」

最後の例。

問――我らが皇帝に対する義務に背く者はどう考えるべきか?

答――使徒聖パウロによれば、彼らは神自ら定めたもう秩序にあらがい、永遠の劫罰に値するものとなろう。

(ダニエル゠ロップスにより引用、VI、一六六―一六七頁)

公式文は、もちろん、フランス語で作成された。しかし、それが方言、ブルトン語とかドイツ語に翻訳されることには誰も反対しなかった。ドイツ語で教理問答を出版する許可を得るため、ストラスブール司教の司教代理は次の理由を主張する。

一、「ドイツ語は、民衆がフランス語を理解しないこの教区の大部分において、唯一の使用言語である」。

二、次いで彼は、マインツ、トリーア、アーヘンなどの隣接教区(帝国に併合されていた!)や、ナンシーやメッスの一部の教区についても同様である、と指摘する。だから同一の翻訳が必要なのである。

ストラスブール教区はドイツ語の「皇帝」教理問答集を持つことになる。F・ブリュノはこの決定を遺憾なものとする。彼は言う。「そのようにすれば、アルザスの子供は皇帝に対する義務は難なく学ぶであろう。だが、フランス語にとっては残念なことだ。」(IX、四九七頁)

確かに、「皇帝」教理問答集に賛成して使用したところで、フランス教会の威光が何ひとつ増すのではないが、しかし、アルザスでは、教会はフランス語しか使用してはならないという役人の命令には屈しなかった。

そのようにして、教会は言語面でもやはり自己に忠実であった。

（94） P・レヴィ、Ⅱ、一六一頁。

（95） デュポン・デ・ロージュ猊下はレンヌに生まれた。彼はヴァティカン公会議で大きな役割を果たした。そしてアルザスとロレーヌのドイツ併合後も、自らの職に忠実であった。任期中ずっと、彼は模範的な尊厳を示し、そうして、全信者（フランス語系であれ、ドイツ語系であれ）からのみならず、政治面で相変わらず闘い続けたドイツ当局からさえも、尊敬をかち得たのである。

（96） P・レヴィ、Ⅱ、二五六頁。

教会参事会員ルイ・カゾー（一八〇三―一八七〇）はフランス砲兵将校の息子である。ストラスブールの聖ヨハネ小教区の主任司祭として、彼は模範的な情熱と献身を示した。そして彼がつねにその正当な立場を弁護した貧しき人々から愛された。ルートヴィヒ・シュパッハは教会参事会員カゾーのフランス出自とドイツ語に対する彼の立場に矛盾を見ようとしたが、それは、国家語への愛着と「ドイツ語保持」のための正当なる闘争を区別することが、どこでも困難であることのあかしである。事実、L・シュパッハは、『アルザスの現代の文化状況《モデルネ・クルトゥーアツーシュテンデ・イム・エルザス》』のなかで書いている。*「この闘士の名前は彼がフランス出身であることを示す。彼が時には司教代理、時には県知事に提出した訴状はフランス語で書かれている。それなのに、――わたしにはその矛盾の説明ができないが――彼は近年〝フランス語の専制化〟に反対して、学校でのドイツ語存続を熱心に擁護している。」（二五三頁）

（97） 「請願書」（一八六九年）――

教会参事会員カゾーの『ドイツ語存続論』は、匿名の「大学人」とあるが、メッスの大学区視学官アンリオの手になるものと考えられる反論を引き起こした。「大学人」は教会参事会員カゾーの主張に論駁する。今度は、「大学人」の論拠が、たぶんその作者ではないメッスの司祭がストラスブールで出した「請願書」によって反駁された。「請願書」そのものは、別のロレーヌ人からの反論に出くわした。この途方もない論争の細部には入らないが、論者たちを鼓舞する精神を示すものだけはみておこう。

「大学人」は、完璧なジャコバン派として、「我々が心からフランス人であるように、ことばからもフランス人でない限り、同化は不完全であろう」、と主張する。これに対し、「請願書」は、「我々は流した血からフランス人であることは明白だ」、と答える。

「大学人」は「独仏語の同時教育と二言語の同時使用は不可能である」と断言するが、これは「請願書」によって反駁される。それは、「生徒は学校に来る前にすでに一つのことばを知っているのだから、二つのことばを教えることにはならないし、また他方、アルザスでは同時教育が立派な成果を収めたこと」、を強調する。「大学人」は、「プロイセン人がその国境の学校でドイツ語教育しか許さなかったのだから、フランスの地方でドイツ語を教える理由は一つもない」、と考える。この論拠は、アルザスとドイツ語系ロレーヌでは、反ドイツ語教育論として定期的にくり返される。このことは後述したいと思う。差し当たりは、「請願書」の反論を聞くだけで十分であろう。「もっぱらドイツ語の国であるプロイセンで、教師がドイツ語しか教えないからといって、同じくまったくドイツ語系であるロレーヌで、教師がフランス語しか教えないという理屈にはならない。」「実際」、と「請願書」の作者は続ける、「フランス語だけの単独教育の方法は失敗した。生徒たちはそれが分からないのだから」。さらに付け加えて言う。有効であるためには、宗教教育は母語でなされねばならない。ドイツ語への愛着は、それを話す人々の愛国的感情を何ら害するものではない。たとえ二つの地方がその言語のためにプロイセンによって侵略されるようなことがあっても、そこの住民は他のフランス人と同じ信念をもってフランスを守るであろう。（P・レヴィ、Ⅱ、二四四—二四六頁）

事実、これはくり返し現れる同じ論拠である。厳密にジャコバン的な精神がかつて以上に、それもとくにフランスの大学社会において熱烈な姿を露呈したのだ。

（98） 教会参事会員ヴィクトール・ゲルベール（一八一一—一八九八）はライヒスホッヘンの出身である。アグノーのサン＝ジョルジュ教会の主任司祭である彼は、新聞、とくに『民族の友《フォルクスフロイント》』の寄稿者として熱心な活動を展開した。

ジョゼフ・フィリッピ（一八〇八―一八九一）はカイザースベルクの出身である。彼は四分の一世紀以上もモルスハイムの主任司祭であった。公平無私な愛国主義者で、並外れて精力的な活動家である彼は、アルザスの言語的遺産を果敢に擁護し、あらゆる面から脅かされつつあるこの地方のキリスト教信仰を守ろうとした。イニャス・ヴァルツェールはプファッフェンハイムの出身で、ヴィッテルスハイムの主任司祭であった。

(99) P・レヴィ、II、二五七頁。

(100) P・レヴィ、II、二五五頁。

法務・宗務担当大臣に宛てた書簡（一八四四年）のなかで、メッス司教が述べているように、「ある民族のことばを何の支障もなくすぐには変えられず、また彼らの古い習慣、とくにその著しく宗教的な習慣が風俗に対し、より独占的に影響力を及ぼしている時には、何の危険もなしにそこから彼らを引き離せない……」、と考える人々もいた。（P・レヴィ、II、一六一頁）

同じ不安がカゾーの『ドイツ語存続論』にも感じ取られる。「何年か前から、アルザスでは、風俗壊乱が大いに進展した……。ドイツ語を犠牲にしてフランス語をやみくもに普及させるというこのやり方がその原因の一つであると言っても、間違っているとは思わない。」そして彼は、「ドイツ語を廃止することは、ある意味では、宗教、道徳、またそのあおりで、アルザスの文化を攻撃するものである」、と結論づけた。（P・レヴィ、II、二五六―二五七頁）

(101) P・レヴィ、II、一六二頁。

たぶんいくらか誇張された不安だが、しかし民衆の故国喪失《デラシヌマン》が一般的に示す危険が過小に評価されてはならない。十九世紀のアルザスでは、この故国喪失の危険は少なかった。アルザス人は、方言を介して、自らの大地とそのじかの文化的風土に深く根差していたのである。今はまったく逆である。

(102) 『ダス・エルザス』、IV、五一〇頁。〔この引用文の元の文はドイツ語〕

（103）Ｐ・レヴィ、Ⅱ、二五九頁。〔この引用文の元の文はドイツ語〕

（104）政府は、例えば、『ストラスブール世界新報《シュトラースブルガー・ヴェルトボーテ》』紙にフランス語版を課そうとしたり、またフレデリック＝ロドルフ・ザルツマンに彼の新聞をフランス語でも出すように勧告したりしたが、大して成功しなかった。

（Ｆ・ブリュノ、Ⅸ、四九〇頁）

Ｆ＝Ｒ・ザルツマン（一七四九―一八二一）は大革命下では艱難辛苦を味わった。大変な教養人であった彼は、当時の知的エリートと交流があった。多年にわたって、『バ・ラン通信』の編集長を勤めた。

（105）一八五九年、『民族の友《フォルクスフロイント》』紙はかなり攻撃的な記事を載せた。「フランスの紳士方《アイン・フランツェージッシャー・ヘール》」は、速やかにフランス語を学ぶためにできる限りのことをするよう求めて、アルザス人に対して厳しい態度を示すくせに、ドイツ語を学ぶ最低限の努力もしないと、非難しているのだ。残念ながら、そのドイツ語弁護論にはばかげたうえに、滑稽ないくつかの論拠が入り込んでいた。記事の作者によれば、ドイツ風に家を管理することはより清潔さを保つことになり、ドイツ風に土地を耕すことは畑の畝をより規則正しく、肥沃にするものであるという……。（Ｐ・レヴィ、Ⅱ、二五〇頁）

（106）一八三六年付のオ・ラン県の文部当局の報告書には、次のようにある。「フランス語は……今や全クラス、全職業にとって具体的な必要物である。しかし、この必要物がオ・ラン県のドイツ語系市町村ではまだ理解されていない。親たちはこの学習を無益なものと見なしている。彼らは自分をなおドイツ人と思っており、また彼らのことばは、たとえそれがどんなに粗野であっても、彼らにとっては失うのが不安な民族的象徴なのである。」

一八四三年でも、親の態度はまだ同じように見える。なぜなら、オ・ラン県の初等教育視学官が県知事宛に次のように書いているからである。「きわめて多くの親が子供たちがフランス語を学ぶことに反対し、しかも学校でそれにとくに熱心に取り組まねばならないことを知っているのに、子供たちを家にいさせようとまですることは、聞くだに忍び難いことであります。」（Ｐ・レヴィ、Ⅱ、一五九頁）

(107) マリー＝アントワーヌ、ジョゼフ・リステリュベール（一七八五―一八六五）はサヴェルヌ出身で、ストラスブール市立病院の医長である。彼は小学校のドイツ語教育に対し積極的な闘争を展開した。（P・レヴィ、Ⅱ、一〇九頁）

生まれと考え方はパリ的である、ストラスブール大学区長ローラン＝エティエンヌ・デルカッソ（一七九七―一八八七）の活動はまったく純粋なジャコバン的伝統に属する。彼は小学校のドイツ語をかろうじて認める。一八五九年、彼は通達の一つで、どんな理由であれ、夏に授業時間数を減ずるべきだとすれば、廃止されるべきはドイツ語の時間である、と明言している……。同年の別の通達では、教育上の非常識とかなり突飛な権威主義をごた混ぜにし、断固たる口調で公言する。「ドイツ語の授業自体をフランス語でなすべきだ。この義務を果たすのに不熱心な態度を示す教師がいれば、彼らの名前を知りたいものだ！」（『ダス・エルザス』、Ⅲ、四七頁）

もう一つのやり方がアルザスの親、それも子供がフランス語をよく知るよう強く望んでいる親をも不安にした。それは、少し激しすぎるある種の熱心な指導者が、アルザスの子供たちが授業時や休み時間に互いにフランス語を話すように要求するだけでは、満足しなくなったことである。教室外での方言を非難し始めたのである。大学区長クリスティアン・プフィステール自らこのことについて言う。「我々は通りや野原でドイツ語で喋っているところを見つけられると、一スーの罰金を払わされたが、この醵金で学校は毎年遠足に行ったものだった。」（P・レヴィ、Ⅱ、二九五頁）

(108) P・レヴィ、Ⅱ、二二七頁。

(109) P・レヴィ、Ⅱ、一〇九頁。

ジャック・マテール（一七九一―一八六四）はアルトエッケンドルフ出身である。ゲッティンゲン、ストラスブール、パリで勉学を修めた後、教員の道に入り、ヨーハン・シュトゥルム・ギムナジウムの校長になり、後には、文部省の視学総監になった。完璧な二言語使用者である彼は、重要な歴史的・文学的作品を残した。

一八六六年、初等教育の状況に関する報告書で、オ・ラン県議会はアルザスにおける二言語使用の必要性も主張している。以下はその抜粋である。「フランス語が急速に広まり続けているが、それでも我々はドイツ語がこの国から消えてほしくはない。二言語を知っていることは、国境沿いに位置することの利点であり、またアルザス住民にこの特権を維持させることは有益であることを、誰もが否定できないのである。」（P・レヴィ、Ⅱ、二三五頁）

(110) P・レヴィ、Ⅱ、一六四頁。

ジョゼフ・ヴィルム（一七九二―一八五三）はハイリゲンシュタイン出身である。補助教員として出発した彼は、一八三六年、バ・ラン県大学区の視学官になった。大変な教養の持ち主で、老練な教育家である彼は、アルザスの言語問題の二言語使用的解決法のために、具体的な提案をした最初の人物のうちの一人である。ロレーヌでは、元教員で、初等教育視学官のクルツェールがJ・ヴィルムと同じ考えを展開する。「フランス語が教育の主要な目的となり、ドイツ語は第二義的位置を占めるだけでよい」、と彼は提案した。

しかし、ヴィルムもクルツェールも、アルザスとロレーヌの小学校の二言語教育のために、何らかの公的保証を中央政府から獲得するにはいたらなかった。

(111) P・レヴィ、Ⅱ、三〇一頁。

アルザスが独仏間で果たすかもしれないこの仲介役は、フレデリック・ギヨーム・ドゥ・テュルクハイム男爵が多数の教員を前にして行った演説、とくに一八二七年と一八二八年の演説で、何度も強調された。彼はアルザスの学校が真の民衆教育《アイネ・ヴァーレ・フォルクスビルドゥング》の中心地となることを要求した最初の人物の一人である。（P・レヴィ、Ⅱ、一〇五頁）

(112) P・レヴィ、Ⅱ、二七七頁。

(113) P・レヴィ、Ⅱ、一三二頁。

ダニエル＝エーレンフリート・シュテーバー（一七七九―一八三五）は彼の時代のもっとも民衆的なアルザ

ス詩人の一人である。「ドイツ語とアルザスの風俗と伝統の断固たる擁護者である彼は、祖国フランスへの熱烈なる献身者であらずにはいなかったし、神聖ローマ帝国の侵略中、国民軍の指揮官であった。」(E・ジッツマン)

(114) [この詩句は本文がドイツ語、この原注部分にその仏訳がある]

「政治的には、我々はフランス人であり、これからもそうありたいと思う。ドイツ国家の生活になったとしても、そんなものはもう我々の気に入らないし、我々の希望や思い出がドイツに向かうこともありえないだろう。たとえアルザスで人々がドイツ語の歌を作ってもよいことを表明するために、ここに文書をしたためる時でさえ……。」(『ダス・エルザス』、Ⅳ、五〇九頁)

父がピルマゼンス出身であるエドゥアール・ルス(一八〇四―一八九一)はゲッティンゲン、ハル、パリで勉学を修めた。プロテスタント神学の教授である彼は、多数の神学上の著作をフランス語とドイツ語で著した。一八六二年にレジオン・ドヌール騎士章、一八八二年にプロイセン帝国騎士章を受勲した彼は、独仏の和合のために行動し続けた。彼の息子ロドルフはアルザスにおけるフランスの立場のもっとも熱烈な擁護者の一人となる。

(115) P・レヴィ、Ⅱ、一九二頁。

(116) 以下はJ・G・フィヒテの十三回目の講演の示唆的な抜粋である。

「国家の第一の、本源的かつ真なる自然的境界は、疑いもなく内面的境界である。同一言語を語ることは、すでにしていかなる人間的技能以前にたんなる自然により、多くの不可視の絆で相互に結びつけられており、また相互に理解し合い、つねに明確に意志の疎通を図ることのできる同族であることであり、そして一にして不可分の統一体をなすことである。」(P・レヴィ、Ⅱ、一二六頁)

ヨーハン゠ゴットリープ・フィヒテ(一七六二―一八一四)はカント哲学に深い影響を受けた。初めはフランス革命の支持者であったが、後にはヨーロッパにおけるナポレオンの帝国主義のもっとも激しい敵の一人になる。彼がかの有名な『ドイツ国民に告ぐ』《レーデン・アン・ディ・ドイチェ・ナツィオン》により、ドイツの国民感情を目覚めさせようとしたのは、一八〇八年、フランス軍のプロイセン侵略後である。

(117) エルンスト＝モーリッツ・アルント（一七六九―一八六〇）。ドイツの詩人。ナポレオン一世に対するドイツ・レジスタンス運動に参加したことにより有名になる。後には、ドイツ民族主義の主張を訴え続ける。

(118) *「ドイツ語が話される限り、ドイツは広がる。ヴォージュ山脈はこの上部ラインで明確な境界線を形成しており、それがフランス語訛りを区分する。たとえ一人一人のストラスブール人がエレガントに話しても、アルザスはドイツの地であり、バイエルンやハノーファーと同じくドイツである。」（P・レヴィ、Ⅱ、一二八頁）

(119) カール・ゲデッケ（一八一四―一八八七）。ドイツ文学史家。テュービンゲンで勉学し、ヤーコプ・グリムを師とする。すぐれたドイツ文学史辞典を書いた。

(120) J・フィッカーは『ドイツ帝国』《ダス・ドイチェ・カイザーライヒ》において書く。*「ひととひとをより密接に近づけ、また同族の感情をより明確にひとの意識に目覚めさせるのに、共通の母語に勝るものはない……。国家生活のいかなる重要な使命も、国家と民族の一体化なくしては、もはや何ものによっても、容易には果たせないであろう。」（P・レヴィ、Ⅱ、三〇七頁）彼が母語を通して……どのように国家から民族へと移行するか、注目すべきである。

(121) エルネスト・ルナン（一八二三―一八九〇）はブルターニュ出身である。一八四三年、サン＝スュルピスに入り、二年後突然神学校を去る。その頃、哲学的研究と科学的研究を並行して行う。一八六二年、コレージュ・ドゥ・フランスのヘブライ語教授に任命される。イエスを「比類なき人間」と言い、スキャンダルを引き起こした。彼の講座は廃止された。彼の『イエスの生涯』は、出版時、激しい非難の対象となった。

ダーフィト・フリードリヒ・シュトラウス（一八〇八―一八七四）。ドイツの神学者。ヴュルテンベルク出身。テュービンゲン大学教授で、一八三五年に『イエスの生涯』を出版したが、これもまたドイツで大スキャンダルを引き起こした。フランスにこの作品を紹介したのはエミール・リトレの翻訳である。

(122) 以下はE・ルナンがD・F・シュトラウスに宛てた一八七〇年九月十三日付の手紙の主要部分である。

「あなた方ドイツの熱狂的な学者は、アルザスがドイツ帝国から不当にも引き離されたドイツの土地であることを引き合いに出される。国籍というものはみな妥協の産物であることにご注意願いたい。各地方の民族性についてそのように議論し始めたら、際限のない戦争への門戸を開くことになります。フランス語を話す立派な地方がフランスに属さず、しかもそれが非常に有利なことで、フランスにとってさえ有利なことがあります。スラヴ系の国がプロイセンに属していますが、そうした異常事態が文明には大いに役立っているのです。例えば、アルザスのフランスへの併合は、ドイツ精神のプロパガンダにもっとも寄与したことの一つです。ドイツの思想、方法、本などが我々のもとに届くのは普通アルザスを通ってなのです。アルザス住民にこの問題を付託すれば、大多数がフランスに併合されていることに賛成するでしょう。」(『ルナン全集』、第一巻、四五五頁)

(123) ルナンへの返事で、D・F・シュトラウスは次にように書く。

「アルザスとロレーヌがかつてドイツ帝国に属していたこと、ロレーヌの一部とアルザスにおいて、ドイツ語を抑制しようとフランス人がいかに努力しても、依然としてドイツ語は母語であること、このことが我々をしてこの両地域を要求せしめた要因になったのではありません。平和な隣人に対しこの両地域の返還要求をすることなど我々は考えませんでした。しかし、その隣人が平和を破って、彼らがそれまでこの上ない不正をもって数年間領有してきた我々のライン地方をふたたび奪還しようという意図を表明した今、もし勝利者たる我々が、かつて自らのものであり、自らの安全保障に不可欠であるものをふたたび守ろうとしなければ(もっとも、今後はその必要はないでしょうが)、大ばか者と言えましょう。」

同じ手紙(一八七〇年九月二十九日)のなかで、D・F・シュトラウスは、すでにアルザスは小さなドイツの州国家ではなく、中央権力たるプロイセン《ゾンデルン・プロイセン・デア・ツェントラルマッハト》に属する、と暗にほのめかしていた。だから、アルザス(とロレーヌ)を固有な政治的実体として扱うことなど問題ではなく、それを一つの中央権力から他の中央権力へ移行させることが肝要であった。ただそれだけのことである。(フリッツ・ブロンネル、I、一四五—一四六

頁)

(124) テオドール・モムゼン(一八一七―一九〇三)。ドイツのすぐれた歴史家・文献学者。シュレースヴィヒ出身。プロイセンの指揮下にドイツ統一の実現をめざすビスマルク政治のもっとも激越なる支持者の一人で、一八七〇年の戦争が勃発した時には、フランスの恐るべき敵として現れた。そして死ぬまでフランスに敵対し続け、イギリスがフランスではなく、ドイツと同盟するようにその全影響力を行使しようと努めた。

以下はモムゼンのことばを引用したものである。「フランス人がおとなしくしていれば、大聖堂の賛嘆者がため息をつき、ゼーゼンハイムの巡礼が涙することはあっても、我らの軍団がこの文学と芸術により聖化された場所を奪還するために、彼らのあとを追うことなどけっしてなかったであろう。」(F・ブロンネル、I、一六〇頁) D・F・シュトラウスとは反対に、モムゼンはフランス語系ロレーヌの第二帝国への統合に同意したようには見えない。しかし、「心からのプロイセン人」*で熱烈な民族主義者のモムゼンはドイツ帝国へのアルザスの返還を願った。

(125) ニューマ=ドゥニ・フュステル・ドゥ・クーランジュ(一八三〇―一八八九)。モムゼンに劣らずすぐれた歴史家。数年間、ストラスブール大学文学部歴史学教授を務め、アルザスとアルザス人を知悉する。モムゼンに答えるのに彼ほどの適任者はいなかった。そして大変な熱意と巧みさで答えた。

以下は彼の返事の重要部分である。

「ことばはまた民族を特徴づけるしるしでもありません。フランスでは五つのことばが話されていますが、かといって誰もがわが国の民族的統一を疑うことなど考えません。スイスでは三つのことばが話されています。スイスが単一の国家ではなく、愛国心に欠けると言えるでしょうか?

……民族を区別するもの、それは人種でも、ことばでもありません……。祖国とは、ひとの愛するものです。アルザスは人種と言語からはドイツかもしれません。しかし国民性と祖国意識からはフランスです……。人種とは歴史に属するものであり、はるかなる過去の名残りであり、そのしるしであります。現在のものでありかつ生きたもの、それは意志、思想、利害関係、人情などです。歴史からすれば、アルザスはドイツの国と言えましょう。しかし現在からすれば、それはフランスの国であることは明らかであります。」（P・レヴィ、Ⅱ、三一五頁）

ドイツの主張がアルザスの過去しか取り上げず、またフランスがその現在しか取り上げようとしないことに気がつくであろう。前者はもし勝利すれば、アルザスの現在を消そうと努めることをほのめかすが、後者は、なぜ以後フランスの政策がアルザスの過去を消そうとするか、少なくともそれを忘却の彼方へ消えてゆくがままにするかを理解させてくれる。双方とも、アルザスが本来のもの、すなわち言語的・文化的にフランスでもあり、ドイツでもあるという未来を、アルザスに対して留保することを実際に考えていないのだ。

(126) P・レヴィ、Ⅱ、三一五頁。

(127) 一八七〇年、ジュネーヴで出版された『ドイツの主張とアルザス』のなかで、E・シューレは、「ドイツの民族学者」に対し、彼らは「フランス語がアルザスの町で支配的になることなど心配していないこと」、また「ノルト・シュレースヴィヒ（旧西ドイツ北部の港湾都市、十九世紀にはこの地方が属するシュレースヴィヒ＝ホルシュタイン州をめぐって、戦争がくり返された）が問題になると」、彼らは「すぐさまこの論拠を無視しようとすること、その際優先するのは戦略的な理由である」、と指摘した。（P・レヴィ、Ⅱ、三一六頁）

エドゥアール・シューレ（一八四一―一九二九）。著名な批評家、歴史家。ドイツ出身（祖先の名はシューラーであった）だが、シャトーブリアンと彼の「ケルト主義」の影響を受けた。一八七〇年にアルザスを離れてパリに移るまで、長らくバールに住んだ。彼にとって、アルザスは、何よりも、フランス文化の世界と渾然一体となるべき古きケルトの土地であった。『アルザスの精神の運命《エルザシッシエ・ガイステスシックザール》』において、エルンスト・バルテルは彼をフリードリヒ・リーンハルトと「政治的に正反対の人物」と紹介している。ロートバッハ出身のリーンハルト（一八六五―一九二九）は、アルザスに、ドイツの文化世界でしか開花することができない古きゲルマンの土地しか見なかった。

(128) P・レヴィ、Ⅱ、三一七頁。

(129) シャルル・ベルシュ(一八一一―一八七四)。文学者、法学・医学博士。一八六七年の『バ・ラン通信』に次のように書く。「時代、風俗と、古くからの習慣、成功と逆境をともにした共同体、何年も何世紀ものあいだ相分かってきた共通の運命が、親和性や、共感と人情のこもった法律や、性向と関心の同一性などを確立したのである。それは消えた思い出や民族学から借用した論拠ではもはや抑えることはできないであろう……。」(Ph・ドランジェ『アルザス史』、四二四頁)

それはまたヴュルツブルク大学のルドルフ・ビュッヒナー教授の意見でもあり、彼は民衆の政治的意向が激しい社会変動に左右されやすいことを指摘しつつも(「同じ人々が今日は喜びの叫びをあげるが《ディーゼルベン・メンシエン・ルーフェン・ホイテ・ホジアーナ》、明日には十《モルゲン・》字架にかける《クルキフィーゲ》……」)、一八七〇年にアルザス民衆がフランスに留まることを願っていたと認めている。だから、ドイツがアルザス人の政治的意向を無視したために生じた怒りは、彼には理解できるように思えたのである。しかし彼には、この怒りも、フランスがアルザスで実施した言語的同化政策のため、ドイツに引き起こされた怒り以上に悪いようには思えなかった。(*「しかしひとは次のように問うて見なくてはならない。この無視の形態が、弾圧と強制による言語的同化政策により、一世代あるいは数世代の精神的想像力を犠牲にしてしまう、あのフランスの形態よりもはるかに悪いと言えるのか?」)(九五頁)

(130) E・バース、九一頁。

(131) グスタフ・レンツ博士にあっては、もはや言語上の論拠だけで併合を正当化することなど問題ではなかった。『旧帝国領アルザスとロレーヌ、新帝国に対するその位置《ディー・アルテン・ライヒスランデ・エルザス・ウント・ロートリンゲン・ウント・イーレ・シュテルング・ツーム・ノイエン・ライヒエ》』のなかで彼は次のように書く。*「まるで、文献学や言語統計学といった学問知識で、政治的境界線を引くようなことがどこかで可能であるかのようだ! また、流動的に成立したり、消滅したりする言語区分が、言語圏と方言圏の入り混じるなかにあって、かつて地理的・歴史的および国民経済的に完結した統一体を確保する、堅固な領土的境界の代替物となったかのようだ。」(P・レヴィ、Ⅱ、三一四頁)結局のところ、彼はフランス「民族主義者」のフランス中心的思想につながる。また、地理的・歴史的・経済的な統一性を示すそうした国家的集合体がどのようにして区分されたのかも、彼は言っていない。それは至極当然のことだ！　国境はほとんどいつも武力でき上がるのだから！

(132) 事情に疎い内地のフランス人は、はじめてアルザスにきて、そこでつねにドイツ語方言が話されていることを認め、しばしば驚いたり、時には苛々したりする。アルフォンス・ドーデやアルフレッド・デルヴォーを作者とする、一八六六年の旅行物語から生じた彼らの苛立ちはどこまで進むであろうか？

アルフレッド・デルヴォー（一八二五―一八六五）。文学者。とくにその時代のパリ生活を描いた挿話で有名。以下はアルザスにはじめて接した彼の驚きぶりである。「ああこれは！　フランスにいるのか、それともヒューロン〔アメリカ・インディアンの一族〕のなかにいるのか！　とわたしはのどが渇いて空腹な男のような不機嫌さで言ったものだ。こちらはごく分かりやすいフランス語を話しているのに、このコウノトリども（アルザスの居酒屋の女給）はわたしたちを鼻で笑う始末だ！　彼女たちにはこちらの言うことが分からないのだ！　いったい、なぜアルザスはフランスに併合されたのか？　ミュンスター条約もナイメーヘン条約も、まるで茶番だ。この国はドイツだ、きわめてドイツ的だ、おそろしくドイツ風だ、そのザウワー・クラウト、そのビール、そのヤー、その髪の毛、その足からして……わたしはパリに帰りたかった。」（P・レヴィ、II、二〇二―二〇三頁）「コウノトリ」たちが彼に何と答えたか……容易に想像がつくであろう。

(133) P・レヴィ、II、一九四頁。

いずれにせよ、ポール・ドゥ・ブルゴワンは独仏間の関係の進展に関して楽観的であった。彼は、「領土的要求など双方からみて、両国の真摯なる人士なら排斥する絵空事である」、と見なしていた。彼の言うとおりだが、力がものを言うと、真摯なる人士も沈黙せざるをえない。アルザス人はそのことには気づいている。

(134) P・レヴィ、II、三〇八頁。

リヒャルト・ベック（一八二四―一九〇七）。ドイツの統計学者。ベルリンで長くプロイセン統計局長を務めた。

(135) 一八五九年、デルカッソ大学区長は、いくつかの小学校を視察した後、次のようなことを確認した。「生徒はドイツ語の文章はすらすらと読むが、フランス語の文章になると、たどたどしく読み、つまる……。大抵の場合、フランス語は、我々が視察に行く時にしか学校のことばとはならないようだ。」(Ph・ドランジェ『アルザス史』、四八二頁)

## V　ドイツ語の覇権

(136) とくに、E・ルナンとF・ドゥ・クーランジュが各々、F・D・シュトラウスとTh・モムゼンに与えた返事の抜粋を、原注(122)と(125)で参照のこと。F・D・シュトラウスとTh・モムゼンがドイツ語系ロレーヌに言及したとしても、彼らの論拠の要はアルザスに向けられている。

(137) *「確かに、ビスマルクがアルザス・ロレーヌの返還要求をしたのは、この両地域がドイツ語を母語にしているためでも、またこの両地域住民のドイツ的国民性のためでもなかった。彼にとってはるかに重要だったのは、国家的・軍事的安全保障の考えであった」、とF・ブロンネルは認めている。(I、一二頁)

(138) 一八七三年、コルマール管区長官《ベツィルクスプレジデント》は「……ドイツ語の権利の復権《アイネ・ヴィーダーアインゼッツング・デア・ドイチエン・シュプーラヘ・イン・イーア・レヒト》」、と言っている。(P・レヴィ、II、三九九頁)

(139) 一八七四年の帝国議会《ライヒスターク》の討論で、ハインリヒ・フォン・トライチュケは、「自然への回帰《アイネ・リュックケーア・ツーア・ナトゥーア》」と述べている。ハインリヒ・フォン・トライチュケ(一八三四—一八九六)。ドイツの歴史家、政治家。いくつかの著作で独仏関係を扱っている。(詳細については、F・ブロンネル、I、四六—四八頁も参照)

(140) アルザスの五一市町村(バ・ラン県二七、オ・ラン県二四)が、ドイツ行政当局との関係でフランス語を使用する権利を享受していた。(『ダス・エルザス』、III、五六頁)

一九一五年、バ・ラン県八、オ・ラン県一の市町村はこの権利をドイツ軍事当局により剝奪された。ストラスブール在住の引退したドイツの国会議員はさらなる成功を目ざすよう軍当局を督励した。彼によれば、アルザスのフランス語系地域では、エンジアディナ〔スイスのイン川の渓谷地帯〕のように、フランス語ともドイツ語ともかけ離れた「レト・ロマン語」が話されているからである。フランス語はこれらの「俚語使用者」の母語ではない、と彼は断言する。だから、彼らには行政用語の面で主張すべきいかなる権利もない。(『ダス・エルザス』、Ⅲ、六八頁)双方ともが、いつも同じ仕方で議論をしていることが分かる。言語的ジャコバン主義を正当化するため、ドイツ民族主義者はフランス語使用者に言う。「諸君が話しているのはフランス語ではなく、俚語だ。だから、万事がドイツ語で行われないようにするいかなる理由もない。」またフランス民族主義者は方言使用者に言い放つ。「諸君が話しているのはドイツ語ではなく、方言だ。だから、万事がフランス語で行われないようにするいかなる理由もない。」民族主義者を区別するのは国旗であり、彼らを結びつけるのは人間蔑視である。

(141)「地方委員会《ランデスアオスシュス》」は一種の地方議会で一八七四年に創設された。規定はあらゆる段階の二言語使用を想定している。実際のところ、必要とされたのはフランス語である。それが誰もの知っていることばだからである。J・ゲルベールによれば、アルザス・ロレーヌ地方委員会に議席をもつ五七名のうち、一〇名ばかりが完璧にドイツ語を知っており、他の一〇名ばかりはドイツ語の演説文を読むことができなかった。(P・レヴィ、Ⅱ、三五九―三六〇頁)

一八七〇年の戦争直後、ドイツ語の正確な知識の欠如は、「アルザス・ロレーヌの代議士が事態の推移を理解できず、人民投票に関する彼ら自身の動議に反対票を投ずるという、あの信じられないようなことが起こった」ほどである。この出来事は一八七四年に帝国議会であった。(P・レヴィ、Ⅱ、四〇五―四〇六頁)

ジョゼフ・ゲルベール、J・イニャス・シモニス、ランドラン・ヴァントレールは三人とも聖職者で、一八七四年に帝国議会《ライヒスターク》入りした全員抗議派のアルザス・ロレーヌの一五名の代議士に属する。アルザス・ロレーヌ選出議員は機会を捉えては、第二帝国《ライヒ》によるアルザス・ロレーヌの併合に対し麗々しく抗議の声を上げた。抗議文はサヴェルヌ選出で、ヴィンゲンの実業家エドゥアール・トイチュ議員によって読まれた。（もっとも重要な抜粋は『ダス・エルザス』、Ⅰ、六四―六六頁にある）

(142) ごく最近まで、ドイツ語の所得申告書を出すことはアルザスの納税者の自由であった。逆に、課税通知書はフランス語でしか作成されなかったが、それは支払税額が誰にもはっきりと読まれるからである。

(143) 『キリスト』の作者はオットフリートであり、『トリスタン』の作者はゴットフリートであった……。生存中は、ヴィンプフェリングはジャックではなくヤーコプ、フィッシャルトはジャンではなくヨーハンと名づけられていた。アルザスのある種の階層、ある種の地方（とくにヴィサンブール）では、ごく最近まで、洗礼者は一般にドイツ語風に発音されていた。すなわち、マルグリットではなくグレート、オディールではなくオッティーリエ、フランソワではなくフランツ、ジョゼフではなくゼップなどである。もちろん、それらすべては習慣にすぎないが、それでもやはりある集団の新しい文化世界への統合の程度を示す特徴的なものである。

(144) P・レヴィはこの活動を非常に鮮やかに詳しく伝えている。（Ⅱ、三六九―三七二頁）
ストラスブールのいくつかの通りの、時には出鱈目のフランス語名化も似たような錯誤を生じさせたことを指摘しておくべきであろう。

(145) *「彼らの運命を決めるには、たんにフランス語を無視するだけで十分だろう」、とある。（P・レヴィ、Ⅱ、四六六頁）

(146) P・レヴィ、Ⅱ、三九三―三九四頁。
それは「カイザー・ヴィルヘルム大学」という名称をもつ。

(147) 一八七〇年の戦争直後、フランス語はギムナジウムの第一学年から教科目であった。一八七三年、ギムナジウムでは、フランス語の週四―六時間に対し、ドイツ語はまだ三時間しかなかった。両言語の平等化が達成されたのは一八七八年であり、ドイツ語の時間数がフランス語よりも多くなったのは一八八八年からにすぎない。

(148) 一八九一年、上席視学官《オーバーシュールラート》の通達は次のように言明する。*「フランス語の授業の本質的使命は、ギムナジウムの授業計画におけるその全体的位置からして、生徒の論理的な訓練でも、またフランス国民の精神生活への道案内でもなく、生徒の話しことばへの習熟に求められるべきである。」（P・レヴィ、Ⅱ、三九二頁）

(149) P・レヴィ、Ⅱ、三九二頁。

(150) アルザスのフランス語系地域を除いて、フランス語を母語として示すのがもっとも多いのが女性であるのは、そのためである。（『ダス・エルザス』、Ⅲ、六二頁）ハンス・シュピーザー某は、女子高等中学校《ヘーエレン・テヒターシューレン》は*「ただフランス語という細菌で我々アルザス住民をますます汚染してゆく温床であるにすぎない」、とまで言う。（P・レヴィ、Ⅱ、四五〇頁）

(151) 一九一八年五月二十五日の上席視学官《オーバーシュールラート》の通達は、ギムナジウムの校長が後半の三学年ではフランス語を英語に振り替えることを許可している。（『ダス・エルザス』、Ⅲ、七二頁）

(152) P・レヴィ、Ⅱ、四四三頁。「州知事《シュタットハルター》」への請願書（後注（172）参照）の署名者（それでもフランス語に共感を感じなかったが）でさえ、アルザスのフランス語系地域におけるフランス語優先の原則に対してはいかなる異議も表明しなかった。請願書において彼らは言う。*「フランス語が家庭語であり、母語である地域では、授業をフランス語で始めることはまた自明のことである……。」（P・レヴィ、Ⅱ、四六九頁）

(153) P・レヴィ、Ⅱ、三八〇頁。

(154) 一八八二年、フランス語を小学校の教育言語とする帝国領土《ライヒスラント》の四三五市町村が調査され、バ・ラン県で三三、オ・ラン県で二四あった。こうした小学校の数は一九〇九年には四七〇校である。（P・レヴィ、Ⅱ、三八二と四四二頁）

一九〇五年、アルザスにはドイツ語系住民のいない市町村はもはや一つ（シールメック近くのゾルバッハ）しかなかったことは注目すべきである。

一九一〇年まで、フランス語系地域の小学校はそのドイツ語系生徒数によって三群に分けられていた。第一群ドイツ語系生徒数二五％以下、第二群二五―七五％、第三群七五％以上。最後の場合だけフランス語が教育されなかった。

一九一〇年以降はもはや二つの群しかなかった。

一、フランス語系生徒が学童人口の二〇％以下の学校を含めたドイツ語系の学校。これらの学校では、ドイツ語が教育言語である。

二、フランス語系学校、すなわちフランス語系生徒が二〇％以上占める学校。これらの学校では、フランス語が教育言語である。フランス語系生徒が五〇％いない学校（ここではまずドイツ語で読み書きを学ぶ）では週五時間のフランス語、フランス語系生徒が五〇％以上いる学校（ここではまずフランス語で読み書きを学ぶ）では週七時間のフランス語授業があった。

「ビンゲン会議」（一九一七年六月十五、十六日）でさえ、アルザス・ロレーヌ選出議員は、五〇％以上のフランス語系生徒を擁する小学校においてフランス語教育を存続させることに成功した。しかも軍事当局の圧力に抗してであった。（『ダス・エルザス』、Ⅲ、七一頁、P・レヴィ、Ⅱ、四九四頁）

(155) エヴァルト・バオホ（一八二九―一九一五）。シュレージエン地方出身。モルスハイム地区の初等教育視学官に任命され、ラ・ブリュシュ渓谷のフランス語系市町村におけるドイツ語教育が提起する問題に対処させられた。帝国のポーランド語地域で行われていたこととは反対に、彼は生徒の母語で教育を始めることを決定した。そして周知のような成功を収めたが、また……ドイツ語でも成功した！　彼の後継者ユーリアン・ロンバルト*が彼の仕事を続けるだろう。

(156) 「まず聞き、話すこと、次に読み、書くこと。まず耳と口、次に目と手！」、これがE・バオホのきわめて単純明快な原則である。（P・レヴィ、Ⅱ、三八一頁）

(157) 以下は、一八八七年、これらの学校の教師に出された訓示の抜粋である。*「最初の読みの授業は母語の文を読むことから行われるべきであり、ドイツ語の読みはフランス語文の読みの困難を克服してから、はじめて開始するものとし、一般的に中等段階へ入ってから実施すること。したがって、低学年では、ドイツ語の授業は口頭練習、話す訓練に限定すること。」（P・レヴィ、Ⅱ、三八一頁）

(158) 一九〇六年、イエナ大学のライン教授はラ・ブリュシュ渓谷に研究旅行をし、これについて以下のように言っている。「事実、来訪者はこの村の学校の高学年の子供とドイツ語でもフランス語でも、支障なく交流することができる。平均的にみれば、生徒たちはフランス語と同じようにうまくドイツ語が書ける。いくつかの学校や、また路上で話しかけた子供たちの場合にも、このことは確認できた。」（『ダス・エルザス』、Ⅳ、五一六頁）

(159) 「オルデリット改革」については、今日提起されているようなアルザスの二言語使用の問題を扱う際、検討したいと思う。ジョルジュ・オルデリット氏はローテルブール出身で、元教員、文部省の視学総監、ドイツ語教育視学総局長を歴任した。オルデリット氏はアルザスのドイツ語教育をその真の文脈に置き直したことで大変な功績があるが、それは献身的にして有能なアルザス人教授グループに支援されたものだった。任期中、E・バオホ同様、彼も教育的良識の欠如という最大の障害を克服せねばならなかった。幸いにも、最後はつねに良識が勝利した。悲しい哉《かな》！ 時には、少し遅れてであったが。

一〇〇年前に、心理的・教育的研究が今日ほど進歩していなかったことは、言うまでもない。現今では人々は、「母語」であれ、「外国語」であれ、語学教育に対処できる一連の技術的手段を手にしている。「まず母語を」の原則はつねに有効であるが、しかしアルザスのような地方では別な配慮も加えなくてはならない。本来的に言語的な問題は心理的・社会学的次元の問題とけっして切り離すことができず、それらは密接な関係にある。

(160) P・レヴィ、Ⅱ、三八五頁。

(161) P・レヴィ、Ⅱ、四五〇頁。

(162) 『ダス・アルザス』、Ⅲ、五八—五九頁。

(163) 一九〇九年七月六日、代議士キュブレールは七項目にわたる二言語使用計画案を地方委員会《ランデスアオスシュス》に提出したが、それは、小学校課程の高学年の週四時間のフランス語教育と、師範学校のフランス語教育の義務化を予定していた。(P・レヴィ、Ⅱ、四七一—四七二頁参照)
ロレーヌの代議士フィック、彼もまた、方言使用者が通う小学校でフランス語にしかるべく位置を与える必要性を強調した。彼は、子供たちがフランス語を学べるようにルクセンブルクにやった、オーダン・ル・ティシュ〔ルクセンブルクとの国境にある、モーゼル県の小さな町〕のドイツ人家庭の例を挙げている。(P・レヴィ、Ⅱ、四四七頁)

(164) 一八九六年の低地アルザスの地方議会《ベツィルクスターク》の際、二言語使用問題検討委員会は、「*当委員会は本題を政治的ではなく、実際的な問題と見ている」、と表明した。(P・レヴィ、Ⅱ、四四八頁)

(165) Ch・ベッケンハウプトは次のように書く。「わたしの考えでは、我々の二言語使用に適応したフランスとドイツの文学研究や、生徒にシラーやゲーテだけでなく、モリエールやラ・フォンテーヌを教える傾向、またフランス文学はドイツの影響を、ドイツ文学はフランスの影響を負うていることの論証、そして、フランスとドイツの特性の比較と言語と文化に対するそれらの反映などを考えることは、今のようにフランス語を軽視しているよりも、アルザスの若者にとっては有益であり、またドイツ精神の有するもっとも精緻にして高貴なるものに彼らをより近づけるものである。」(P・レヴィ、Ⅱ、四七六—四七七頁)

(166) 以下は「E・K博士」がフランス語のために主張した論拠である。「方言は少しでも高尚な思想を表現するには、まったく不適切である。標準ドイツ語で対話することは、我々には感情的に不可能である……。アルザス人実業家や商人は二つのことばを知らざるをえない。」教育面では、彼は、ラテン語教育がフランス語で行われること、またドイツ語が、何よりも英語教育に役立つことを提案している。(P・レヴィ、Ⅱ、四五二—四五三頁)

(167) 「*ある民族を二言語使用にすることはたんに次のごとしである。彼らにつらい思いをさせ、また彼らに対し、真実の認識と実り多い精神労働へいたる道を茨のやぶで閉ざしてしまうことである」、とＨ・シュピーザーは考える。（Ｐ・レヴィ、Ⅱ、四六七頁）

(168) ルネ・シッケレ（一八八三―一九四〇）は自己について次のように記している。
*「ぼくは生粋のアルザス人でぶどう園経営者の父と、同じく生粋のフランス人の母の息子として、一八八三年八月四日、アルザスのオーベルネに生まれた。母は天分豊かな女《ひと》だったが、ドイツ語を理解しないままに死んだ。思うに、母はドイツ語を真剣に学ぼうとはけっしてしなかった。ぼくも最初の頃はほとんど努力しなかった。一八七〇年の戦争後、ドイツから移住してきた大半の教師たちは、ぼくを少しばかりニグロの子のように扱った。けれども、五年後、そのニグロの子が最良のドイツ語作文を書くようになっていた。ぼくは今でもどうしてそうなったのか、はっきりとは分からない。家では、ぼくたちは相変わらずフランス語を話していた……。」（『ルネ・シッケレ――実録・生涯と作品《レーベン・ウント・ヴェルク・イン・ドクメンテン》』、二頁）

したがって、Ｒ・シッケレは実際に二言語使用の環境、つまり家庭ではフランス語、通りでは方言で成長したと言えよう。なるほど彼はすでに第六学級でフランス語を「外国語」と感じているが、しかし、*「第五学級《クヴィンタ》の時、ぼくは最良のドイツ語作文を書いた生徒の三―四人のなかに入っていた。それなのに、今でもよくフランス語で夢を見るのだ。また病気になったり、発熱したりするとすぐに、必ずフランス語を喋りだすのだ」（八頁）、と付け加える。すなわち、彼にあっては、フランス語はつねに非常に深い地層を持っていたのである。『ラインの遺産《ダス・エルベ・アム・ライン》』を代表作とするＲ・シッケレは、若き日、「シュテュルマー」運動を起こした。その目的は、アルザスをして「自由なる精神の自由なる共和国《アイネ・フライエ・レプブリーク・デス・フライエン・ガイステス》」にすることであった。（『ダス・エルザス』、Ⅲ、二四頁）

このいわゆる二言語使用者の知的不毛性は、今日でもなおアルザスにおける反二言語使用の論拠（いつも根拠はないが）として使われる。しかしながら、アルザスの二言語使用はアルベルト・シュヴァイツァー（ノーベル平和賞受賞）が世界的規模の人物になり、アルフレッド・カストレール教授（ノーベル物理学賞受賞）が一級の学者になり、アンドレ・ヴェックマンというすぐれた作家がフランス語にも、方言にも、標準ドイツ語にも完璧に習熟することの妨げにはならなかった。アルザスで使用されている何がしかのことばで、望ましい力強さと柔軟さで自己表現ができないアルザス人がいたとしても、それは彼らが二言語使用者だからではなく、十分な二言語使用者になっていないからだ！

(169) アルザスのドイツ語に関する著作には次のようにある。「*だが、この二つの言語はもっと悪い側面を持つ。実際、わたしはそれを危険であるとさえ考えたい。つまりわたしは、ある志操のゆらぎといったものが、これと容易に結びつくことを恐れるのである。」(P・レヴィ、Ⅱ、四〇〇頁)

一九二八年、ルクセンブルクで開催された二言語使用に関する会議の際、大公国文部大臣N・リースはなおも表明している、「二つの生きた言語を同時に使用すると、堕落した道徳的習慣が生じる……」。(アンドレ・タブレ＝ケレール女史、一六四頁)

(170) アルザスの二言語使用のドイツ側の反対者には、今なおフランス側で主張されるものと同じ論拠が見出される。以下はその二つの例である。

「*最初から二種類の言語を話すことを学んだ子供、あるいは民族ほど不幸なものはない。二つの言語を均等に話すということは、どちらの言語にも定着しないことを意味する。」これはストラスブール大学のあるドイツ人教育学者の意見である。

「*二言語使用は得にはならない。なぜなら、それに費やされる労力と時間が、他のさまざまな対象をいとも簡単に奪ってしまうからである。」(P・レヴィ、Ⅱ、四六七頁)

奇妙なのは、自分を二言語使用の問題の大専門家と思わせようとするのは、ほとんどいつも一言語使用者であることだ。

(171) A・タブレ＝ケレール、一八八頁。

(172) アルザス・ロレーヌ連合はフランス語教育の普及反対を次のように正当化する。「*しかし我々は、ドイツ語圏の小学校に必修科目として、フランス語の授業を導入することには反対である。なぜなら、フランス語の授業はその地域の特性と対立するからである……。」（P・レヴィ、Ⅱ、四六八頁）

以下は州知事《シュタットハルター》への請願書の主要部分である。「*小学校全体にフランス語を導入した場合、これによって生じる言語状況の変化は必然的に大きな問題をもたらすだけでなく、当然ながら、その地方がドイツ的方向へと自然に発展してゆく妨げとなる。」（P・レヴィ、Ⅱ、四六九頁）署名者のなかには、かの有名なアンシ〔コルマール生まれの諷刺作家、一八七二―一九五一〕の標的で、コルマールのやはり有名な教授グナイッセ博士もいた。

(173)「*国民の多数にとっての理想的教養を二言語使用から引き出し、二言語使用を望ましい財産であると主張する者は、母語の徹底的奨励と民族性の結合にこそすべての国民的活力の源泉があるとして、一言語使用を国民大多数のために望ましいとする理想的要求よりも、対外的・副次的種類の経済的利点の方をはるかに重視することを明らかにした。」（W・ライン『文化、政治、教育学論集』、P・レヴィ引用、Ⅱ、四四八頁）

W・ラインが民衆の二言語使用に好意的でないのを確かめてみるのは興味深いが、しかしラ・ブリュシュ渓谷の若者が、バオホ改革のお蔭で二言語使用になっているのを確認できたのは、大変喜ばしい。まさにドイツ語をうまく吸収したフランス語使用者こそが問題であったのは事実だが……。

(174)『アルザスの民族と伝統』所収のM・アルハイリヒによる「方言表記のアルザス文学」、一七三頁参照。

(175) 一九一一年五月二十六日、帝国議会《ライヒスターク》はアルザス・ロレーヌに対し新たな州憲法を可決した。この一九一一年の州憲法は上院と下院で構成される州議会《ラントターク》を創設した。そのようにして帝国領土《ライヒスラント》に大幅な自治権を与えたが、それでもこの地方を自治あるいは独立州にするものではなかった。行政権は依然として皇帝任命の州知事《シュタットハルター》の手にあった。ジャン＝マリ・マイュール教授が、『アルザスの自治と政治――一九一一年の州憲法』でその注目すべき歴史的研究をしている。

アルザス・ロレーヌ選出議会の大半をしてこの基本法に反対投票させた理由のなかで、言語問題が少なからざる位置を占めた。事実、第二六条のことばの項目では、言語に関して現状維持をうたっている。（J＝M・マイユール、一一三―一一四頁参照）そしてさらに、言語問題の決定権が州議会《ラントターク》ではなく、帝国議会《ライヒスターク》に、ストラスブールではなく、ベルリンに所属し続けていた。したがって、方言使用者の通う小学校にフランス語が登場するのを見る機会は一つもなかった。

（176）「民族主義的」でフランスびいきのブルジョワ階級の声を代弁することで有名な、『アルザス・ロレーヌ新聞』は、州議会《ラントターク》への立候補者に対し、「真の自治主義と知的・道徳的遺産の擁護、とくに二言語使用の文化」に賛成するように要求した。（J＝M・マイユール、一二五頁）。

ピエール・ビュシェと彼の雑誌『アルザス・グラフ』を支え、「真」の自治を要求し続けたこのブルジョワ階級は、彼らがアルザス・ロレーヌに樹立されるのを願う自治が、「フランスを基盤」とすることを明言することを余儀なくされた。実際、フランスでは人々は不安に思っていた。なぜなら、彼らは真に自治的なアルザスを再現することなど、いっさい望んでいなかったからである。

パリからは、エドゥアール・ルスの息子ロドルフが事態を次にように見ていた。「アルザスの連邦分立主義を守り、郷土の伝統のために闘うこと、それはやはり、教養あるアルザス人にとっては、フランス文化の宝の保持、フランスの言語、習慣、思想の保持のために闘うことであった。」（四三二頁）R・ルスと大部分のブルジョワジーの精神にあっては、フランス式の連邦分立主義が問題である。アルザス民衆にとっては、その遺産の全体、すなわちフランス語、ドイツ語、そして方言のもたらした遺産が問題であった。それはまったく違う。しかしそれは重要なことである。

（177）すでに一八七〇年には、「フランス語はより上品で、〝シック〟だと思われていた。」（P・レヴィ、Ⅱ、三四〇頁）

（178）P・レヴィ、Ⅱ、四〇四―四〇五頁。

フォン・プットカンマーは一八八七年にアルザス・ロレーヌ担当大臣になり、一九〇二年までその職にあっ

た。(R・ルス、四一七頁と四二五頁)

(179) 例えば、それは一九四五年以後のバ・ラン県とオ・ラン県の全国教員組合の立場であろう。ごく最近まで、彼らは、ヴォージュの向こうの小学校でも「外国語」を教えていないことを口実にして、小学校へのドイツ語の導入に反対していた。

(180) E・バース、二〇一頁。

(181) ギュスターヴ・シュトスコプフ(一八六九—一九四四)は、ブリュマット出身で、一八七〇—一九一八年間にアルザス語で書かれた戯曲の作者中最大の人物。彼の傑作は文句なく『村長殿』である。他の作品としては、『候補者』、『パリ旅行』、『故郷』、『有利な結婚』、『外交官』、『宮廷御用商人』、『粗忽者』などが挙げられる。R・マッツェンは、一九七三年の『エラン』、七、八号(六—七頁と三一頁)で、シュトスコプフとその作品のすぐれた紹介をした。「画家、詩人、喜劇作家、精力的な指導者、先駆者、闘士であるG・シュトスコプフは、アルザスの独自性とアルザス人の個性の保全のために終生闘った。彼は我々に不朽の作品を残した」、とマッツェンは書いている。(七頁)

シュトスコプフ以前には、一八一六年に出版され、方言表記のアルザス演劇を真に浮彫りにした、ジョルジュ・ダニエル・アーノルドの喜劇『聖霊降臨祭後の第一月曜日』しかない。

(182) 双生児の詩人アルベールとアドルフ・マティスは、一八七四年、ヴィレ渓谷に生まれたが、ストラスブールで成長した。父はゲルストハイム、母はバーデン地方のラール出身。彼らは身も心もストラスブール人になったが、それが彼らの詩的叙情に、いつの時代どこでも通用するような性格を与える妨げとはならなかった。彼らは『柳の精気』(一九一一年)、『キンポウゲ』(一九二三年)、『小さなキンポウゲ』(一九二五年)の三巻の詩集を出したが、これは方言詩の歴史に転機を画するものであった。アルベール・マティスは一九三〇年に死んだ。アドルフは亡き兄を偲んで『きづたの葉』と題する一六篇から成る詩集を出した。アドルフ・マティスは一九四四年に死んだ。(『セゾン・ダルザス』、五三号のジョゼフ・フックス参照、一一一—一一六頁)

以下はM・アルハイリヒがマティス兄弟の作品について述べたものである。

「……結局、マティス兄弟は先人と同じことを語っている。詩のなかで、兄弟は自然、四季、日常生活の出来事、生業《なりわい》などに触れている。しかし、彼らはそれを真実の詩人として、またそのために、独創的かつまことのことばを用いて語っている……。マティス兄弟はアルザス方言に詩的言語の適性証書を授与した……」(『民俗と伝統』、一八〇頁)

この方言詩の高峰に関心のある向きは、一九七四年に『セゾン・ダルザス』が刊行した特別号を参照されたい。すぐれた執筆者、とくにM・アルハイリヒ、アルフレッド・シュラークデンハウフェン、R・マッツェン教授などが、マティス兄弟の生涯と作品に関する注目すべき論文を寄稿している。

(183) 歴史は、アルザス人に対し、彼らが運命を「選択する」のか、あるいはそれが「自然の成り行き」により課されるものなのか、という問題にいつまでも閉じこもってはいられないことを教えた。生き、そして生き延びるために、運命をそのまま受容せざるをえない時もある。それは時代の転換期にアルザス人に課せられる問題だ。彼らにとっては、自己放棄することなく現在を引き受けることが肝要であり、そこから彼らの「連邦分立主義」が生まれる。

時の支配者にとって、問題はまったく別である。彼らにとっては、国を征服した後は人心を制することが問題である。最良の方法は人々を自らの文化、言語、また可能ならばその習慣にさえ同化させることだ。それが不可能でないことは歴史が証明している。大抵の場合、持久策を用いればよい。事実、時は強者に有利に働く。だからして、征服者は誰であれ、自己の軍事的あるいは他の方法による征服の合法性などをむやみに気にすることなどけっしてしないのだ。

もちろん、政治的道徳もある。しかし、征服者が過激に及ぶほど強力である時、誰がそんなものを気にかけるだろうか？　国際法は？　若干の賢明かつ寛容な人々の明らかな善意にもかかわらず、それはいつの時代までも旧態依然としたままであろう。すなわち、時の勝者は敗者を意のままに（あるいはできる範囲内で自由に）扱えるという法のままである。他のことはすべて絵空事だ！　残念なことだが！

とにかく、ドイツ第二帝国《ライヒ》への四分の一世紀の統合（意に反してだが）後、アルザス人はドイツの全面的併合策の呈する危険を感じた。この同化（ゲルマン化）の試みに対して、彼らは彼ら流に反応した。彼らの反応は、その歴史を通じてずっと、自分よりも強者に屈服させられてきた民衆のものである。ドイツ人は驚き……フランス人は不安になった！　双方ともあまりに自覚的なアルザスなど望まないのだ。

(184) ルネ・アンリ。ジャーナリスト。パリで行ったアルザス・ロレーヌに関する講義「アルザス・ロレーヌの言語的国境」でも有名。（P・レヴィ、Ⅱ、四五六頁）

(185) ある「老ドイツ人」、カール・シュトルクは『あるアルザス人の手紙』のなかで、アルザスの方言詩について、「*帝国理念に対する地方の反乱」と言っている。（P・レヴィ、Ⅱ、四五六頁）

(186) アンリ・シュヴァムは方言について言う。「確信をもって主張できることは、方言は故国の魂だということである。」（一〇六頁）

(187) 「アルザス・ロレーヌの母語」と題した『国境新報《グレンツボーテ》』（一九〇二年）の記事に以下のようにある。「*ドイツには、この地方の支配者としてこの地方にその言語の名誉を高める義務がある。それは国家的使命を果たすのに十分であろう。」（P・レヴィ、Ⅱ、四六六頁）

(188) P・レヴィ、Ⅱ、三九七と四三九頁。

エドヴィン・フライヘール・フォン・マントイフェル（一八〇九―一八八五）。アルザス・ロレーヌの州知事《シュタットハルター》を務める（一八七九―一八八五）。協調的な人物である彼は、アルザス住民との関係で多くの理解と寛容さを示した。以下はフレデリック・オッフェが彼について言ったことである。「この本物の大貴族は、何事であれ、アルザス住民の感情を害しないことだけを願いとした。彼はストラスブールの町中を一人で散歩し、自ら先に挨拶して、住民とフランス語を話すことを好んだ。」（四二頁）

一八七〇―一九一八年のあいだ、アルザス人が絶えざる抑圧的制度に生きたと主張することは、いささか誇張である。なるほど彼らは、自己の文化的・言語的アイデンティティ、またはアイデンティティそのものの保持のために闘い、そしてそのために、ドイツ当局、とくにドイツの民族主義階層と衝突した。しかし、ドイツ軍事当局が彼らに鉄の手の重みを加えてきたのは、一九一四―一九一八年の戦争の末期の頃にすぎない。

思い出してほしいが、例えば、一八八七年、つまり第二帝国下《ライヒ》に設立された「フランス回顧」協会は、一九〇九年、ヴィサンブール近くのゲスベールの記念碑の落成式が、ドイツ政府代表列席の下で挙行された時、『ラ・マルセイエーズ』を鳴り響かせることができた……！

元大司教兼ストラスブール司教、ジャン・ジュリアン・ヴェベール猊下はその著『人生の黄昏時』で、次のように書く。「アルザスはその意志に反して、その代表の全員一致の意見に反して、ドイツ帝国に併合された。当初、この体制の圧力は相当重圧であったが、何年かたつと大幅に軽減した。したがって、我々が半世紀を〝ドイツの軍靴〟の下で暮らしたというのは、あまりに事態を単純化することになる。一般化には何事にも誤った部分があるものだ。」

F・オッフェも同じ指摘をする。「一九〇〇年からドイツは、アルザスにおいて、後年フランス自身が採ることになる政策よりも、もっとリベラルな政策を実施した。」

(189) P・レヴィ、Ⅱ、四八一―四八二頁。

『ダス・エルザス』、Ⅲ、六八、六九、七一、七二頁。

(190) 第二帝国下《ライヒ》、ドイツ語はアルザスのフランス語地域でも大きく前進したが、しかしフランス語もそこで生命力を保った。もちろん、方言使用者はかつて以上に方言を話したが、彼らは書きことばとしては標準ドイツ語を使った。いくつかの職業では、フランス語使用者と交流できる程度のフランス語を知っている方言使用者がいた。住民の内、上層ブルジョワジーと裕福な階層はほとんど専一的にフランス語を使い続けた。しかし、全体としては、一九一八年のアルザスではドイツ語が第一位を占めていた。(『ダス・エルザス』、Ⅲ、六七頁)

(191)　ロドルフ・ルス、四五八頁。

この歴史的な語の意味を理解するには、アメリカ合衆国が、一九一七年四月六日、ドイツに宣戦布告して連合国側に加わり、またそのために戦争終結がもはや疑えなくなった時、アメリカ世論の大部分は、アルザス独立・中立論、あるいは少なくとも人民投票の実施に傾いていたことを知らねばならない。（『ダス・エルザス』、I、四五三頁）フランス政府の介入の結果、合衆国大統領ウッドロー・ウイルソンは、一九一八年一月八日、アメリカ議会で行った十四カ条宣言の第八条で、アルザス・ロレーヌは正当の権利としてフランスに帰するべきである、すなわち予備的人民投票なしにである、と明言した。ドイツ政府がウイルソンの十四カ条を和平条件として、最終的に受け入れたにもかかわらず、アルザスのある種の政界筋では、相変わらず人民投票論に固執していた。（とくにアルザス・ロレーヌ担当大臣シャルル・オス。『ダス・エルザス』、IV、三四一―三四五頁）

例えば、ローベルト・エルンストのような人物が、一方で、第一次大戦直後には、アルザス民衆がドイツ帝国《ライヒ》に留まることに反対であったことを認めておきながら、今回アルザスが人民投票なしにフランスに帰属したことに抗議するため、民衆の自由な意志決定への権利をふたたびドイツで主張するのを見ると、これはかなり意外である。彼は書いている。*「明らかに、アルザス人とドイツ語系ロレーヌ人はドイツの文化国家のなかで完結した地域に属する……この単一性《アインハイト》から、アルザス人とドイツ語系ロレーヌ人が、一九一八年の政治状況の変化の後、大多数が帝国に政治的に結びつくことを切望するという結論を引き出すとすれば、それは誤りであろう。」（L・ケッテナッカー、八〇頁）

ローベルト・エルンスト、一八九七年、フルティヒハイム生まれ。一九一八年、ドイツを選び、アルザスを去る。一九一八年以後、ドイツに定住したアルザス人や、また一九一八年以前にアルザスで暮らしたことのあるドイツ人をも集めた「旧アルザス・ロレーヌ連合《アルト・エルザス・ロートリンギッシェ・フェアーアイニグング》」の先頭に立って活動。第二次大戦中はストラスブール市長になる。

仮に人民投票が実施されれば、結果は歴然としているだろう。一九一八年、アルザス民衆は明らかにフランスを選ぶだろう。

（192） ロドルフ・ルス、四二二頁。

（193） ピエール・モゲ、三三頁。

（194） 『ダス・エルザス』、I、六五二頁。

（195） エミール・バース、六七頁。

（196） R・ルスはいみじくも指摘している。

「民族の運命が作り上げられるのは、無踊会場や宴の最中、多弁のなかからではない。かくも重大な問題が次第にはっきりと解決されてゆくのは、熱心な研究と過去の綿密な検討、また時間をかけて吟味、考察した解決法をしっかりと判断した上でのことである。この解決こそが現代社会の存亡を左右し、また現代のフランスの幸福とアルザスの繁栄をも確実に左右するであろう。」（四五九頁）

（197） G・バース、一九頁。

（198） とくにこの主張を、一九二一年に出版された著作『時代を貫くケルト魂とフランス精神』のなかで擁護したのは、E・シューレである。一九二三年、ジャン・ドルニ某がシューレの本に研究書を捧げている。その題名は、『アルザスのケルト人――E・シューレの生涯と思想、その傑作』である。序文には次のように書かれている。「ゲルマン方言を話していても、アルザス人はケルト人である。歴史や人類学、記念建造物、言語学などすべてがそれを明らかにしている……。」（一九七二年六月、『エラン』掲載の論文「アルザスの愚蒙集」で

M・アルハイリヒ引用）

(199) E・バース、三五頁。

E・バースの考察はアルザスの歴史のすべての時期とすべての制度にとって有効である。そのようにして、一八七〇―一九一八年間、ドイツ中央政府は、文化的・言語的政策に関して、アルザス民衆のほとんど一致した願いに任せるよりは、むしろ例えば、フォン・プットカンマーのようなドイツ人や、F・リーンハルトのようなアルザス人（少しもアルザス世論を代表していない）の意見を聞くことを好んだのである。

彼らは、アルザス人に対し、けっしてはっきりとは口に出さないが（ある種の「下級幹部」がそれを引き受ける）、「国家」の公式の政策は、フランス語であれ、ドイツ語であれ、方言であれ、場合によっては、その縮小を要求するものだ、ということを理解させる術《すべ》をつねに心得ていた。「愛国者」はこの要求に従うのが義務であった。

したがって、アルザスの文化的・言語的遺産を全体として擁護するということはあたかも「悪事」であるかのように、万事が推移していった。何らかの利益、昇進、地位を得るには、場合によっては異なるが、フランス語であれ、ドイツ語であれ、方言であれ、いかなる場合にもそれを弁護するのは不利だという噂を流すだけで十分だった。かくして、人々はアルザス民衆を脅したり、「罪悪感を覚えさせる」ことに成功したりしたが、とくにアルザス人が自己の言語と文化への権利を要求し始める時がそうであった。

「身の潔白を証明」しようとして（とくに、事の成り行き上、不利な側に立たされた時期の後）、大多数のアルザス人がしばしば心を殺して諦め、アルザス民衆の正当なる文化的・言語的要求のために闘う気持ちなど一つもない人々さえをも支持するまでになった。それゆえ、アルザス人は、アルザスの個性の堕落に直結する政策の「犠牲者にして共犯者」（C・ヴィジェ）であった。

(200) P・レヴィ、Ⅱ、四九八頁。

アルザス・ロレーヌ会議は、一九一五年、フランス政府の創設した機関である。これは、アルザスとロレーヌのフランス共和国への帰属で生じる問題を検討することが任務であった。初の会合は一九一五年二月十日に開催され、議長はルイ・バルトゥが務めた。これには少数のアルザス・ロレーヌのお偉方しか含まれなかった。(とりわけ、エルメール、ロージェル、ヴェッテルレ神父、ヴェイーユたちであり、後には教会参事会員コラン、ブリュマンタール、エッカール、マテール、F・ドゥ・ヴァンデルも加わった。)もちろん、こうした人物はアルザスとロレーヌの世論など代表してはいない。(P・レヴィ、Ⅱ、四九五頁、F・G・ドレフュス、二二四―二二九頁参照)

(201) P・モゲ、三六頁。

(202) ヴェルサイユ条約は一九一九年六月二十八日調印された。

一九一九年二月二日付の法令はその第一条で次のように規定している。「法律用語はフランス語とする。訴訟書類はこの言語で作成し、また弁論、判決、命令、決定もこの言語で宣告されねばならない。」(ジャン・ファルシュ、六九頁)

(203) 一九一八年には、「日常的にフランス語を使用する人口は二%、それを比較的知っている人口は八%と推定された」。(P・モゲ、四七頁)

(204) 一九三〇年五月十四日の法律は、三県の市町村議会の討論でのフランス語使用を命じている。この法律は、国家語以外のことばの使用を許した一八九五年六月六日の地方法の条項を廃止した。一八九五年、この「以外のことば」とはフランス語であり……それがまたドイツ人により許されていたことは言うまでもない!(J・ファルシュ、七一頁、アルベルト・フェアドート、八一頁)

(205) アレクサンドル・ミルランは、共和国の首相、大統領になる前、一九一九年四月から一九二〇年一月二十日まで共和国高等弁務官であった。彼はアルザスの独自性の意味をよく理解した、稀なるフランス高官の一人である。「アルザスとロレーヌは熱烈にフランス的であるが、また同時に著しくアルザス的、ロレーヌ的である。彼らを我々のもとに留まらしめた独自性を、我々がどうして蔑《ないがし》ろにできようか」、と彼は言った。(P・モゲ、

三八頁)

(206)『ダス・エルザス』、Ⅳ、四二一頁。

(207)「*一九二六年、自治権獲得運動《ハイマートレヒトベヴェーグング》により、双方の役人グループがやっと同等に扱われるようになるまでには、時間がかかった。」(『ダス・エルザス』、Ⅲ、九四頁)

(208) フランス側からは、アルザス人の役人が効果的にフランス語を学ぼうとする際に感じる困難が過小に評価された。一九二三年七月二十二日の法律が、「ことばの二重性に固有な困難に対する補償手当」を五年間しか認めなかったのは、おそらくそのためであろう。一九三一年二月二日の政令は、裁判所に対する二言語の印刷物や文書の使用を一〇年間しか許可していない。中央政府は事実上の二言語使用を早急に廃止すべく決定していたようだが、それは明らかにアルザス側の不信感を増すだけであった。

一九二七年、アルザス人民共和連合が作成した、「アルザス地方の組織制度に関する計画」は、行政における二言語使用に公的な性格を与えようと試みた。第五三条は次のように考えられた。「地方議会や委員会の討議は、区別なしにフランス語あるいはドイツ語で行うものとする。地方行政府の調書や刊行物はフランス語で作成し、ドイツ語訳を付すものとする。」(『ダス・エルザス』、Ⅳ、四五九頁) これは計画段階に留まった。この計画は、かなり奇妙なことだが、「民族主義者」からも自治主義者からも攻撃された。

(209) P・レヴィ、Ⅱ、五〇二頁。

アンドレとアンリのリシュタンベルジェ兄弟は、パリで刊行した『アルザス・ロレーヌ問題』(一九一五年)のなかで、これに関して次のように書いている。「もしドイツ人がフランス語を廃止しようとしたように、今度は我々がドイツ語を廃止しようとするならば、(ドイツ人と) 同様の過ちを犯すことになろう。アルザスは、昨日と同じく明日も、ドイツ語を知る必要がある。だから我々には、その手段を与える義務があるのだ。」(『ダス・エルザス』、Ⅲ、七四頁)

彼らはまた、「小学校の教育は、方言を知っているアルザス人の先生か、どんな場合でも、生徒たちに理解してもらうだけ十分にドイツ語の分かるフランス人の先生以外には委ねてはならない……」（P・レヴィ、II、五九一頁）と主張して、大いに先見性と教育的な正しい認識を示している。それは、アルザスの生きたことばの教育法の責任者の大部分には、求めても無駄なものである。

(210) しかしながら、フランス兵がタンとマズヴォ地域で、住民が方言を話していることを知ると、衝突が起こった。軍当局は、なぜ「アルザスの俚語を尊重せねばならないのか」、兵士に説明することを余儀なくされた。（P・レヴィ、II、五〇二―五〇三頁）

(211) ジャン・ドゥ・パンジュによれば、バルデンスベルガーとラウフェビュルガー教授のことである。（P・モゲ、四九頁）

(212) それでも、プロテスタントとカトリックの両神学部は存続された。

(213) 『ダス・エルザス』、III、一四一頁。

(214) そのうえ、宗教教育が生徒の正規の時間割の枠内で行われ続けた。

(215) 教授法の一つは、方言とかドイツ語に頼らず、方言使用者を直接フランス語と接しさせようとすることから、直接的と呼ばれた。もう一つの教授法は、まずドイツ語を通過してから、方言使用者を間接的にフランス語に接しさせようとすることから、間接的と呼ばれた。二つの方法のいずれにも欠陥がないわけではない。それを双方とも知らないような振りをしているのだ。

(216) セバスティアン・シャルレッティ（一八六七―一九四五）。シャンベリー出身。チュニスの教育長に任命される前はリヨン大学歴史学教授。一九一九年、ストラスブール大学区長になり、とくにアルザスのフランス語教育の組織化を職務とする。一九二七年、危機の最中に職を離れ、パリ大学区長に転ずる。教授法の領域、とくに直接教授法の実施に際し、その柔軟性のなさが非難された。

(217) これらの訓令は、バ・ラン県の『教育公報』に載っている。一九二〇年六月、二号、三七―四七頁。

(218) 大学区長シャルレッティが直接教授法の利点をほめそやす時、ほとんどいつも彼は正しい。しかし、直接教授法だけが方言使用者にフランス語で考えさせることができると主張する時、ほとんどいつも彼は間違っている。この成果が、最初の授業の日から、フランス語を使う時にしか得られないことを証明しようとする彼の執拗さには、確かにまったく教育的でない固定観念が露呈している。

(219) メダール・ブロッグリーが『教会と民衆のために』で引用。二七九頁。
M・ブロッグリーはリックスハイム出身。一九一一年から地方議会議員《ラントターク》、一九一九年、ミュルーズ選出議員。一九三五年、オ・ラン県上院議員に選ばれる。

(220) 一九三一年二月四日、シールメックの町議会は、アルザスのフランス語地域へのドイツ語教育導入要求を全会一致で決議した。(『ダス・エルザス』、Ⅲ、九五頁)

(221) 「人々は、無礼かつ愚かな新聞記者どもの言う我々の〝母語《ムッターシュプラーク》〟のため、我々を批判し、笑いものにし、時には嘲弄さえした。」(E・バース、八二頁)

(222) しかし、一九二〇年十月八日付の大学区視学官ウルティックの通達は、「内地からの教員団がドイツ語を学ぶ必要性」を強調している。内地の教員がドイツ語を知るのがなぜよいのか説明した後、彼は、「フランス語教育そのものがそのことで大きな恩恵を受けるだろう」、と付け加えた。(バ・ラン県『教育公報』、一九二〇年十月、七二頁)これは明確にしてみるのに値する、きわめて正当な教育法上の考え方である。
そのうえ、何人かの内地の先生は、たんにドイツ語の勉強だけではなく、方言にも取り組み始めた。我々は個人的にも、ベリー地方からきて、アルザスのぶどう栽培の辺鄙な村に任命された女性教員を知っているが、彼女は急速に方言をうまく話すようになった。だから、あるアルザス人の同僚教師が彼女をアルザス人だと思い、戦後数年たった時、こんなにも短期間に、こんなにもうまく……フランス語!を話すのにどんな勉強をしたのか尋ねたものだった。なるほど、これは僻地の例かもしれない。だが、言及に値する。

(223) 『アルザス・ロレーヌ教育評論』、一九一九年十一月一日、一七号、二六五頁。
この二言語使用の雑誌を研究すると実に興味深い。一九一九年度の各号には直接教授法賛成の態度表明や、また数多くの、時には辛辣な批評が載っている。ヴィクトール・シャピュイ某が有意義な寄稿をしているが、彼は大変なる良識をもって、経験に、教師の心理教育的なよき知識が加われば、どんな教授法であれ、それが課する束縛よりもはるかに価値あるものだと指摘している。*「人々が我々を教授法（彼らのお望みどおりにこう呼ぶが）なる杓子定規の枠に押しこめようとすれば、我々はそれを人格の堕落、自由の制限、また我々の子供を台無しにするものと見なすだろう。」（一九一九年十二月十五日、二〇号、三二五頁）

(224)『教育公報』、一九二〇年六月、四〇頁。

(225)『教育公報』、一九二〇年十二月、一二八頁。

(226)G・バースの引用、八六頁。

(227)『教育公報』、一九二〇年十月、七九頁。

(228)G・バースの引用、八〇―八一頁。

エミール・ヴェッテルレ神父（一八六一―一九三一）。父はドイツ出身。コルマール生まれ。まずリボヴィレ選出の帝国議会《ライヒスターク》議員、次いでリボヴィレ・カイザースベルク選挙区代表の、アルザス・ロレーヌ地方議会《ラントターク》議員、そして、一九一九―一九二四年のあいだ、オ・ラン県選出代議士。アルザスの言語問題に対する彼の矛盾した態度はしばしば非難された。一九二一年の『両世界評論』の論文では、彼は、ドイツ語はアルザス人にとっては外国語であると主張している。一九〇九年には、彼はまだ、アルザス民衆の大多数にとって、ドイツ語は母語であると考えていた……。（『ダス・エルザス』、Ⅲ、七六頁）なるほどそのあいだにアルザスはふたたびフランスになったが。

(229)一九二〇年六月三十日の大学区長通達は、アルザス・ロレーヌ組の男女教員の内地での研修要領を定めている。「少なくともかなりのフランス語の知識がある者は研修を一とおり受けるものとし……」、そして「不十分なフランス語の知識の者は五カ月間師範学校へ送るものとする……。」（『教育公報』、一九二〇年六月、三四―三五頁）

『アルザス・ロレーヌ教育評論』（一九一九年四月十五日、四号）のなかで、ある教師が、職務を全うするだけ十分フランス語を知らない人々が当時おかれていた状況を痛切に訴えている。「*フランス語を教育言語として導入したため、いま職務についている教師はでくの棒になってしまった。彼らはもはや、授業を分かるように行うことも、鋭敏な考えを伝えることも、気持ちを引き立たせたり、意志を形成したりすることもできなくなった。なぜなら、ことばという不可欠の道具が彼らにはないからだ。」そして、少なくとも一時的に、教育言語としてのドイツ語使用を許可するように要求した。（六六頁）

(230)『ダス・エルザス』、Ⅲ、七七頁。

(231) 間接教授法（これは既習言語を通して未習言語を学ぶからだが）はしばしば、その信奉者からは翻訳教《ユーバーゼッツン》授法《グスメトーデ》と呼ばれた。実際にはそれは翻訳ではないが。直接教授法が「直接的に」外国語から始めさえすれば、この方法は母語を知らなくてもすむと信ずることが誤っているのとまったく同様に、子供が単純な翻訳によって外国語の構造を吸収すると信ずることは誤っている。外国語（第二の言語）獲得のプロセスは双方が考えているよりもはるかに複雑である。

(232) M・ブロッグリーはその全文を『教会と民衆のために』に載せている（二七五、二七八頁）。同じく、教会参事会員ウージェーヌ・ミュレール（一八六一―一九四八）の断固たる活動も強調しておこう。

(233) M・ブロッグリーが前掲書で引用。

グザヴィエ・エッジ（一八七〇―一九三二）。アルトキルシュ近くのイルサング出身。ストラスブールの神学校での勉学後、ミュンヘンとヴュルツブルク大学で神学の勉強を続ける。神学博士となり、タンの助任司祭に任命されたが、やがてジャーナリズムの道に入る。一九一九年、コルマールの『アルザス通信《エルゼッサー・クリーア》』の政治担当編集長になる。UPR〔アルザス共和人民連合の略〕の創立者の一人である彼は、死ぬまでアルザスの政治生活で第一人者の役割を果たし、またアルザスの宗教的・文化的・言語的遺産の熱烈な擁護者であった。

(234) 戦争の数年後、人々は言語問題よりも、地方分権法が狩猟家や自家用酒蒸留者に与える特典の方に関心があったようだ。

(235) 『ダス・エルザス』、Ⅳ、五二八頁。

(236) 手紙の全文は『ダス・エルザス』Ⅳにある(五二九―五三一頁)。

(237) F・G・ドレフュス、六八頁。

(238) 「我々の地方語《ランデスシュプラーヘ》は、学校、授業、行政、司法、立法において抑圧されている。一五〇〇年間もこの言語が支配的であった公共生活では、かろうじてこれが許容されている程度である。」(『ダス・エルザス』、Ⅲの引用、八〇頁)。

(239) 一九二六年、聖霊降臨の大祝日に発表された「郷土同盟《ハイマートブント》」宣言は、役所と学校におけるフランス語とドイツ語の同権さえ要求している。「自覚的にして、強力かつ自由なアルザス・ロレーヌが生きんことを!」という文言で終わるこの宣言は、フランス政府の激しい反発を招いた。一〇一名の署名者のなかに登場する何人かの公務員は解雇されたが、とりわけUPRのリーダーの一人J・ロッセがそうであった。

(240) 『我らが未来は二言語使用なり』、ルネ・シッケレ協会、五三頁。

(241) クリスティアン・プフィステール(一八五七―一九三三)。ベーベンハイム出身。パリ大学文学部教授の後、一九一九年、ストラスブール大学文学部長。一九二七年、S・シャルレッティの後任として、ストラスブール大学区長に任命された。

(242) ルネ・シッケレ協会、前掲書、五四―五六頁。

(243) フリッツ・キネール教授は、パリでアルザス問題についてきわめて注目された講演をしたが、そのなかで彼は、小学校ではドイツ語から始めるのが好ましく、次いでドイツ語はフランス語のために徐々に後退するだろうという意見を述べた。彼は、言語問題は政治的ではなく、技術的な次元の問題であることを強調した。

(243) 一九二〇年一月十五日の通達のなかで、大学区長シャルレッティは「直接教授法が年少者には一番実際的である」ことを証明するため、「戦争初期から占領された高地アルザスの領地」の学校で、一九一四年以来獲得した経験を引き合いに出した。この「経験」から得られる結論は、それらの学校がまず大半は家庭でフランス語を話す子供たちの通うところであることを知れば、まったく不完全なものになる。（P・レヴィ、Ⅱ、五〇一頁）P・レヴィは、「タンとマズヴォでは、一九一四年にフランスの学校に入学した生徒の六〇％はフランス語を知らず、またこの比率は一九一五年に七五％、一九一六年に九〇％に上昇した」、と注釈している。直接教授法がそこへ導入されたのは、その長所を証明したからではなく、フランス文部当局がそのように決定したからである。

それに、誰もがシャルレッティの意見に賛同しているのではない。『アルザス・ロレーヌ教育評論』（一九一九年四月十五日、四号）には、「一九一四年以来フランス化したアルザスの僻地の学校の歴史について」と題する論文がある。筆者はそこで、フランス語の成績は、直接教授法を適用するため、アルザス人教師が……フランス兵に「手助け」されている学校よりも、間接教授法が実施されているいくつかの学校——男女の先生ともそれ以外はなす術がないからだが——の方が良好である、と主張している。（五三頁）

実を言えば、双方の場合とも、いかなる有効な結論も出しえない。正確に言えば、それは実験ではない。それに実験をしたり、あるいは多少ともまじめな比較を試みたりするつもりが、彼らには全然ないのだ。

なぜ、それ自体もまた二つの文化的・言語的世界の十字路にあるストラスブール大学が、これほど重要な教育的・心理的・社会学的・人間的問題に係わらなかったのか、と人々は疑問に思うかもしれない。そのようにして、この大学は、おそらくアルザスとフランスに大きな貢献をするだけでなく、二言語使用に関するヨーロッパまたは世界的規模の研究センター、例えばいくつかのカナダの大学、とくにケベック州立ラヴァル大学の二言語使用国際研究所のようになれたかもしれない唯一の機会を見逃してしまった。

ストラスブール大学社会心理学研究所長、アンドレ・タブレ＝ケレール女史の二言語使用に関する労作が若干の専門家の関心を引くには、六〇年代を待たねばならない。しかし、この注目すべき研究は、それが文部当局に具体的解決策を探求させるにいたらなかったと同様に、大学全体レヴェルでの問題のいかなる総合的研究のなかにも加えられなかった。それは我々にはきわめて残念なことに思われる。なぜなら、そのような企てに対し、アルザスはたぶんヨーロッパで唯一の実験場を提供するからである。

(244) 出発点から、教授法の使用そのものが政治化されていたのは明らかなようだ。間接教授法を支持するある教師は、この理由のため、「ドイツ人《ボッシュ》」であることを否認している。(『アルザス・ロレーヌ教育評論』、一九一九年十月十五日、一六号)

そのうえ、教育現場でさえ、相手の教授法を指して、生彩に富むがしかし軽蔑的な形容語が用いられた。直接教授法の支持者は、間接教授法を「牛の方法」と呼んだが、それは彼らによると、その方法が次のような原理に基づいているからである。

Le bœuf, der Ochs, la vache, die Kuh :
Ferme la porte, mach' die Türe zu!
(牡牛《オックス》はのろま、雌牛《クー》はあほう、
ドアをしめろは、出てゆけだ!)

借りを作らないように、間接教授法の支持者は、直接教授法を「オウムの方法《フォーアシュヴエッツメトーデ》」と呼んだが、それは彼らによると、その方法がしばしば子供に分からない語句の反復に基づいているからである。(『アルザスとロレーヌ教育評論』、一九一九年四月一日、三号)

(245) フランスでは、政教分離の法律は一九〇五年十二月九日に可決された。その頃、アルザスはドイツ領であった。一九一八年、この法律は取り戻した地方には適用されていない。国家とアルザスの教会の関係は、一八〇二年のコンコルダ協約、ファルー法(一八五〇年)とドイツ体制下でとられたいくつかの措置によって支配されていた。複雑な法律が絡んでいたのである。教育面では、この法律は宗教教育を生徒の正規の時間割の枠内に定めている。

(246) P・モゲ、四九頁。

シャルレッティ大学区長の声明を批評しながら、『エルゼッサー』(『ヌーヴェル・アルザシアン』の先駆)は、「その後も、『ル・タン』はアルザスが解放されたドイツの軛《くびき》のことをまだ話題にしている」、と書いている。双方のヴォルテージが上がっているのが分かる。

(247) ジュヌヴィエーヴ・バース、九一頁。

ジュール・オーギュスト・ルミール神父(一八五三―一九二八)はフラマン地方だが、フランス語系家庭に生まれた。二十三歳の時にしかフラマン語を始めなかったが、後には優れたフラマン語の演説家になる。何度も彼は、中央政府の「段階的同化」政策を助長する社会的上層部の傾向に対し、教会でフランドル文化擁護者を弁護する。実を言うと、二十世紀初頭、フランドル文化擁護者の大義はすでに失われていた。(J＝M・マイユール教授がこれに関し、その論文「ルミール神父」で述べた部分を参照)

(248) M・ブロッグリーの引用。前掲書、二七九頁。

(249) フレッペル猊下の生誕一〇〇年祭に際し、リュッシュ猊下はアンジェで次のごとく表明した。「……しかし、ある種の役人の圧力のもと、アルザス方言が使用されている多くの市町村で、宗教教育がフランス語で行われているに違いない。その結果、授業は、少なくとも初学年にとっては、それがスペイン語でなされたのとほとんど同じぐらい分かりにくいものとなる。」(『ダス・エルザス』、Ⅳ、五四二頁)

シャルル・リュッシュ猊下(一八七三―一九四五)。アルザス人を両親としてナンシーに生まれる。ナンシー神学校教授、同市の司教代理、一九一四―一八年の戦争中は軍隊付司教を務める。勇敢なる行為により、レジオン・ドヌール勲章受賞。一九一九年、辞職勧告されたフリッツェン猊下の後任として、ストラスブール司教に任命される。

(250) F・G・ドレフュスの引用、九五頁。

(251) F・G・ドレフュスの引用、六五―六六頁。

(252) F・G・ドレフュス、九五頁。

(253) G・バース、九〇―九一頁。

「人々が言語を人為的で恣意的な現象、思いどおりに修正できる代数の記号体系のように見なす傾向があった。彼らは、言語が人間存在の根元につながる自然現象であること、また貴族階級は好んで国際的になろうとするが、民衆の魂の奥深くに沈潜すればするほど、ことばへの愛着が見られるものだということを忘れていた。」(P・モゲ、四八頁)

(254) 実際、ドイツ語を最低限の状態にすることにより、人々はそれに死刑判決を下したものと確信した。ドイツ民族主義者もフランス語に対して、別な風に推論したのではない。一九〇二年の『国境新報《グレンツボーテ》』の記事を想起すればよい。そこで記者は、「フランス語の運命を決するには、それを無視するだけで十分だ」、と言った。(P・レヴィ、Ⅱ、四六六頁)

「フランス語だけを学校で使用する」と規定した一八八七年一月十八日の「小学校に関する県条例の作成のためのモデルとなる学校規則」の第一四条の不当な適用例が、すでにあった。(『アルザス・ロレーヌ教育評論』、一九一九年七月十五日、一〇号)

一九二四年、我々はドイツ語系ロレーヌの小さな町の小学校に通学していた。方言の使用禁止は学校の囲いの外にまで及んでいた。それは学校に通じる歩道を離れない限り、有効だった。しかし、いうならば、車道は自由であった。禁止と密告(相互の!)を免れるため、我々は一本足を歩道に、もう一本足を車道にかけて歩きながら楽しんだ。それは規則に定められていなかったからである。

(255) 一九二四年六月二十二日から、ストラスブール司教リュッシュ猊下は、聖職者とカトリック団体に闘争を呼びかけた。司教が彼らに宛てた手紙の冒頭文はこの上もなく直接的だった。「今や言葉ではなく、行動する時だ。アルザスのカトリック教徒の権利と宗教的自由が脅かされている。カトリック同盟はその擁護のために設立されたのだから、それには即座に果たすべき義務がある。」司教は四点からなる行動計画を立て、そして皆に一致団結して冷静に行動するよう求めた。（手紙の全文は『ダス・エルザス』、Ⅳにある。四二六―四二八頁）全アルザス（とモーゼル県）で、驚くべきデモが行われた。ミュルーズでは二万人、ストラスブールでは、一九二四年七月二十日、五万人ものデモ参加者があった。

プロテスタントはそれほど騒がなかったが、アルザスに世俗法を導入するという中央政府の試みはほとんど評価しないことを、はっきりと分からせた。一九二四年七月七日にとられた二つのプロテスタント協会の共同決議は、確かにストラスブール司教のアピールよりも含みのあるものだが、それでも、学校で宗教教育を受ける子供の権利を強調している。（『ダス・エルザス』Ⅳ、四二五―四二六頁）

（256）P・モゲ、三九頁。

ピエール・ビュシェ博士（一八六九―一九二一）。ゲブヴィレール出身のジャーナリスト、政論家。一九一四年以前は、アルザスにおけるフランスの文化と言語の維持のため熱烈な活動を展開する。一九一四年以前は、フランスを基礎とする自治主義の支持者だったが、戦後は自治主義の話など聞こうとしない。政府がアルザスに特有な問題に対処し、解決するやり方に、彼はいつも同意しているのではないが、それでもアルザスの文化的・言語的同化政策の信奉者を支持している。

（257）G・バース、一六頁。

（258）『ダス・エルザス』、Ⅰ、六五一―六五五頁。

（259）F・G・ドレフュス、一三四頁。

ジャン・ドゥ・パンジュ伯爵。ロレーヌ人のジャーナリスト。内地のフランス家系の末裔。彼はきわめて困難な状況にあって、不撓不屈の愛国心に鼓舞されていることを示すが、パリの中央集権主義は地方の個性の発展を害するものと見なしていた。

（260）一九二八年の選挙の時の社会主義労働者インターナショナル・フランス支部（ＳＦＩＯ）のキャンペーン・

テーマを参照。ドレフュスの引用、一一九頁。

(261) ドレフュス教授は次のように書く。
「一九二四年以後、左翼の総崩れが始まった。SFIOはごく早い時期から、アルザスの権利を認めない国粋的政党として姿を現した。なぜなら、同化を説き、宗派学校や教会の自由に反して闘ったからである……。こうしたプロセスは次第に強まり、とくにバ・ラン県ではこのため、候補者がアルザス民衆からますます切り離されてゆくように思われた。これが一九三六年の選挙にまで影響し、その時SFIOはストラスブールで最後の議席を失うことになる。」(二七二頁)
ドレフュス教授が二七六―二七七頁で発表した比較表によると、一九一二年、まだバ・ラン県の最強の党派だった社会主義者は、ストラスブールの都市部で社民党候補が五一・八%、ストラスブール農村部では五七・七%もの得票数(第二次投票)を得て、四万二七〇二票獲得したが、一九三六年にはもはや一万七四五二票しか取れなかったことが分かる。逆にオ・ラン県では勢力を維持したが、それでも一九一二年の三万九八〇七票から、一九三六年には三万一一九八票に下落した。

(262) 『ダス・エルザス』、Ⅲ、八〇頁。

(263) F・G・ドレフュス、二四三頁。

(264) F・G・ドレフュス、二七〇―二七一頁。

(265) F・G・ドレフュス、二七〇頁。

(266) 『ダス・エルザス』、Ⅰ、七一九頁、Ⅱ、一二七頁。

(267) シャルル・ロース、ルネ・オッス、ポール・シャールはまた、一九二八年四月三十日に開始されたコルマールの自治主義訴訟の主要な被告人でもあった。一九二七年のクリスマス・イヴに起こった広範な家宅捜索作戦の結果、二二名の被告中一五名が現行犯逮捕された。(『アルザス・ロレーヌ新聞』はこの日が選ばれたことを喜んだ。それにより、「ドイツ野郎のケチな祭り」を台無しにできたからとある。)(『ダス・エルザス』、Ⅰ、七二〇頁）彼らは「陰謀」罪で起訴されたが、告発者はこれを立証するにはいたらなかった。いくつかの有罪判決が宣告された。（ウージェーヌ・リックラン、ジョゼフ・ロッセ、ジョゼフ・ファッショエール、P・シャールには禁錮一年。）一九二八年四月二十二日、二十九日、つまり裁判前夜に行われた総選挙では、当時なお獄中にあったE・リックラン、J・ロッセが代議士に当選した。

後年、このなかの何人かの被告とナチとの結託はP・シャール自身によって立証される。一九四三年、彼は一九四〇年以前に、ケール、オッフェンブルク、フライブルクで何度かナチの行事に参加し、また「個人的に総統《フューラー》に会う幸運」に浴したことさえ自慢することになる。（L・ケッテナッカー、二八七頁）

(268) アルザスの「自治派」共産主義者と「正統派」共産主義者の分裂は一九二九年に起こったが、この時ムレールとシュレックレールはフランス共産党から除名され、またシャルル・ユベールはバ・ラン県の共産主義者の大部分に支持され、彼らに合流した。

一九三二年の総選挙の時、例えば、ストラスブール都市部で、アルザス・ロレーヌ共産党は第一次投票で、正統派共産党の僅か一七四五票に対し、六二八一票獲得した。バ・ラン県の全選挙区で立候補者を出したわけではないのに、アルザス・ロレーヌ共産党はその時、フランス共産党の一万二一八七票に対し、一万一六一八票を獲得したのである。（F・G・ドレフュス参照、一五一と一八一頁）

(269) F・G・ドレフュス、一〇三頁。

シャルル・ユベール（一八八三―一九四三）。ゲブヴィレール出身。まず労組書記を務め、次いでアルザス共産党書記長となる。一九二四年、バ・ラン県選出代議士。一九二九年、ストラスブール市長となり、一九三五年までこの職にあった。ドイツの文化的世界に根ざす民衆的自治運動に移行。ジャン＝ピエール・ムレールとは逆に、ユベールはナチに対して距離を保つ。

(270) F・G・ドレフュス、一五三頁。

(271) F・G・ドレフュス、二四一頁。

(272) F・G・ドレフュス、二六八頁。
(273) G・バース、六七頁。
(274) E・バースの引用、九一頁。
(275) H・シュヴァム、一〇六頁。

## VII　全体主義のドイツ語

(276) ローベルト・ヴァーグナー、本名バックフィッシュ。ハイデルベルク東部の村の出身。両親はそこで農場を経営していた。ヴァーグナーは母の旧姓。一九一四年の戦争が勃発した時、彼はハイデルベルク師範学校にいた。厳しい戦いとドイツの敗北に影響を受けて、彼は、強硬な民族主義者になった。ヴァイマール共和国に対するいくつかの陰謀に加担する。一九二四年、禁錮刑に処せられ、ヒトラーとともに、レヒ川沿いのランデスベルクの城砦で服役した。熱烈かつ狂信的なナチ党員の彼は、まずバーデン州、次いでバーデン・エルザス州の大管区長官《ガウライター》に任命された。戦時中はアルザスの「文民政府代表」でもあった。一九四五年、フランス法廷により死刑判決を受け、ストラスブールで銃殺された。（L・ケッテナッカー、六七―七二頁）

(277) この法令は絶対的であった。*「アルザス住民は上記官公庁諸機関への口頭および文書による申請に際し、もっぱら自らのドイツ語母語を使うものとする。」（L・ケッテナッカーの引用、一六四頁）

(278) 『わが闘争』のなかで、ヒトラーは、第二帝国《ライヒ》がアルザス・ロレーヌ人に対して柔軟なところを見せたと非難している。*「痛烈な握りこぶしでフランス人どものヒドラの頭を打ち砕くどころか、何もしない。しかもアルザス人に同等の権利を認めておきながら、他に何もしない。いずれにしろ、何もしていないのだ。」アルザスを再征服すると、彼は大管区長官《ガウライター》に対し、ただ、「アルザス・ロレーヌにおけるフランスの同化政策」をその行動の指針とするよう要求した。ケッテナッカーによれば、モットーは、「国家社会主義のドイツは中途半端はいっさい認めない」（一六三頁）ことであった。独裁と人々の良心を仮借なく侵犯することのための哀れなアリバイだ！

(279) *「ドイツ化がアルザスのなかへ浸透してゆく。〝クレマンソー通り〟、〝ポワンカレ通り〟、〝フォッシュ通り〟、〝ウイルソン通り〟を通って……。我々は苦笑する。ここの通りの名前はどうしたことだ。これらの名前は自分を嘲っているようだ。どの家を見ても、それが偽りであることは明白だ。どの家もドイツ精神を物語り、それ以外は何もない。」（L・ケッテナッカーの引用、一六五頁）

(280) 通りの新名称としては、ヴォージュ山脈の山や遺跡の名前（フレッケンシュタイン、フランケンブルク……）や、そのドイツ主義として有名な人物名（フリードリヒ・リーンハルト、カール・ロース……）、ドイツの政治家や軍人名（ビスマルク、モルトケ、ヒトラー、ゲーリング……）などが、選択の対象とされた。時々、この改名作戦は全アルザス人の笑いを呼んだ、滑稽な誤りを犯した。ミュルーズのソヴァージュ（野蛮人）通り（方言ではヴィルデ・マン・シュトロッス、アレマン地方のカーニヴァルの人物名……）は、アドルフ・ヒトラー通《シュトラーセ》りと命名された。一度だけ、ミュルーズ人もこの改名は素晴らしいと思った……。だがナチ当局はすぐに改正した！

(281) ローター・ケッテナッカーは、ラップ将軍の甥、バイエルンの上級将校が、一八七一年、有名な叔父の彫像に軍人としての敬意を表するため、コルマールにきた、と語っている。（一六六頁）

(282) L・ケッテナッカー、一七一頁。

ナチ支配者は、バスク・ベレーの着用を禁止するなど、フランス的に見えるものすべてを掃討する意向を示した。経済的な弱者にはハンチングや帽子が無償で配られさえした。

アルザス人にはユーモアの感覚がある。あるぶどう栽培の小さな町で、労働者たちは伝統的なベレー帽を家においておくことにし、工場へは……オペラハットで行った。ナチは冗談がほとんど分からないので、荒々しく干渉してきた。

(283) L・ケッテナッカーの引用、一七〇―一七一頁。

(284) M＝J・ボップ、七八頁。

ルネ・シュレーゲルはコルマール自治主義訴訟の被告の一人。第二次世界大戦が勃発すると、フランス当局によって投獄された。

(285) ドイツびいきのフリッツ・シュピーザーでさえこの措置を認めたようには思えない。彼はいずれも妻の旧姓を名のったラ・プティット＝ピエールという四人兄弟の事例を引いている。M＝J・ボップは二人兄弟ベロンの例を挙げているが、戦時中、その一人はベルング、もう一人はハッセルマンという名であった。（ケッテナッカーの引用、三三三頁）

ラクロワという名のハイデルベルク大学教授は、ドイツ民族の歴史に対して国家社会主義が持つ深遠な意味について演説するため、バーデン州やアルザスを歩き回った。誰も彼に名前を変えさせようなどとは考えつかなかった。

(286) 「アルザス人諸君！　ここ、ドイツ・アルザスでは、ドイツ語しか話されない。だから、諸君が自然に覚えたものを話しなさい。それができないものは、管区管理局《クライスライトゥング》へ出頭しなければならない。当管理局は彼らがフランス語の話せる所へ出立できるよう、喜んで手助けする用意がある！　ハイル・ヒトラー。管区局長。」（M＝J・ボップ、七七頁）

(287) 以下はM＝J・ボップがこれについて言ったことである。「当初は、現行犯でつかまれば、即刻三マルクの罰金を払わねばならなかった。したがって、アルザス人はこう言って互いに挨拶した。〝三マルクだよ、きみ！〟と。」（七八頁）

(288) M＝J・ボップ、七八頁。

(289) G・R・クレマン、一二五頁。

(290)「リボヴィレの管区局長《クライスライター》の一九四四年三月八日の通達は、この地域の住民に店でフランス語を話すことを禁じた。」客にドイツ語を話すように強要しない商人は、当局によりその店舗を閉鎖される恐れがあった。（M＝J・ボップ、七八頁）

(291) L・ケッテナッカー、二三〇頁。

(292)「*大管区長官《ガウライター》は、慣習、言語、その他の態度でドイツ性を信奉した者だけを現在の俚語の領域に残しておこうとした。」（L・ケッテナッカーの引用、二六五頁）

ドイツ共同体への統合に必要なドイツ語の知識を獲得するため、彼らに数年を留保しておくことが予定されていた。彼らがドイツ語を習得できなければ、追放するつもりであった。（L・ケッテナッカー、二一二頁）

(293) M＝J・ボップ、一四四頁。

(294) したがって、ナチはアルザス人に対し、英語（不倶戴天の敵《エルツファイント》性語だが）を学ぶことは許したが、アルザスの言語遺産の要素の一つであるフランス語は許さなかった。今日でもなお、アルザス人に対し、彼らの言語遺産のもう一つの要素である標準ドイツ語よりも、むしろ英語を学ぶことを勧める声が上がっていることを確認するのは、甚だ興味深い（段々と少なくなっているのは事実だが）。双方が歴史を通じてずっと、アルザス人の言語的健全さのために示した配慮は確かに心打つものがあるが、それでも、つねに本質を外れていた。すなわち、アルザスの言語遺産をその三つの要素において保全することである。

第三帝国《ライヒ》下では、中等教育は無償ではなかった。父兄の分担金額は無視し難いものだった。奨学金制度があった。だが、必ずしも家庭の経済的状況を考慮して付与されるものではなかった。大抵の場合、党組織の活動への非参加者や、ボップが指摘するようにフランス語系家庭には拒否された。（一五〇頁）

(295) M＝J・ボップ、七八頁。

(296) L・ケッテナッカー、一八二頁。

(297) 大管区長官《ガウライター》ヴァーグナーがカールスルーエの宗教・教育担当省に伝えさせた通達には、次のようにある。*「我らが民族の統一国家への進展にとって、間違いなく方言が妨げとなっている。それゆえ、言語面でも統一を求めて努力することこそが帝国の目的に他ならない。」（L・ケッテナッカーの引用、一八二頁）これはまるでフランス・ジャコバン派の最良の方式だ。彼らはこの種のあらゆる政策に対するアルザス民衆の反対を承知していたようである。通達が文部当局にこの問題を公には提起しないように促したのは、そのためだった。

(298) L・ケッテナッカー、一八二頁。〔同意味のドイツ語原文あり〕

(299) ケッテナッカーは、『大いなる試練《ディー・グローセ・プリューフング》・第三帝国支配下のアルザス《ダス・エルザス・ウンター・デア・ヘルシャフト・デス・ドリッテン・ライヒエス》』（一九四四年）のなかで次のように書いた元上院議員M・ブログリーを引用している。*「国家社会主義は、地域や民衆の個性や、その歴史的過去の特殊性に対し、何らかの考慮を払うつもりはさらさらなかった。アルザス人はメクレンブルク人やブラウンシュヴァイク人と同様、ドイツ人になるべきであろう。」（一七五頁）

「総統《フューラー》」の司令部で、アルザスの状況を検討した際、ヒトラー自身が大管区長官《ガウライター》ヴァーグナーに対し、二言語使用の徹底的廃絶《ウンター・リユックズイッヒローザー・アウスメルツング・デアー・ツヴァイシュプラーヒッヒカイト》を目的とする言語政策を実行するよう督励したという。

（L・ケッテナッカーの引用、二六一頁）

別の手段は、方言を話すアルザス人を新聞で笑いものにすることであったが、この方法は一九四五年以後にも使われて成功するものである……。

(300) *「アルザスは帝国の勝利に何も期待していなかった。それどころか、多くのこと、つまり、ウクライナの場合のように、全面的な〝ドイツ統合化《アインゲドイチュト》〟を恐れていた」、とケッテナッカーは書いている。（二六七頁）

(301) L・ケッテナッカー、二〇五頁。

ストラスブールはナチのイデオロギーを西部地域に伝播させるべき帝国大学《ライヒスウニヴェルズイテート》を獲得したが、それは東部地域に対するポズナニ帝国大学《ライヒスウニヴェルズイテート》の役割とまったく同じであった。一九四一年十一月二十三日、この帝国大学は正式かつ盛大に開設された。カトリックとプロテスタントの神学部は廃止された。プロテスタント神学部学生はハイデルベルクに、カトリック神学部学生はフライブルク・イム・ブライスガウに転校させられた。

(302) L・ケッテナッカー、一七四頁。

(303) L・ケッテナッカー、一七四頁。

(304) *「ふたたび解放されたアルザスの純ドイツ的な都市の象徴。」(『ストラスブール新聞《シュトラースブルガー・ノイエステ・ナーハリヒテン》』の記事の抜粋。ケッテナッカーの引用、一七七頁)

(305) *「これら(ローアン城、県庁、市役所)はフランス宮廷風の優雅のあかしであり、ストラスブールの市民層を少し軽蔑的に見下すものだった。」(『ストラスブール新聞《シュトラースブルガー・ノイエステ・ナーハリヒテン》』の記事の抜粋。ケッテナッカーの引用、三三六頁)

(306) セレスタでの集まりの際、大管区長官《ガウライター》ヴァーグナーは次のように言明した。*「我々が数十年間あるいは数百年間も別の国家連合に属していた時でさえ、主なる神は我々をドイツ人に造りたもうた。それに対し、ヴェルサイユ条約のような形式上の法文規定など、何になろうか?」(L・ケッテナッカーの引用、一三三頁)

ヘルマン・ビックラー(まずストラスブール管区局長《クライスライター》、次いでナチ親衛隊の連隊長《シュタンダルテンフューラー》!!)の見方も同じで、一九四二年、徴募兵を前に次のように叫んだ。*「ひとはドイツ人、フランス人、イギリス人として生まれ、生きている限りはそのままである! もしどこかアフリカの一部が外交条約により、中国に譲渡されたとしても、そこの黒人たちは中国人ではなく、やはり黒人でしかないのだ。」この比較の質にも注目すべきであろうが……。(L・ケッテナッカー、三五七頁)

(307) 最初アルザスのヒトラー青年組織を指導したのは、バーデン地方のヒトラー青年隊の指導者《ヒトラー・ユーゲント・フューラー》たちだった。当局は彼らを徐々にアルザス人に替えようとしたが、その大部分は、一九四〇年以前の自治運動の危機のあいだ、すでにきわめて活動的であった青年部《ユングマンシャフト》から集められた。一九三一年、ストラスブール大学で配られたビラで、青年部《ユングマンシャフト》はアルザス人学生に次のようなアピールを出していた。「ドイツ語を話そう……周知のように、どのことばも神からの贈物だが、各人にその一つがある。諸君の聖なることばを守ろう。」(F・G・ドレフュ

スの引用、一七四頁）

(308) ケッテナッカーはM・ブロッグリーの言を引用している。「アルザス人教員はおそらくあらゆる職業身分のなかで、もっともつらい苦難の時代を生き抜いてきた。」（二〇二頁）

(309) 公正であるためには、きわめて悪質なナチ信奉者の他に、自らが数年来耐えてきた精神的拷問に、何とかして抵抗しようとした誠実にして廉直なる人々がいたことも認めねばならない。

(310) あらゆる種類の脅迫により、当局は彼らを党に加入させようとした。彼らの授業中の活動は、すべての学校に浸透していたナチのきわめて卑劣な監視から逃れられなかった。以下はM＝J・ボップが与える示唆的な例である。「アルザスでは、アルザス人教員が教室でテキストを講読する際、きわめて厳密な検閲に従っていた。ゲーテやシラーは少し読んでもよかったが、レッシングやハイネはユダヤ人作家として除外されていた。ルター、グリンメルスハウゼン、ニーチェ、とくにローゼンベルク、ゲッベルス、ヒトラーが高く評価された。占領の初年度には、アルザス人教師は、教室で好んでシラーの『ウイリアム・テル』を読んだものだった。ところが、ある晴れた日、省令により、アルザスの学校でこの古典劇の講読が禁止された。」アルザスの若者たちがそこから引き出したかもしれない結論のために！（一五二頁）

(311) 以下は通達の全文である。

「バーデンの小学校へのアルザス人教員団の派遣について

アルザス人教員をバーデンへ最初に派遣して以来、文部大臣のもとへ、バーデン州内での配置換えを願う申請書が多数舞い込んできたが、その一つ一つに回答することなどとても不可能である。それゆえ、アルザス人教員に返事のない申請はすべて却下されたものと見なすよう通告する。そしてとくに銘記すべきは、アルザス人教員はバーデンへ派遣されたことを政治的には不可欠の措置として認め、またそのことを、ドイツ民族共同体への義務と考えることである。

教育行政の要請に答えるため、また民族共同体の有益な一部であるあかしとして、わたしは今や、アルザス人教員が党のさまざまな組織や団体の教育上の感化活動に積極的に貢献し、協力し合うことを要求するものである。

今日、我々の同胞が一部はアフリカに、他の者は遠い戦場に立っているというのに、そんななかにあって、教員が家族や両親との束の間の別離を耐え難いとして、文部大臣に訴えたりするなど、恥の余り顔がまっ赤になるというものだ。

アルザス人教員の精神的態度が変化し、やがて賢明さを示し、権利のない特別要求などもう持ち出さなくなるよう期待する。しかし申請の理由があるというなら、その申請はバーデン州のシュトカッハ地区教育委員会を経て提出されたい。

さらに、わたしはあえて次のことを多くのアルザス人教員に対し、真剣に教えなければならない。教師が休暇もとらないで、勤務から逃げ出したり、家に帰ったり、学校を拒否したりしたら、それは勤務や義務に対する堕落した考え方を証明したことくらいではすまないということである。教師がそんな違反をしておきながら、どうして生徒に学校の時間をきちんと守ることを要求したり、また学校を怠けたりした生徒を罰したりできるだろうか？ けっしてわたしはこのような職業観には出くわしたことがない。今まで、わたしはそうした行為をせいぜい警告という、ごく軽いとがめで処罰したにすぎなかった。しかし今後は、そうした期待に反するような義務不履行に対しては、重い反則金を課して罰すると、あえて申しわたしておきたい。

一九四一年五月三十日以前に授業を終え、そして六月四日以降から授業を再開した教員は、理由を申し立てたうえ、そのことをただちに、バーデン州管区教育庁に報告せねばならない。

ライヒェル」

残念ながら、バーデンのアルザス人教員団の態度を詳しく物語る、この通達の日付を写すのを失念してしまった。

(312) その本文は次のとおり。

「一九四一年五月二十七日、シュトカッハ*

**復帰命令**

一九四一年三月二十四日、A一・一〇四八街区の文民管理当局（教育、学校、大衆育成部門）長の命令と、一九四一年五月十九日B一一・三二七番の文部大臣命令により、次のことが望まれる。フランス語で教員養成を受けてきたため、バーデンの学校勤務に配属されたアルザス人教員は、バーデンの勤務地に復帰すべきものとする。

ライヒェル」

(313) 通達の本文は次のとおり。

「シュトカッハ地区教育庁*

一九四二年三月二十一日、シュトカッハ

党またはその組織におけるアルザス人教員の協力証明。

文民管理局長への調査報告からも明らかなごとく、今日までほとんどのアルザス人教員は、政党またはその組織に対し、積極的な協力への道をとっていない。そうした教員に対しては、これに関する帝国大臣の要求に応ずべきという勧告が最終的に発せられ、それによりすべての国家の役人や職員は協力を立証せねばならない。全アルザス人教員は、一九四二年五月一日までに、実際的な協力を行うことを証明せねばならない。もし協力を拒否したり、協力できない時は、該当者は労働局の権限で、農業労働に転属されることになろう。

ライヒェル」

(314) 覚書の本文は次のとおり。

「NSLB* シュトカッハ地区管理局

一九四二年四月十三日、メスキルヒ

シュトカッハ地区の全教育関係者へ

至急!

アルザス人教員の件。

大管区当局(原文のまま)の伝えるところによると、アルザス人の全教員がナチ奉仕団構成員にならねばならない。まだその構成員でない者は他のアルザス出身グループに速やかに加入を願い出ること。一九四二年四月二十二日までに、メスキルヒのNSLBの地区管理局に構成員資格および加入承認を申し出ること。ナチ奉仕団への加入を拒否する者は、同じく理由を明記のうえ、これを上記期限までに当局へ申し出なくてはならない。

ハイル・ヒトラー！
地区管理局長代理
ゲンスマンテル」

「ナチ党のアルザス犠牲の環《オプファーリング・エルザス・デア・NSDAP》」組織は一九四〇年から創設された。そのメンバーにとって、入団はいわゆる党の隊列への加入以前の予備段階と考えられていた（ただし、これはアルザスに対してのみ作られた組織である）。

（315） 通達の全文は以下のとおり。

「*一九四三年三月十六日、ストラスブール

バーデン州文化・教育担当大臣
アルザス文民管理局長・教育・学校・大衆育成部門所管局長

Uv/Allg. 九三三号

アルザスの官公庁職員のドイツ帝国公務員職への受入れ。

バーデン・アルザス各地区教育関係者各位

一九四〇年秋、アルザスの公務員に対し、公務員義務心得が配付された。ドイツ帝国の公務員職に就くには署名を必要としていた。今や二年以上が過ぎて、文民管理局長はこの管理局に勤めている公務員に署名を促すために、ドイツに勤務する公務員としてすでに深まった義務感を、世界的・政治的関連性のなかで考慮するという趣旨の説明を加えるよう命ずるものである。

この説明は、党員とすでにドイツ帝国籍を獲得したアルザス人を含めて、文民管理局長に直接仕えている全アルザス人公務員に対して、所管の各地域の教育庁からこの政令の写しとともに配送されねばならない。この説明に対する態度決定の期限は、これが公務員に手渡された日から三日以内とする。この説明に付帯条項は認められない。付帯条項を伴った説明はサインの拒否と同等に扱うものとする。

代理者ゲルトナー」

(316) この全文は以下のとおり。

「*一九四一年五月二十七日、シュトカッハ

**ドイツ式挨拶**

さまざまなケースに出会ったため、わたしは「ドイツ式挨拶」の実体をくり返し指摘しなくてはならなくなった。

公務員や教員は、全党員と同じく、どこでも(学校や公共の場で)ドイツ式挨拶を実行し、また返礼することを義務づけられている。最近見られることだが、アルザス出身の教員はまったく挨拶をしないか、またはき

わめてぞんざいな態度、例えばポケットに手を突っ込んだまま、口先だけで挨拶したりする者が多い。それにまた、学童に正しい挨拶をしつけることもなされなかった。

以後、このような義務不履行を人づてに聞いたり、またわたし自身が見たりしたどの教員に対しても、懲戒措置をとることになろう。

ライヒェル」

「*一九四二年三月二十一日、シュトカッハ

**ドイツ式挨拶**

いずれにせよ、最終的には、すべての教員と生徒は、学校の内でも外でも、ドイツ式挨拶「ハイル・ヒトラー！」を励行すべきであることを指摘しておきたい。

ライヒェル」

(317) 覚書の本文は以下のとおり。

「*一九四一年十二月五日、シュトカッハ

わたしが確かな文書から知ったことだが、アルザス人教員は、仲間うちでは、とくにレストランで、居合わせた他の客には理解されたくないことを、互いに伝え合おうとする時、好んでフランス語を使うという。

我々民族共同体構成員の考え方からすれば、そうした振舞いは不愉快どころかセンセーションを巻き起こす

ほどだが、それを度外視して、しかもきわめて公正に判断しても、場合によっては、こうしたことは該当者を破滅に追い込み、またその者を政治的嫌疑者として逮捕せしめるであろう。

それゆえ、わたしは、管轄する学区内のアルザス人教員諸君に対し、いかなる不都合な結果をも招来しないために、フランス語では絶対に歓談しないよう警告しておきたい。

ライヒェル」

この通達はあるきわめて明白な偶発事件に基づくもので、その結果我々は勤務上の理由と称して……配置換えさせられた！

(318) ジェルマン・ミュレール〔一九二三年生まれのアルザスの方言作家〕の有名な諷刺的レヴューの題名。

(319) E・バース、一八五頁。

(320) E・バース、八頁。

(321) E・バース、一一九頁。

(322) 『アルザス小詩選集』、第六巻、一一―一二頁。

# 訳者あとがき

本書は Eugène Philipps: *Les luttes linguistiques en Alsace jusqu'en 1945* の第二版（一九八六年）の全訳である。ちなみに、初版刊行は一九七五年である。

原著者ウージェーヌ・フィリップス氏は一九一八年、ストラスブールに生まれた生粋のアルザス人で、現在もこのアルザスの州都に在住である。

フィリップス氏自身から示された略歴によると、氏は英語の教授資格者《アグレジェ》で、ストラスブール大学などで長らく教鞭をとった後、一九七八年から著作活動に専念する、とある。しかし、アルザスの言語と文化を中心にした氏の旺盛な活動は、ほぼ一九六八年ごろから始まっており、現在までに発表した記事、論文数は約二〇〇篇、地元アルザスはもとより、ロレーヌ地方、パリ、ドイツ、オーストリア、スイス、ルクセンブルクなどで、仏独英の三カ国語に加えて、アルザス方言で行われた講演は一七〇回を越えている。また、本訳書の原著以外に、著書としては次のものがある。

——*La crise d'identité. L'Alsace face à son destin* (1978)〔これは本訳書の序（一〇頁）にある「二作目」で、戦後のアルザスの言語と文化の状況を論じたもの。拙訳済み、近く出版予定〕

——*Schicksal Elsaß. Krise einer Kultur und einer Sprache* (1980)〔これは著者自身による *La crise d'identité* のドイツ語版〕

——*Le défi alsacien* (1982)

——*Zeitgenosse Elsässer. Die Herausforderung der Geschichte* (1986)〔これは著者自身による *Le défi alsacien* のドイツ語版〕

——*《L'alsacien》, c'est fini?* (1989)

——*Le Pont/Die Brücke: la fin d'un cauchemar alsacien/das Ende eines elsässischen Alptraums* (1991)

そして日本風に言うと、古希をとっくに過ぎた今もなお、氏の執筆、講演活動は続いている模様で、つい最近も、航空便で『アルザスのある悲劇＝ナチの独裁と強制徴募——ある生の証言』*Une tragédie pour l'Alsace: la dictature nazie et l'incorporation de force — un témoignage vécu* が送られてきた。一見したところ、この最新の著作は、アルザスの言語と文化の問題を扱っている他のものとは別な意味で、興味深いものである。

これは、第二次世界大戦中の、一九四三―四五年のあいだ、フランス国籍のまま、ドイツ第三帝国《ライヒ》の国防軍《ヴェアーマッハト》に強制編入《ツヴァングスアインゲツォーゲン》されて、ポーランド、ロシアの前線に狩り出され、負傷して一時低地ザクセン地方の軍事病院に収容された後、ふたたび南ドイツの戦闘部隊に加えられ、一九四五年四月、コンスタンツ湖近くで脱走してフランス軍に合流し、同年五月にアルザスに帰還した、アルザスの一強制徴募兵 Malgré-nous としてのフィリップス氏の生の証言録である。氏によると、このドイツ語版も予定されているそうだが、「ナチ体制下のアルザスの運命」を語るものだけに、ドイツの出版社が躊躇しているという。よくある話である――ドイツ国民にとって、ナチズム、ヒトラーを生んだことは永遠に消えないトラウマなのだから。それにしても、著者フィリップス氏は、最近、自宅で、押込み強盗から催涙ガスを浴びせられたそうだが、元気なものである。氏に何度か会った訳者の印象からすると、矍鑠《かくしゃく》たるというよりもむしろエネルギッシュなその活動の源泉は、氏の大好物のシュクルット（ザウアークラウト）と美味なアルザスワインにあるようだが……。

ところで、一九八九年十一月のベルリンの壁崩壊後のアルザスは今、どのような状況にあるだろうか？

おそらく、そのもっとも象徴的なのは、独仏合同軍にベルギー軍が加わった「欧州軍」の司令部が、アルザスの州都、ストラスブールに設置されたことだろう。それは、かつてアルザスがゲルマンとラテンのヨーロッパの二大文明が衝突をくり返してきた「文明の十字路」であり、またこの地が有史以前から、ケルト、ゲルマン、ラテンなどの諸民族が入り乱れ、闘争し、西欧世界の形成に深く関与してきた「兵士の通り道」であったことを考えると、時代の変遷ぶりに驚かされる。本書でも何度か言及されているとおり、アルザスは、一六四八年、ルイ十四世の手によりフランス王国に併合されるまではドイツの地であり、一八七〇年、普仏戦争の結果、ふたたびドイツに戻り、さらに一九一八年、第一次世界大戦後はフランス、一九三九―四四年の第二次世界大戦中はドイツ、そして戦後はフランス、と移り変わってきたのである。前記の「欧州軍」司令部が入る主要な建物は一八七〇―一九一八年のもの、すなわち、ドイツ人が建てたものであり、まさしく「歴史の皮肉」（『ル・モンド』、一九九三年十一月七―八日付）と言えるだろう。

当然のことながら、こうした複雑な歴史がアルザス固有の文化的・言語的・心理的状況に影響を及ぼさないはずはなく、とりわけ、その言語に与えた影響は大きかった。それは本書の記述にあるとおりだが、アルザスでは、つねに、「左耳はドイツ語しか聞こえず、右耳はフランス語しか理解しない。そしてまんなかでは、つねに生まれついた時のことばを話すことになる」（『ル・モンド』、一九九三年十一月六日付）。この生まれついた時のことば、すなわち、「母語《ムッターシュプラーヘ》」または「日常語《ウムガングスシュプラーヘ》」とはつねにドイツ語の方言形態であるアレマン語とフランク語であった。この方言は、あの五世紀のゲルマン民族の大移動以来、約一五〇〇年間続いているもので、これこそがアルザスの特異な個性の根幹をなすものである。以下、この二つの方言と仏独二言語使用を中心にして、現在のアルザスにおける言語状況を一瞥してみよう。

アルザスにおけるこの方言の分布状況は、本書の原注（2）のレイモン・マッツェンの記述にあるが、まず最初に注意すべきは、このドイツ語方言がアルザスだけで話されているのではないことである。すなわち、「フランク方言はまたロレーヌ地方のモーゼル県、ドイツのラインラント・プファルツ州、ルクセンブルク、ベルギーでも話されている。アレマン方言もまたドイツのバーデン地方、バーデン＝ヴュルテンベルク州、アルゴイ地方、スイスのドイツ語圏、リヒテンシュタイン公国、オーストリアのフォーアアルルベルク州で話されている」（E・フィリップス『アルザス方言は終わりか？』、一四頁）。つまり、この二つのドイツ語方言は、一五〇〇年間の歴史の激動を経た後も、たんにアルザスという一地方にのみ限られるのではなく、フランスとドイツ、フランスとスイスなどの政治的国境をはるかに越えて、今もなお使用されており、いわば地方横断、国境横断的性格を有するのである。原著者フィリップス氏が本書の巻末インタビューで、アルザス語が「国際」語であると言うのは（一九三頁）、この意味においてなのだ。ただ、この二つの方言のアルザスにおける方言人口に関する正確な統計、データは一つもない。フィリップス氏の推測によると、アルザス人口一六〇万人中、おおむね七割近く、約一〇〇万人が現在も方言話者であろう、という——方言が分かるという意味での方言話者だが。そしてそのうち、約九五%がアレマン語、五%がフランク語を話しているそうである。後者はアルザス北部のアグノーの森の北でしか話されない。

　したがって、厳密に言語学的な観点からすると、通称〝アルザス語〟とされるものの概念にはいかなる意味もなく、かつまた不正確なのである。アルザスで〝アルザス語〟が話されているのではないことは、バーデン地方で〝バーデン語〟が、プファルツ地方で〝プファルツ語〟が、スイスで〝スイス語〟が話されているのではないことと同じである。

　またさらに留意しておくべきは、ドイツ語方言としての〝アルザス語〟はアルザスの北から南までに通じる単一、均質なものではないので、方言のレヴェルからすると、〝全アルザス地方〟に共通の統一した口語形態は存在せず、したがって厳密に言うと、アルザスには、フランスで言われるところの、いわゆる「地方語」は存在しないと言わざるをえない。つまり、「地方語」という概念はフランスの枠内でしか意味をなさない。ここでの「地方語」とは、フランス語という「国家語」に対するものであり、それは、フランスのいくつかの地方でまだ多かれ少なかれ生きていることば、オクシタン語、フラマン語、ブルトン語、バスク語などの場合と同じである。これらの「地方語」または方言は、イル・ドゥ・フランス方言、シャンパーニュ方言、ピカルディ方言などと言う場合の方言とはまったく違うのだ。

　とくにアルザスで話されている二つの方言は、近代フランス語と同じく、ラテン語の言語体系に属するのではなく、近代ドイツ語、すなわち、書記形態としての標準ドイツ語《ホッホドイチュ》、ルターのドイツ語と同じ言語体系に属するゲルマン語のヴァリアントである。つまり、ヴォルテールのことばではなく、ゲーテのことばに属するのである。だからその意味で、アルザスにもし「地方語」が存在するならば、それは〝アルザス語〟ではなく、〝ドイツ語〟なのである。しかしこのことは、「一にして不可分」の共和国原理に基づくフランス中央政府、ましてや、「一国、一言語」を標榜する、中央集権的な言語的ジャコバン主義者からすれば、絶対に容認できないことだろう。だから、一九八五年七月、ストラスブール大学区長、ピエール・デイヨン氏が、「ドイツ語はフランスの地方語の一つである」、と宣したのは、フランス支配下のアルザスにおける言語史上、画期的なことだったのである――もっとも、この宣言にもかかわらず、アルザスにおける仏独二言語使用、とくにドイツ語教育は遅々として進まないようだが。ただし、ここで忘れてならないのは、「標準ドイツ語はアルザス人の話しことばとしての交流語であったことはけっしてなく、今もそうではない」（E・フィリップス『アルザスの挑戦』、二〇四頁）ことである。アルザス人の「日常語《ウムガングスシュプラーヘ》」はつねに口語形態としてのドイツ語方言だったのだ。したがって、前述のP・デイヨン氏はこのことの言語的な自明性を述べたにすぎない――まことに勇気ある発言だが。

ところで、この「生まれついた時からのことば」がアルザスの地で、危うくなりつつある。一九四五年以後、フランス語の独占的支配が進むなか、今日のアルザス社会では、段々と方言が話されなくなり、日常的交流語として機能しなくなっている。

確かに、フランス語が真にアルザス人のいわゆる民衆語になったのは一九六〇年代からだが、それでも、一九七〇年代のはじめまでは、多くのアルザス人家庭ではまだアルザス方言が使われていた。フランスの国立統計経済研究所の調査によると（年代は明示されていないが、一九七九年のものと思われる

——ジャン・リテール『アルザス』、一〇八頁からの引用)、調査世帯の七五%がアルザス語を、八〇%がドイツ語を話すと答え、さらにこれがアルザス出自の世帯になると、各々九二%、九三%の高率に達する。しかしまた、アルザス方言の後退は否めず、一九六二年には八七%の世帯で話されていた方言が、近年では、調査対象の家庭の、三分の二以下の者にしか使われていないという結果もある(J・リテール、同書、一〇九頁)。しかも、予想されることとはいえ、若年層になればなるほど方言離れが進んでいる。それは、「ルネ・シッケレ協会」(アルザスの言語と文化の顕揚を目指す民間団体)が、一九八九年七月に三〇〇人を対象に行った、二言語使用に関する調査によっても確認される(『アルザスとドイツ語系ロレーヌの二言語使用』、二四頁。ここでは、その詳細には触れないが、この報告書はアルザスの今日的な言語状況を語る最新のものの一つであろう)。

では、アルザス固有の歴史的な言語遺産である、このアレマン、フランクの二つのゲルマン語方言は、いわば、「絶滅の危機にある動物とか植物」、または「失うに惜しい美術品」(ベルナール・シュバングレール『アルザス・シンドローム』、二八頁)のようなものなのか?

確かに、アルザス方言は一五〇〇年の歴史を持ちながら、ルイ十四世の時代から数えても三〇〇年たらず(この間《かん》、アルザス方言はこの地方の「日常語《ウムガングスシュプラーヘ》」であったから、厳密にはこうは言えないが)、第二次大戦後からなら、僅か五〇年たらずの歴史しか持たないフランス語に、現在は、窒息させられつつあるかに見える。それも、政治的・経済的・文化的な活動の中枢をなし、人口の集中するアルザスの三大都市圏、ストラスブール、コルマール、ミュルーズなどにおいて著しい。数年前、この前者二つの県庁所在地に、僅か一年三カ月ほどだが、在住したことのある訳者の経験からしても、街の通りで、方言と思われる会話を聞くことは稀で、聞こえてくるのは当然ながらフランス語ばかりであり、時たまドイツからの観光客相手のドイツ語を耳にするだけだった――アルザスにはドイツからの観光客が圧倒的に多い。

しかしながら、どっこい、限られた地域ではあるが、方言も生きているのだ。とりわけ、農村部、アルザスの北部全域と南端部分、つまりドイツ国境とスイス国境沿いの地域では、方言が伝統を保って、老若男女を問わず、「日常語《ウムガングスシュプラーヘ》」として依然として使われているのである。これは前記の「ルネ・シッケレ協会」の調査でも、報告されている。現に、訳者自身、本書にも言及されている「アルザス・ロレーヌの言語・文化高等委員会」の総会（一九九〇年十二月一日、セレスタにて開催）に行った時、たまたまそういう若者の一人、ヴァンサン・エグマン君（現在、二十六歳）と知り合い、エグマン家を何度か訪れた際、そうした事実を確認している。ちなみに、エグマン家はミュルーズ近くの小村、ベランツヴィレールにある、アルザスの典型的な農家で、長男のヴァンサン君はライン川を渡ってドイツの会社へ、彼の妹はバーゼルの花屋へ通う、あの越境サラリーマン frontalier である。こうしたフロンタリエはアルザスには六万人いるという（『レクスプレス』、一九九三年二月十八日号）。

興味深いのは、古い世代はともかく、ヴァンサン君のような現在二十代の若者たち、つまり一九七〇年前後に生まれた者で、アルザス方言を母語とする者でさえ、六歳まで、すなわち小学校へ入るまで、フランス語はもちろん、書きことばとしての標準ドイツ語は知らなかったのに、彼らのほとんどがある程度の二言語使用者になっていることである（口語レヴェルを除いて、一定の学校教育を受けた者の場合だが）。戦後長らく、アルザスでは（ドイツ語系ロレーヌでもだが）子供たちが、学校のなかや運動場で方言を話すことは、公式には禁じられていなかったが、いくつかの地域ではタブー視され、さらにドイツ語教育が軽視されており、しかもそれが一九七〇年代の終わりごろまで続いていたのに、である

——ちなみに、この禁止に違反すると厳しく罰せられたという。またもちろん、エグマン君たちの世代が学校に通ったころは、フランスの言語的不寛容が若干緩和されて、学校でのドイツ語授業の時間数が増えたことも考慮すべきだが……。

したがって、ヴァンサン君の母語はアレマン方言、母国語はフランス語、職業語は標準ドイツ語、さらに、先日、日本へ三週間、ヴァカンスにきた時の旅行語（?）は英語であり、彼は、仏独の二言語使用どころか、仏独英の三カ国語使用者なのである。彼は、言語的にも国境横断者《フロンタリエ》なのだ。

ところで、こうした言語的応用能力の発展の基礎となるのが、アルザス人の場合、ドイツ語方言なのである。ここで今度は、世代は古いが、フィリップス氏にご登場願おう。

氏はその世代の多くの人々がそうであるように、方言を母語とし、今もなお夫人と二人の家庭では方言を使い、娘や息子、孫たちがきた場合もできるだけ方言を話すようにし、とくに孫たちには方言がだめなら、ドイツ語で語りかけてみるという。氏の両親はアルザス北部出身でフランク方言だったが、氏自身はストラスブール生まれなので、アレマン方言を母語とする。しかし、氏は育った家庭環境から、どちらの方言も理解できるという。そしてほぼ五十歳下のエグマン君と同様、やはり六歳まではフランス語を知らなかったそうである。

フィリップス氏によると、フランス語しか話せない者とか方言を知らない者は、どうしてアルザスの方言話者が、“Zäitung, Zitung, Ziti”（ドイツ語の Zeitung〔新聞〕）とか、“Wäin, Win, Wii”（ドイツ語の Wein〔ワイン〕）などの異なった方言を聞いて、すぐにそれが何であるかを了解するのを不思議に思う。また、誰かが“Jetz geh i(ch) haam, häm, haïm, häim”と言っても、方言話者なら誰にも、この誰かは帰宅しようとしていることが分かることを不思議がる。だが、こうした違いにもかかわらず、方言話者が理解し合うのは、この違いが各語の語根や文の構造に影響しないからである、という。つまり、ここに挙げた例のように、発音、書記法など、つまり音声学的・語形論的・統辞論的な違いがあっても、これらは同じ言語、すなわちドイツ語のいくつかの形態、その変形なのである。だから、アルザス人にこうした固有な特徴があることは、アレマン系スイス人、バイエルン人に彼らの固有な特徴があるのと同じである。

したがって、方言話者のアルザス人が方言以外のことば、とくに書きことばとしての標準ドイツ語を学ぶ際、彼らの言語的な潜在能力が大きく寄与し、低地ドイツ語 Platt にも一部属する「アルザス・ドイツ語 Elsässerditsch」が役立つのである。このことは前記の「ルネ・シッケレ協会」の報告（一一頁）や、シャルル・ストフェール『アルザス人とその方言』の記述（E・フィリップス『アルザス方言は終わりか？』に引用、一九頁）で確認できる。それに何よりも、一六年間、ストラスブール大学などで英語を教えてきたフィリップス氏自身の経験がそれを証明している。「ごく少ない例外を除いて、ドイツ語と英語で最高点を取ったのは、第六学級〔十一―十二歳〕からドイツ語を選んだ方言話者の女子生徒たちであった。こうした部門〔仏独英の三カ国語を学ぶ部門〕に合格した生徒の大半は、方言使用圏内か、方言がその活力を保っている社会的・家庭的環境の出身者だった」（『アルザスの挑戦』、三七六頁）。

この方言の持つ潜在的可能性に関しては、アルザス人であることに矜持を持つ人々にとっては衆目の一致するところであり、そこから、この可能性を維持、発展させるため、幼稚園への方言の導入と小学校でのドイツ語教育、さらには仏独の二言語教育の確立を目指す運動が起こってくるのである。言うまでもないが、アルザスの歴史を見ると、アルザス人は戦争が終わり、支配者が変わるたびに、ドイツ語とフランス語という二大文化語を交互に〝公用語《アムツシュプラーへ》〟として課されてきた。だが、「ことばはシャツを着替えるようには、替えられない」（E・フィリップス『アルザス方言は終わりか？』、一二三頁）。アルザスでは、スイスやベルギーと違って、二つの言語が併立するのではなく、相互に重なり合うのである。つまり、「二つの言語《ドッペルシュプラーヒヒカイト》」ではなく、「二重の言語《ドッペルツンギッヒカイト》」なのである。だから、アルザスにおける方言を基層にした仏独の二言語使用は、歴史的文脈のなかにおいて捉えるべきアルザス人の言語的必然であろう。それは、本書の随所に見られるとおり、一六四八年のフランス併合以来、支配者がどうあれ、この二言語使用はこの国境の地方ではつねに問題になってきたことからも分かる。

　また、この観点から、第二次大戦後のフランス中央政府の言語的不寛容と、ヒトラーを生んだ国の言語、ドイツ語への憎悪、反感に抗して、アルザスの人々はドイツ語教育の復活を求め、方言の再活性化を願ってきたのであろう。

　こうした願望は、「一国、一言語」の言語的ジャコバン主義に固執してきたフランス文部当局に阻まれ、戦後五〇年近くたった今も、正式な学校教育としては不完全にしか満たされていないが、アルザスの人々の願いは強く、その要求、運動は今も根強く続けられている。それは前記「ルネ・シッケレ協会」の調査結果・グラフを見ても分かる。年齢層を問わず、ほぼ八割近くのアルザス人が二言語教育のための学校の必要性を認めているのである。ただし、この同じ報告書によると、現在のアルザス人自身の方言に対する無知は相当大きく、方言に対して否定的意見を持つ者も多いそうで、調査対象の三分の二以上が方言と標準ドイツ語との関係を知らないという。

　確かに、仏独二言語教育への願望の強さと、方言の衰退に見られるアルザス人の言語意識のずれは大きい。しかし、この二言語使用というアルザスの言語的必然は別な観点から、つまりその歴史と地理的位置からも捉えるべきだろう。

前述したように、アルザスはその置かれた位置から、古来、ヨーロッパ文明の十字路としてその形成に大きく関与してきた——アルザスの州都ストラスブールに、かつてのEC、現在のEUのヨーロッパ議会があるのも、理由がないことではないのだ。アルザス人には、このヨーロッパ世界の形成に参加してきたという彼らに固有な歴史意識がある——だから、現在進行しつつあるヨーロッパ統合を目指して一九九三年十一月一日に発効した、マーストリヒト条約を批准するために行われた国民投票で、アルザスは「賛成七二%という記録的数字」を得たのだろう。この歴史意識には、この古くはドイツの地が十七世紀までは、現在の東欧諸国の大部分を含むかつての神聖ローマ帝国に属し、ゲルマン文明の西の窓口、ドイツ文化の西の花畑として栄えたという誇りが加わる。だから、今でも、「プラハ、ワルシャワ、ウィーン、タリン、モスクワ——ウズベキスタンさえも——などに行くと、我々〔アルザス人〕は諸手を挙げて歓迎され」、ストラスブールからだと言うと、「ストラスブールからですか!」と賛嘆されるのだ。今でも、ストラスブールは「開けごまー」なのである(前掲『レクスプレス』、四五頁)。

ベルリンの壁が崩壊し、戦後長く続いた東西の冷戦構造の対立の枠組がなくなり、世界が多極化した今、アルザス人は今一度、この新たなヨーロッパ世界の建設に参加しようとしている。そしてそのためには、仏独二言語使用が必要不可欠な手段となってくる。それゆえ、アルザス人に固有な歴史意識と彼らの独自な言語意識が相俟って、ヨーロッパ統合への参加という未来への展望が開かれるのである。そしてこうしたパースペクティヴの下ではじめて、後述するようなアンドレ・ヴェックマンの「仏独二言語使用地域」設立という、きわめてユニークかつ創造的な構想が生まれてくるのだ——言いだしっぺのご本人が言うように、これは「詩人のユートピア」かもしれないが……。

さて、このヴェックマンのプランに触れる前に、今一度、アルザス固有の言語遺産である方言をもう少し詳しく見てみよう。なぜなら、このアルザスの「大地の魂たる」方言が独仏二言語使用の基軸になると思われるからである。つまり、方言はアルザスのドイツ語の基本要素であり、このドイツ語はアルザスの未来を開く仏独二言語使用の一方の柱だからである。方言—標準ドイツ語—フランス語はアルザスにおける言語の三位一体なのだ。「方言がなければ、アルザス人はその民衆から、標準ドイツ語がなければ、その過去から、フランス語がなければ……現在から切り離される」（前掲書『アルザスの挑戦』、一八八頁）。

くり返し言うが、この方言が二十世紀末の現在、劇的なまでに衰退し、その存在さえも危ぶまれている。何しろ、「方言を話さなくても、アルザス人であるという意識は持てる」、と思うアルザス人が多くなっているのだ。つまり、方言がアルザス人の自己同一化の言語としての機能を失いつつある。そしてこのまま事態が進めば、アルザス人はその貴重な言語遺産を失うだけでなく、その知的・文化的可動性、つまりはその自由をも捨てることになる。しぶしぶだろうが……。

かつて、アルザス人にとって、方言はいわば逃げ場のような役割を果たしていた（本書、一二〇—一二二頁参照）。例えば、一八七〇年以降のドイツ文化の侵入、第一次大戦後のフランス語の浸透に対し、彼らは方言に頼った。つまり、方言とは彼らにとってまず感情的なものであり、そして何よりも心に係わることを表すもの、いわば彼らの言霊のようなものだった。これが危機的状況にある現在、はたしてこのアイデンティティの言語としての役割を保つことができるだろうか？

それにしても、アルザス方言は豊かなことばである。一般に、方言 dialecte とは一国の相当広い地域で用いられる言語で、文学的表現を持ち、共通語（標準語）になるものを指す（『仏和大辞典』、白水社刊）。広さという点では、この定義に当てはまらないが、アルザスには、方言で書かれた文学（とくに方言劇、方言詩）が十八世紀末ごろから存在して、今でも連綿として続いている。だから、同じドイツ語方言の、ラインラント・プファルツ方言、シュヴァーベン方言などとは異なり、これはきわめて特異な方言である。確かに、エドモン・ユング『アルザス語文法』や、雑誌『セゾン・ダルザス』の特集「実践的アルザス語文法」の記述にあるように、この方言には、「正式な、定まった正書法がない」。しかし、正書法はなくとも、「アルザスには、方言詩人はつねに多数いたし、今もそうである」（エロス・ヴィカリ『アルザス文学史』、二七七頁）。方言を母語とし、またこれを「わたしの真のことば」とするE・フィリップス氏によると、「アルザス方言は驚くべきほど豊かである。それを納得するには、エルンスト・マルティン、ハンス・リーンハルト編『アルザス方言語辞典《ヴェルターブーフ・デア・エルゼシッシェン・ムントアールト》』（一九五八頁、三万語以上所収、一八九九年）、全二巻をめくってみれば十分である」（前掲書『アルザス方言は終わりか？』一八頁）。なるほど、手元にある、この全二巻の部厚く、立派な大辞典を見ると、それが分かる。ちなみに、アルザスにはこの小国には不釣合いとも言える規模の『アルザス百科辞典』全十二巻（フランス語、一九八三年）もある。この第四巻には、二〇〇頁にわたって、方言に関する詳細な記述があり、また二言語使用については、diglossie なる専門語が使われ、これからは、アルザスでは、フランス語、方言、標準ドイツ語《ホッホドイチュ》の書きことばと話しことばの四つの言語が必要になるかもしれない、とある（二三七六頁）。

　では、それほど豊かな方言がなぜこれほどまでに危うくなっているのか？　それは生活環境の大きな変化にもよるだろうが、主たる原因は、戦後のフランス中央政府の言語的不寛容による、ドイツ語教育の抑圧、方言蔑視の教育政策のためである。その結果、次第にアルザスの〝マモン（母親）〟が母語である方言を子供たちに伝えなくなり、学校でもドイツ語を教わらなくなり、フランス語を母語とする世代が多くなってきたのだ。またその結果、アルザスでは世界でも稀な現象を目のあたりにすることになる。つまり、家庭語が学校に入るのではなく、学校の教育語が家庭に入ってくるのだ。事態は、ある意味では、単純明白である。一般に、ことばが正常に生きるには、学校教育や公共生活の場で、社会的に正常に存在しなくてはならない。それなのに、方言を取り巻くアルザスの状況はまったく別なものになりつつあるからである。

それゆえ、方言の衰退に象徴されるような、こうした言語的・文化的状況に危機感を抱いた、つまり、故国喪失者《デラシネ》になるのではないかと不安を覚えた、心あるアルザスの人々が、これを打開すべく有効な手段の一つとして、その実現を目指しているのが、前述もした幼稚園への母語の導入、小学校からのドイツ語教育の実施、二言語使用教育の推進なのである。これは、ヨーロッパ建設におけるアルザス、とくに州都ストラスブールの役割とその位置づけ、ドイツ、さらには東欧とも結ばれる予定のTGV（フランス新幹線）などと並んで、アルザスのきわめて今日的な問題である。したがって、こうしたコンテクストの延長線上に、前述のアンドレ・ヴェックマンの独創的提言が重要な意味を帯びてくるのである。

このヴェックマンの『仏独二言語使用地域のための提言』は、一九八八年五月、フライブルク・イム・ブライスガウの「春の新刊書展示会《ビュッヒャーフリューリング》」の際になされたもので、仏独両語から成る。これは、「断固としてヨーロッパ的展望に立って、新しい文化のヴィジョンをこの地方（アルザスとドイツ語系ロレーヌ）に示すこと」を目的としたもので、「憲章」を持ち、具体的な実施計画を提案している。少々長くなるが、この憲章のいくつかを見ておこう。

「第一条、この二言語使用地域《ゾーン》は仏独両国境の両側にわたるものとする。これは、ドイツ側には、バーデン地方、ラインラント・プファルツ地方、ザール地方、フランス側には、アルザス、モーゼル県を擁する。

第二条、この地域では、仏独の二カ国がともに公用語であることを宣する。」

以下、道路標識や、駅、郵便局、美術館などの公共の建物などが仏独の二カ国で示されることとか、ラジオ、テレビのメディアにおける二言語使用の具体例が提示された後、教育に関してかなり詳しく提言されている。例えば、

「第三条三の一、すべての小学校で隣接国の国語を適切有効な時間数で学習すること」、とあり、加えて、この両国境地域におけるアレマン、フランクの二つの方言の重要性が指摘されている。

「第三条三の三、……方言は精神面での国境をなくす意味で重要な役割を果たす……。」

そしてさらに、こうした概念に基づき、行動計画を統轄する、両国の独立した有識者、専門家から成る委員会の設置、二言語使用に関する研究所の創設などが規定されている。

ところで、このユニークな構想はたんにアルザスの言語的・文化的状況のみならず、そのさまざまな領域にわたる問題を想起させるものだが、ここで、それを詳しく語ることは割愛せざるをえない。ただ忘れてならないのは、この小冊子に対するドイツ側の関係諸地域の関心の強さと、アルザスにおける沈黙、という対照的な反応である。おそらくこの小冊子がアルザスの今日的状況に立脚して、その過去―現在―未来を展望し、進むべき道を示すものとしてこれを象徴するならば、このアルザス人の無反応振りはやはりその今日的状況を如実に示唆するものであろう（残念ながら！）。もっとも、この小冊子に序文を付したE・フィリップス氏からして、これが意外なものと驚いているのだから、アルザス人一般の沈黙も無理からぬところだが。

しかし、「何よりも、〝方言詩人《ムントアールトディヒター》〟と目されている作家」であるA・ヴェックマンによるこの提言

は、ヨーロッパ建設に向けたアルザスの立場とその役割を明確に示したものとして、洞察力に富んだ、きわめて重要なものである。しかも、この提言はベルリンの壁崩壊以前になされている。確かに、このような企ては「詩人のユートピア」であり、「絶対に実現不可能な」ものかもしれない。またヨーロッパ建設と言っても、現在の旧ユーゴスラヴィア紛争に縮約されているように、この大陸では、紀元前の昔から、ゲルマン、ケルト、ラテンなどのさまざまな民族や国家が戦争をくり返し、宗教上の争い、イデオロギーの対立に明け暮れてきたこと、そしてそれが今なお続いていることを考えると、これ自体、その実現は容易なものとは思われない。今のヨーロッパは、「ベルリンの歓喜——マーストリヒトの失敗」に象徴されるように、経済不況、失業者、移民問題の三重苦にあえぎつつも、〝ヨーロッパ統合体〟という新しい世界の建設を模索している。この人口一六〇万で、わが国の広島県か兵庫県程度の広さの小国アルザスが、「汎ヨーロッパの首都」たるストラスブールを中心にしてこの建設に加わるとすれば、ヴェックマンが示した道筋以外にはないだろう。ストラスブールに「ヨーロッパ議会」や「ヨーロッパ人権裁判所」があるだけでは、どうにもなるまい。それどころか、この議会の本拠地争いが、何年も前から、ストラスブールとブリュッセルのあいだで行われているのだ。

幸いにして、現在は、さまざまな政治的・経済的・文化的障害があるとはいえ、ヨーロッパ統合へのプロセスが進み、フランスとドイツのつながりがよりいっそう緊密になるに従って、フランス文部当局の言語的不寛容も、少しずつだが和らぎつつある。もしこの「仏独二言語使用地域」構想が実現への道の手がかりをつかみ、アルザスが真の二言語使用地域になるという文化的な〝革命〟が起こるとすれば、これからの問題にかかってくるであろう。そしてそのためには、仏独両国、とくにフランスの大きな政治的決断が必要になろう。しかしながら、この実現の鍵を握るのはたんにフランス政府当局者だけではなく、アルザス人自身なのである。アンドレ・ヴェックマンがこの提言を次のようにしめくくるのは、きわめて正しい。

「今や、我々にとって問題なのは、我々の独自性に見合う、正常な文化的・政治的機能のメカニズムを取り戻し、そうして歴史と地理的位置が我々に当てがった役割を十全に引き受けることなのだ」（二五頁。——ちなみに、ヴェックマンのドイツ語の小説『骰子《さいころ》のように』が一九九四年春、宇京早苗訳で、三元社より刊行された）。

それゆえ、本書冒頭にあるヴェックマンの方言詩『一五〇〇年……』はこうしたパースペクティヴで捉えねばならないのだろう。

蛇足ながら、ヴェックマンが提唱したこの二言語使用地域の広がりを考えると、訳者には、歴史上、ほとんど政治的統一体になったことがないこの地が七世紀にはじめてアルザス公国になり、八世紀中葉まで繁栄したこと（詳しくは、拙訳『アルザス文化論』（みすず書房）、二一七頁、訳注［4］参照）や、『ストラスブールの誓約』（八四二年）後成立し、僅か数十年しか続かなかったロタリンギア王国の広がりが想起される（この広がりは必ずしも一致するわけではないが。本書二〇二頁、原注（10）、および拙訳『フランスのなかのドイツ人』（未来社）、四五―四八頁参照）。つまり、アルザスはつねに仏独両国家の狭間で〝骰子のように〟揺れ動きつつも、結局はその歴史的・地理的宿命に従って生きざるをえないことを、今さらながら思い知らされるのだ。

さて、以上、アルザス固有の言語である二つの方言、この方言と仏独二言語使用、この二言語使用と新たなヨーロッパ建設への参加の係わりとを見てきたが、最新のアルザスの言語状況、とくに二言語使用はどうなっているだろうか？

　フィリップス氏にその情報を求めたところ、次のような回答（一九九三年十一月十四日付の訳者宛の手紙）をえた。

　アルザスの二言語使用教育に関しては、最近何も特別なことはないが、今年になってはじめて、サヴェルヌなど四市町村の公立小学校で、準備科（六歳児）の仏独二言語の同等教育のクラスが開設された。〔おそらく、これは本書巻末インタビューにある民間団体のＡＢＣＭの二言語使用教育の運動が実り、フランス文部当局がやっと重い腰をほんの少しあげて、実験校でも指定したのだろう。〕また、ドイツ語が週六時間教えられる初級科（七―九歳児）も一定数あるが、アルザスの小学校の仏独二言語教育が一つの現実になったとは言えないだろう。ただし、幼稚園と小学校でのドイツ語教育が進んでいるのは事実である。〔残念ながら、方言に関しては何も言及されていない。〕

　このことは、一九九三年十月二十八日付『ル・モンド』紙の「二言語教育の学校の長い歩み」と題した記事でも確認されるが、ここではもう一つの問題として、二言語教育のための「教員の採用、養成問題」の困難な現状が指摘されている――もっとも、このことはすでに、フランス革命以後、「一国、一言語」の言語的統一主義が強化され、アルザス社会で二言語教育が問題になるようになってから、ことあるごとに浮上してきたものだが。これは早急な解決を要する問題だろうが、結局は、戦後長く続いたフランス文部当局のアルザスにおけるドイツ語蔑視の政策のもたらしたものであろう。したがって、一朝一夕に改まるものではあるまい。しかし、不寛容政策の転換は、まあ進歩と言えば、進歩である。

　さて、もう一つ、これとまったく無関係ではないが、別な観点からの進歩がある。それは、フランス政府が、ストラスブール市に、「その国際的役割を十全に果たさせ、そのヨーロッパ的使命を強化させるため」(『ル・モンド』、一九九三年十一月二十五日付)、大幅な補助金を追加したことである。おそらくこれは、国土整備・地方自治担当相D・エッフェルがバ・ラン県議会議長でもあるためだろうが、中央政府がヨーロッパ統合に向けてのアルザスの果たすべき役割に気づき始めたのであろう。パリにある国立行政学院(通称ENA、高級官僚養成の超エリート校)のストラスブール移転という、一見信じ難いような計画も、本格化したそうである。またストラスブールの地下鉄工事も進行中であり、この古い歴史を持つ州都を中心にしてアルザスの風景も徐々に変わってゆくのだろう。

かつてアルザスは、フランスとは友人、ドイツとは隣人、ヨーロッパとは同盟者のような関係に位置してきたが、中央集権の総本山パリとはつねに敵対関係にあった。だが、おそらくそうした政治的風景も変化しつつあり、このドイツ語を話すフランスの地方、より正確にはゲルマンの方言と文化を持つフランスの地方は、今後、フランスの東に位置するだけでなく、「ヨーロッパの西」に立つ汎ヨーロッパ的な展望台として、その本来の姿を取り戻すことだろう——ストラスブールとライン対岸のケール、つまり、フランスとドイツをつなぐ橋が「ヨーロッパ橋」と呼ばれるのも、偶然ではないのである。

今、ストラスブールでは、「東への熱き思い《ドラング・ナーハ・オステン》」が強まり、この近年に強まりつつあるフランスとドイツの架橋をてこにして、かつまたこれを越えて、二つのヨーロッパ、今のヨーロッパ共同体と中央ヨーロッパ《ミッテルオイローパ》の接点、架橋になろうとしているそうだから。かつて、あのバルザックがパリから、恋人ハンスカ夫人がウクライナからきて、しばしばストラスブールで逢っていたのを思い出しながら……。

なお、本文中の( )で示した説明文は訳者が付した注である。

最後になったが、本書が刊行の運びとなったのは、白水社編集部の上田雄洸氏と営業部の野尻光之氏のご高配の賜物である。ここに記して両氏に厚く御礼を申し上げたい。この本が、読者のアルザスの言語と文化の理解のための一助となれば幸いである。

一九九五年十二月　第二版刊行に際して

宇京頼三

# 復刊に際して

本書『アルザスの言語戦争』の初版は一九九四年、今から一六年前である。原題に『一九四五年までのアルザスの言語戦争』とある通り、本書は第二次大戦終結時までの、独仏国境の地アルザスにおける「ことばと文化」の苦難と激動の歴史を扱ったものである。それ以後のアルザスの言語・文化状況については、本書の続刊として『アイデンティティの危機』がある。初版あとがきではこれを出版予定としたが、諸般の事情で大幅に遅れ、その拙訳は二〇〇七年になってようやく日の目を見た。これには戦後から一九八〇年頃までの言語・文化状況が語られているが、それから三〇年経ったアルザスは風景や人心も変化している。その間《かん》の言語状況については、地域言語・少数言語欧州憲章への対処を含めて、フランスにおける「地方語（少数言語）」の扱い、アルザスにおける教育・文化面での仏独二言語使用推進、「方言」擁護やアルザスのアイデンティティに対する人心の変容など、微力ながらも小生が『アイデンティティの危機』（三元社）の「訳者解説」で可能な限り述べておいた。読者諸氏でご関心のある向きは参照されたい。

なお、著者ウージェーヌ・フィリップス氏は九二歳、ストラスブールにて健在。メールの返事が即座にくるほど壮健である。

二〇一〇年三月二五日

宇京頼三

# 参 考 文 献

参照または引用した著者および著作.

ALLHEILIG Martin, *Initiation à la littérature alsacienne.*
ELAN. Cahiers des I. C. S. de Strasbourg. Décembre 1969.
*Le sottisier alsacien.* ELAN. Juin 1972.
*La littérature alsacienne d'expression dialectale.* Folklore et tradition en Alsace. Ed. SAEP. Colmar-Ingersheim. 1973.

BAAS Emile, *Situation de l'Alsace.* Ed. Alsatia. Colmar. 1973.

BAAS Geneviève, *Le malaise alsacien 1919/1924.* Journal Développement et Communauté, Strasbourg. Numéro Spécial. Dossier historique. Décembre 1972.

BARTHEL Ernst, *Elsässische Geistesschicksale.* Ein Beitrag zur europäischen Verständigung. Carl Winters. Universitätsbuchhandlung. Heidelberg. 1928.

BENTMANN Friedrich, *René Schickele.* Leben und Werk in Dokumenten. Verlag Hans Carl. Nürnberg. 1974.

BOPP Marie-Joseph, *L'Alsace sous l'occupation allemande 1940-45.* X. Mappus, Editeur. Le Puy. 1945.

BOURCIEZ Jean, *Eléments de linguistique romane.* Klincksieck. Paris. 1946.

BROGLY Médard, *Dokumente und Tatsachen zur Geschichte unseres Landes.* Im Dienst der Kirche und des Volkes. Festschrift zum 60. Geburtstag des H. Abbé Haegy. Ed. Alsatia. Colmar. 1930.

BRONNER Fritz, *1870/71. Elsass-Lothringen.* 1. und 2. Halbband. Erwin von Steinbach Stiftung. Frankfurt am Main. 1970.

BRUNOT Ferdinand, *Histoire de la langue française des origines à nos jours.* Tomes I à XIII. Ed. Armand Colin. Paris. Edition de 1966.

BUCHNER Rudolf, *Die elsässische Frage und das deutsch-französische Verhältnis im 19. Jahrhundert.* Wissenschaftliche Buchgesellschaft. Darmstadt. 1969.

BULLETIN de l'Enseignement. *Département du Bas-Rhin.* Année 1920.

BURG André, Marcel, *Histoire de l'Eglise d'Alsace*. Ed. Alsatia. Colmar. 1945.
CHARDRONNET Joseph, *Histoire de Bretagne*. Nouvelles Editions Latines. Paris. 1965.
CERCLE René Schickele, *Notre avenir est bilingue*. Strasbourg. 1968.
CLEMENT G-R., *Avec l'Alsace en guerre (1940-1944)*. Ed. Istra. Strasbourg. 1945.
DANIEL-ROPS, *L'Eglise des temps classiques. Le grand siècle des âmes* (V). Les Grandes Etudes Historiques. Libr. Arthème Fayard. Paris. 1958.
*L'Eglise des Révolutions. En face des nouveaux destins.*
(VI) Les Grandes Etudes Historiques. Libr. Arthème Fayard. Paris. 1960.
DAUZAT Albert, *Histoire de la langue française*. P. U. F. Paris. 1959.
DENTINGER Jean, *Dichter und Denker des Elsass von 600 bis 1600*. Ed. Oberlin. Strasbourg. 1971.
DOLLINGER Philippe, *Histoire de l'Alsace*. Ed. Privat. Toulouse. 1970.
*Documents de l'Histoire de l'Alsace*. Ed. Privat. Toulouse. 1972.
DREYFUS François G., *La vie politique en Alsace 1919-1936*. Ed. Armand Colin. Paris. 1969.
DUNETON Claude, *Parler Croquant*. Ed. Stock. Paris. 1973.
ECKERT Charles, *Adrien de Lezay-Marnésia. Esquisse biographique*. L'Ecole Normale a 150 ans. (Etude historique publiée sous le haut patronage de Monsieur le Recteur de l'Académie de Strasbourg.) Strasbourg. 1960.
Das ELSASS von 1870-1932, I. bis IV. Band. Verlag Alsatia. Colmar. 1936.
FALCH Jean, *Contribution à l'étude du statut des langues en Europe*. Les Presses de l'université de Laval. Québec. 1973.
FUCHS Joseph, *Les habitations strasbourgeoises d'Albert et Adolphe Matthis*. Saisons d'Alsace. N° 63. 1974.
HOFFET Frédéric, *Psychanalyse de l'Alsace*. Ed. Alsatia. Colmar. (1951) 1973.
IMBS Paul, *Notes sur la langue française dans la bourgeoisie alsacienne*. La bourgeoisie alsacienne. Ed. Istra. Strasbourg. 1967.
KETTENACKER Lothar, *Nationalsozialistische Volkstumspolitik im Elsass*. Deutsche Verlags-Anstalt Stuttgart. 1973.
LAFONT Robert, *Lettre ouverte aux Français d'un Occitan*. Ed. Albin Michel. Paris. 1973.
LEVY Paul, *Histoire linguistique d'Alsace et de Lorraine*. Tomes I et II. Les

Belles Lettres. Paris. 1929.

MATZEN Raymond, *Le domaine dialectal*. Folklore et tradition en Alsace. Ed. SAEP. Colmar-Ingersheim. 1973.

*Gustave Stoskopf*. ELAN. N° 7 et 8. 1973.

MAUGUE Pierre, *Le particularisme alsacien 1918-1967*. Presses d'Europe. Paris. 1970.

MAYEUR Jean-Marie, *L'Abbé Lemire (1853-1928). Un prêtre démocrate*. Ed. Casterman. Paris. 1968.

*Autonomie et politique en Alsace. La Constitution de 1911*. Ed. Armand Colin. Paris. 1970.

MOSER, Hugo, *Deutsche Sprachgeschichte*. Max Niedermayer Verlag. Tübingen. 1969.

RENAN Ernest, (*Œuvres complètes d'*) Edition définitive établie par Henriette Psichari. Tome I. Ed. Calmann-Lévy. Paris. 1947.

REUSS Rodolphe, *Histoire d'Alsace*. Ed. Boivin et Cie. 27e édition. Paris. 1934.

REVUE SCOLAIRE d'Alsace et de Lorraine. Schulzeitung für Elsass-Lothringen. Année 1919.

ROBERT Paul, *Dictionnaire alphabétique et analogique de la langue française*. Société du Nouveau Littré. Paris. 1965.

SAISONS D'ALSACE, Revue trimestrielle. Nouvelle série. n° 53. Strasbourg. 1974. *Albert et Adolphe Matthis*. Créateurs du lyrisme alsacien.

SCHWAMM Henri, *Alsace*. Ed. Rencontre. Lausanne. 1968.

SITTLER Lucien, *Geschichte des Elsass*. I. und II. Band. Verlag Alsatia. Colmar.

*L'Alsace, terre d'histoire*. Ed. Alsatia. Colmar. 1972.

SITZMANN Edouard, *Dictionnaire de biographie des Hommes Célèbres de l'Alsace*. Tomes I et II. Ed. du Palais Royal. Paris. 1973.

SPACH Ludwig, *Moderne Kulturzustände im Elsass*. Karl J. Trübner Verlag. Strassburg. 1873.

TABOURET-KELLER Andrée, *Vrais et faux problèmes du bilinguisme*. Etudes sur le langage de l'enfant. Ed. du Scarabée. Paris. 1962.

VERDOODT Albert, *Zweisprachige Nachbarn*. (Die deutschen Hochsprach- und Mundartgruppen in Ost-Belgien, dem Elsass, Ostlothringen und Luxemburg.) Wilhelm Braumüller. Universitätsverlagsbuchhandlung. Wien. Stuttgart.

1968)
VIGEE Claude, *Petite Anthologie de la poésie alsacienne*. Tome VI. Préface. Association Jean-Baptiste Weckerlin. Strasbourg. 1972.
Von WARTBURG Walther, *Evolution et structure de la langue francaise*. Ed. A. Francke. S. A. Berne. 1962. 〔ヴァルター・フォン・ヴァルトブルク『フランス語の進化と構造』，田島宏・高塚洋太郎・小方厚彦・矢島猷三訳，白水社，1976.〕
WEBER Jean Julien (Mgr), *Au Soir d'une Vie*. Ed. du Centurion. Paris. 1970.
WOERZ Jean, *L'Ecole normale d'instituteurs. Genèse et réalisation de l'idée*. L'Ecole normale a 150 ans. (Etude historique publiée sous le haut patronage de Monsieur le Recteur de l'Académie de Strasbourg.) Strasbourg. 1960.
ZEMB Joseph, *Zeuge seiner Zeit*. Chanoine Eugène Muller. Ed. Alsatia. Colmar. 1960.

## 邦語文献

田中克彦『ことばと国家』，〈岩波新書〉，岩波書店，1981.
フレデリック・オッフェ『アルザス文化論』，宇京賴三訳，みすず書房，1987.
パウル・アサール『アルザスのユダヤ人』，宇京早苗訳，平凡社，1988.
ジャック・ロレーヌ『フランスのなかのドイツ人——アルザス・ロレーヌにおけるナチスのフランス壊滅作戦——』，宇京賴三訳，未来社，1989.
アンドレ・ヴェックマン『骰子のように』，宇京早苗訳，三元社，1994.
『世界民族問題事典』のアルザス・ロレーヌ関連八項目，平凡社，1995.

## 訳者略歴

一九四五年生
一九七〇年九州大学大学院修士課程修了
三重大学名誉教授

著書
『ストラスブール――ヨーロッパ文明の十字路』（未知谷）
『フランス－アメリカ――この〈危険な関係〉』（三元社）
『世界民族問題事典』（平凡社、アルザス関連八項目執筆）

主要訳書
F・オッフェ『アルザス文化論』（みすず書房）
F・オッフェ『パリ人論』（未知谷）
E・フィリップス『アイデンティティの危機』（三元社）
P・リグロ『戦時下のアルザス＝ロレーヌ』（白水社）
J・ロレーヌ『フランスのなかのドイツ人』（未来社）
E・トラヴェルソ『アウシュヴィッツと知識人』（岩波書店）
E・トラヴェルソ『ユダヤ人とドイツ』（法政大学出版局）
Tz・トドロフ『極限に面して』（法政大学出版局）
ボードリヤール／モラン
『ハイパーテロルとグローバリゼーション』（岩波書店）
J・センプルン『ブーヘンヴァルトの日曜日』（紀伊國屋書店）
B・アンリ＝レヴィ『アメリカの眩暈』（早川書房）
C・ファーブル＝ヴァッサス『豚の文化誌』（柏書房）

アルザスの言語戦争《新装復刊》

二〇一〇年五月一〇日 印刷
二〇一〇年五月三〇日 発行

著者 ウージェーヌ・フィリップス
訳者 © 宇《う》京《きょう》頼《らい》三《ぞう》
発行者 及川直志
印刷所 株式会社 理想社
発行所 株式会社 白水社

東京都千代田区神田小川町三の二四
電話 営業部〇三（三二九一）七八一一
編集部〇三（三二九一）七八二一
振替 〇〇一九〇－五－三三二二八
郵便番号 一〇一－〇〇五二
http://www.hakusuisha.co.jp

乱丁・落丁本は、送料小社負担にてお取り替えいたします。

松岳社 株式会社 青木製本所

ISBN 978-4-560-08077-1

Printed in Japan

■ピエール・リグロ　宇京頼三訳

## 戦時下のアルザス・ロレーヌ

一九三九〜一九四五年、共産主義とナチズムに踏みにじられたフランスとドイツとの国境地帯を、豊富な資料をもとに臨場感あふれる文体で再現。教科書が教えない歴史へのアプローチ。〈文庫クセジュ〉

■クロード・アジェージュ　糟谷啓介訳

## 絶滅していく言語を救うために　ことばの死とその再生

世界各地の少数言語の現状を幅広くとりあげながら、言語の「死」と「再生」の過程を、明快に分析してゆく。社会言語学の観点から「言語帝国主義」に警鐘を鳴らした、画期的な論考。

■マーク・エイブリー　木下哲夫訳

## 「消えゆくことば」の地を訪ねて

世界中の少数民族・少数文化の人びとと触れあいながら、消滅の危機に瀕する各地の「消えゆくことば」の現状に警鐘を鳴らす。グローバル化と多様なことばのあり方を探る渾身のルポ！

モーゼル県
メッス
ザールグミーヌ
ヴィサンブール
ザール・ユニオン
ブックスヴィレール
バ・ラン県
アグノー
ゼーゼンハイム
ファルスブール
サヴェルヌ
ビッシュヴィレール
ヴェストホッフェン
ストラスブール
モルスハイム
シールメック
ロースハイム
シュトルートホーフ
オーベルネ
バン・ド・ラ・ロシュ
ヴィレ
セレスタ
リボヴィレ
リックヴィール
カイザースベルク
テュルクハイム
コルマール
ミュンスター
ヌッフ・ブリザッハ
オ・ラン県
ゲブヴィレール
エンジスハイム
タン
ズントガウ
ミュルーズ
アルトキルシュ
バーゼル
アルザス地方とモーゼル県